Urs Peter Lattmann
Peter Metz

Bilden und Erziehen

Eine Einführung in pädagogische Themen, Gestalten und Epochen

Urs Peter Lattmann
Peter Metz

Bilden und Erziehen

Eine Einführung in pädagogische Themen, Gestalten und Epochen

Verlag Sauerländer
Aarau · Frankfurt am Main · Salzburg

Die Deutsche Bibliothek – CIP-Einheitsaufnahme

Lattmann, Urs Peter:
Bilden und Erziehen : eine Einführung in pädagogische Themen, Gestalten und Epochen / Urs Peter Lattmann und Peter Metz. [Hrsg. von der Lehrerbildung Sentimatt, Luzern]. – Aarau ; Frankfurt am Main ; Salzburg : Sauerländer, 1995
    (Schriftenreihe / Lehrerbildung Sentimatt Luzern ; 7)
    ISBN 3-7941-3991-7
NE : Metz, Peter :; Lehrerbildung Sentimatt <Luzern> : Schriftenreihe

Lehrerbildung Sentimatt, Luzern
Herausgegeben von der Lehrerbildung Sentimatt, Luzern

Copyright © 1995 Text, Illustrationen und Ausstattung
by Verlag Sauerländer, Aarau/Schweiz
Herstellung Sauerländer AG, Aarau

ISBN 3-7941-3991-7
Bestellnummer 09 03991

Alle Rechte vorbehalten.
Das Werk und seine Teile sind urheberrechtlich geschützt.
Jede Verwertung in anderen als den gesetzlich zugelassenen Fällen
bedarf deshalb der vorherigen schriftlichen Einwilligung des Verlages.

Schriftenreihe „Lehrerbildung Sentimatt" Luzern

In der Sentimatt sind die Institutionen der Lehrerweiter- und Lehrerfortbildung des Kantons Luzern angesiedelt.

Den beiden Dienststellen des Erziehungs- und Kulturdepartementes gemeinsam ist, dass sie sich mit Praktischem und Theoretischem von Erziehung und Unterricht auseinandersetzen. Praxis mit ihrer vielfältigen Situationsdynamik und Theorie mit ihren differenzierten Deutungs- und Erklärungsmustern werden hier als zwei Seiten der gleichen Sache verstanden, nämlich von Erziehung und Unterricht.

Die tertiäre Stufe der beiden Lehrerbildungsinstitutionen bringt mit sich, dass Ausbildungsprogramme und dazugehörige Lehrmittel speziell geschaffen werden. Auch können aus Arbeiten der Studierenden und Dozenten Schriften entstehen, die ebenfalls Praxis und Theorie bereichern. Dieses breite Spektrum von Reflexionen über Erziehung und Unterricht soll in der vorliegenden Schriftenreihe Raum finden.

Die Publikationen „Lehrerbildung Sentimatt" richten sich an Studierende, Lehrerinnen und Lehrer, Dozentinnen und Dozenten und an all jene Personen, die an Erziehungs- und Unterrichtsfragen interessiert sind.

Herausgeber: Kurt Aregger   Hugo Eichhorn

Band 1: Rothenfluh, E.: Gesundheitserziehung in den Schulen. Ziele und Inhalte für Kindergarten, Volksschule, Gymnasium und Berufsschule. Aarau: Sauerländer 1992^2.

Band 2: Lötscher, A., Marfurt, K.: Praktische Informatik. Ein Einstieg in die Anwendung und den Einsatz im Unterricht. Aarau: Sauerländer 1990.

Band 3: Aregger, K.: Ganzheitliche Förderung in Erziehung und Unterricht. Eine kritisch-konstruktiv-innovative Didaktik. Aarau: Sauerländer 1991.

Band 4: Büchel, H., Grüter, J. P.: Natur ums Schulhaus. Anregungen für eine naturnahe Gestaltung der näheren Schulhausumgebung und für den Naturunterricht im Freien. Aarau: Sauerländer 1992.

Band 5: Eichhorn, H., Staffelbach, F., Zaugg, F.: Schulen unterwegs. Anregungen zur Entwicklung von Schulen. Aarau: Sauerländer 1993.

Band 6: Aregger, K.: Didaktische Prinzipien. Studienbuch für die Unterrichtsgestaltung. Aarau: Sauerländer 1994.

Inhaltsverzeichnis

Einleitung		**11**

1.	**Legitimierung – Philosophischer Ursprung der Pädagogik im Dialog**	*U. P. Lattmann*	**21**
1.1	Die philosophische Urform erzieherischen Handelns und Denkens		21
1.2	Der Mythos und die (philosophische) Aufklärung		23
1.3	Sokrates in Athen		25
1.4	Vom Mythos zum Logos: Von der Sokratischen Methode		27
1.5	Platon und Sokrates		31
1.6	Philosophisches Denken und Sprechen und praktisches Leben		34
1.7	Aspekte zur Wirkungsgeschichte		36
2.	**Säkularisierung – Theologisches Erbe der Pädagogik**	*P. Metz*	**43**
2.1	Kirchlicher Einfluss bei der Entstehung und Entwicklung des Bildungswesens		44
2.2	Theologische Grundstruktur neuzeitlicher Pädagogik		47
2.3	Verbindung von Theologie und Pädagogik		51
2.4	Leben, Wirken und Werk von Comenius		54
2.5	Ausblick		59

3.	**Emanzipation – Mündigkeit als Ziel pädagogischer und politischer Bemühungen** *U. P. Lattmann*	63
3.1	Die Vernunft als Garant der Emanzipation in der Aufklärungszeit	63
3.2	Aufklärung als Postulat und Aufklärung als Epoche	65
3.3	Aufklärung als internationale Bewegung	69
3.4	Bildung und Erziehung im Dienste der Emanzipation	70
3.5	Wirkungsgeschichte	76
4.	**Anthropologische Dimension – Die Frage nach dem Menschen und seiner Erziehung** *P. Metz*	91
4.1	Entstehung der Anthropologie im 18. Jahrhundert und ihr Zusammenhang mit der Pädagogik	92
4.2	Rousseau als Inspirator der spekulativ orientierten Anthropologie	97
4.3	Pestalozzi als Fortbildner von Rousseaus Anthropologie	99
4.4	Zur Wirkungsgeschichte Pestalozzis	105
4.5	Pestalozzi als Pädagoge	106
5.	**Idealisierung – Erziehung und Bildung im Spannungsfeld von Ideal und Wirklichkeit** *U. P. Lattmann*	117
5.1	Bilden und Erziehen im Spannungsfeld von „Geist und Geld"	117
5.2	Zum Bildungsverständnis der Klassik	120
5.3	Exkurs: Utopie und Bildung	126
5.4	Aspekte zur Wirkungsgeschichte	131

6.	**Systematisierung – Pädagogik als eigenständige Wissenschaft** *P. Metz*	**139**
6.1	Herbart als Klassiker der Pädagogik	139
6.2	Leben und Werk im Zusammenhang	142
6.3	Die Lehre von den „formalen Stufen"	144
6.4	Herbarts Lehre vom „pädagogischen Takt"	147
6.5	Dozent in Göttingen und Königsberg	149
6.6	Wirkungsgeschichte des Herbartianismus	151
7.	**Demokratisierung und Professionalisierung – Pädagogische Postulate und gesellschaftliche Praxis** *U. P. Lattmann*	**163**
7.1	Der Strukturwandel in der Epoche der Industrialisierung	164
7.2	Exkurs: Von der (literarischen) Klassik und Romantik über den Realismus zum Naturalismus	167
7.3	Bildung im Aufbruch: Die Volksschule im Demokratisierungsprozess	171
7.4	Allgemeinbildung und Berufsbildung	175
7.5	Die allmähliche Professionalisierung des Lehrerinnen- und Lehrerberufs	177
7.6	Aspekte zur Wirkungsgeschichte	181
8.	**Individualisierung und Gemeinschaftserziehung – Leitmotive in pädagogischen Reformprozessen** *U. P. Lattmann*	**193**
8.1	Der Geist der Zeit: Auswüchse des Fortschrittsglaubens und der Industrialisierung und deren Gegenbewegung	194
8.2	Die pädagogische Dimension	202

8.3	Die alternative Praxis und Theorie	207
8.4	Aspekte zur Wirkungsgeschichte	216

9.	**Totalisierung – Bildung und Erziehung unter nationalem und nationalistischem Anspruch** *P. Metz*	**223**
9.1	Totalitäres Denken und pädagogische Utopien	223
9.2	Zum Begriff und zur Entstehung des Faschismus und Nationalsozialismus	225
9.3	Autoritäre Erziehung und „Erziehung nach Auschwitz" (Adorno)	227
9.4	Nationalsozialistische Pädagogik	232
9.5	Schweizerische Politik und Pädagogik in den Krisen- und Kriegsjahren	241

10.	**Pluralisierung – Pädagogische Strömungen der Nachkriegszeit** *P. Metz*	**251**
10.1	Geisteswissenschaftliche Pädagogik	253
10.2	Analytisch-empirische Erziehungswissenschaft	257
10.3	Kritisch-emanzipatorische Erziehungswissenschaft	258
10.4	Antiautoritäre Erziehungsbewegung	260
10.5	Pädagogische Strömungen der Gegenwart	261
10.6	Ausblick	269

Personenregister	**275**
Sachregister	**277**

Einleitung

Geschichte der Pädagogik: Das war in der Lehrerbildung lange Zeit ein beliebter Unterrichtsgegenstand (vgl. Frey u. a. 1969a, b). Im Zuge der „realistischen Wendung" mit ihrer empirischen Ausrichtung und der sozialwissenschaftlichen Orientierung wurde – wie in anderen Disziplinen – die geschichtliche Dimension pädagogischer Problem- und Fragestellungen immer mehr zurückgedrängt oder gar verdrängt. Gegenwärtig kommt hinzu, dass die Pädagogik auch als Fachdisziplin mit ihrem eigenen *Selbstverständnis* Mühe bekundet, vor allem auch gegenüber einer auf Anwendung hin orientierten Lehrerinnen- und Lehrerbildung. Es scheint in dieser Situation beinahe folgerichtig zu sein, dass das Fach Psychologie in seinen verschiedenen Erscheinungsformen die Lücke ausfüllt, welche die Pädagogik u. a. wegen ihren eigenen Definitionsproblemen hinterlassen hat, wie Criblez und Hofer in ihrer Studie „Pädagogik als Unterrichtsfach" (1994) formulieren.

Unserer Erfahrung nach hat die Pädagogik, auch oder vielleicht gerade die Geschichte der Pädagogik, in der heutigen Lehrerinnen- und Lehrerbildung eine wichtige Aufgabe zu erfüllen – und sie hat eine Chance. Die Erfahrung mit unserem Unterricht in Allgemeiner Pädagogik und in Geschichte der Pädagogik an der Höheren Pädagogischen Lehranstalt (HPL) des Kantons Aargau zeigt, dass Studierende für diese Form der *Auseinandersetzung mit Grundsatzfragen ihres Berufes* sehr aufgeschlossen sind. Entsprechend konzipierter Unterricht in Pädagogik bzw. in Geschichte der Pädagogik wird von vielen als sinnvolle und perspektivenreiche *Orientierungshilfe* für ihre erzieherische und unterrichtliche Alltagsarbeit sowie als Beitrag zur Bildung eines *kritischen Bewusstseins* und der *beruflichen Identität* betrachtet und geschätzt.

Zur Entstehung dieses Buches

Die Überzeugung von der Notwendigkeit einer pädagogischen Verankerung der Ausbildung von Lehrkräften und die genannten guten Erfahrungen bewogen uns vor einigen Jahren, im Sinne eines mehrjährigen Projektes, ein Skript für unsere Lehrveranstaltungen zur Geschichte der Pädagogik zu entwickeln.

Auf dem Hintergrund des *Konzepts*, wie es in den folgenden Abschnitten skizziert wird, erarbeiteten wir ein Skript zu ausgewählten Themen und Epochen mit je einem Referatsteil und je einem Anhang mit Quellen- und Bildmaterial. Aufgrund der Erfahrungen in den Lehrveranstaltungen haben wir das Skript mehrmals überarbeitet und erweitert. Kurz bevor wir mit der Erstellung einer vorläufigen Endfassung begannen, ergab sich die Gelegenheit, das Skript als Buch in der „Schriftenreihe Lehrerbildung Sentimatt Luzern" zu veröffentlichen. Da das vorhandene Material den Umfang eines Buches gesprengt hätte und aus drucktechnischen Gründen (z. B. bezüglich Bildmaterial), mussten wir für die Veröffentlichung an unserem ursprünglichen Konzept einiges ändern. Insbesondere mussten wir auch das gesamte Quellenmaterial weglassen. Diesen Nachteil versuchten wir insoweit etwas auszugleichen, als wir einige ausführlichere Zitate in den laufenden Text einbauten und bei jedem Kapitel Hinweise zur Vertiefung mit Angaben zu Quellenmaterial machten.

Zur Zielsetzung

Bei der Konzeptgestaltung gehen wir von unserer Grundanschauung aus, dass die *Gegenwart* ohne Berücksichtigung und Verständnis der Vergangenheit nicht verstehbar ist und dass die *Zukunft* ohne Einbezug der *Vergangenheit* und Gegenwart nicht planbar ist. Das Leben in der Gegenwart, im Jetzt, ist ohne Erinnerung und ohne Zukunft nicht sinnvoll zu gestalten. Der Philosoph Karl Jaspers sagte in seinem Buch „Vom Ursprung und Ziel der Geschichte" (1983, 334):

> Je tieferen Grund im Vergangenen ich gewinne, desto wesentlicher meine Teilnahme am Ganzen ... (Wohin ich gehöre, wofür ich lebe, das erfahre ich erst im Spiegel der Geschichte) ... Das Rätsel des erfüllten Jetzt wird nie gelöst, aber vertieft durch das geschichtliche Bewusstsein. Die Tiefe des Jetzt wird offenbar nur ineins mit Vergangenheit und Zukunft, mit Erinnerung und mit der Idee, woraufhin ich lebe.

Diesen Grundgedanken versuchen wir am Beispiel der Erziehungswirklichkeit, d. h. von Erziehung, Bildung und Unterricht darzustellen.

Die Frage, was *Gegenstand einer Geschichte der Pädagogik* sein soll, wird unterschiedlich beantwortet, je nach dem Standpunkt, nach den Interessen, Zielsetzungen, Methoden usw. (vgl. z. B. Knoop/Schwab 1981; Buck 1981). Einmal steht die Geschichte von Personen und Ideen im Vordergrund, ein anderes Mal wiederum die Problem- und Sozialgeschichte oder die Chronologie der Ereignisse. Wir meinen, dass es für Lehrerinnen und Lehrer hilfreich ist, sich mit pädagogischen Problem- und Fragestellungen auseinanderzusetzen, wie sie in historischen Gestalten, Handlungen, Institutionen und Texten, einschliesslich ihrer Vernetzung im gesamten Bedingungsfeld ihrer Zeit, erfahrbar und erfassbar sind. Auf diesem Hintergrund stellt sich die Frage, welches die *Zielsetzung* einer Beschäftigung mit geschichtlichen Frage- und Problemstellungen in der Pädagogik und im Lehrerstudium ist.

Eine Antwort könnte lauten, es sei unerlässlich, dass eine Lehrerin und ein Lehrer die Entstehungsgeschichte ihrer Tätigkeitsfelder (Erziehung, Bildung, Schule, Unterricht) kenne. Aus einem solchen Verständnis der Geschichte der Pädagogik heraus sind wohl auch die zahlreichen, vorwiegend chronologisch bzw. nach Epochen charakterisierten Lehrbücher zur Geschichte der Pädagogik entstanden. Uns scheint dies zwar ein ernst zu nehmender Legitimationspunkt für eine Beschäftigung mit der Geschichte der Pädagogik zu sein. Allerdings sind wir der Meinung, dass er nur einen Teilaspekt ausmacht. Wesentlicher sind für uns folgende Zielsetzungen:

– Durch die Auseinandersetzung mit historischen Frage- und Problemstellungen in der Pädagogik sollen Studierende eines Lehramtes neben dem Kennenlernen der Geschichte ihres Berufs und ihres Berufsstandes *Sicht- und Denkweisen, Handlungen und Argumentationsweisen anderer Menschen in unterschiedlichen Lebens- und Wirkungszusammenhängen* kennenlernen, sie in den realen Gegebenheiten zu verstehen suchen.

– Das Üben im Verstehensprozess an historischen Gestalten, Sichtweisen (in Form von Texten), Argumentationen usw. soll zur eigenen Bewusstseinsbildung, zur *Differenzierung der beruflichen Identität* als Lehrerin und Lehrer beitragen.

- Das Bemühen um Verstehen und Differenzieren von Personen und ihren Handlungen und Meinungen aus der zeitlichen Distanz kann auch ein Anwendungs- und Übungsfeld sein für die *grundlegende Kompetenz* von Lehrerinnen und Lehrern, sich *in andere Menschen, Situationen und Handlungen* einzudenken, deren Motivationsstrukturen zu rekonstruieren und Meinungen und Handlungen zu verstehen.

- In diesem Sinne ist das Bemühen bzw. die Auslegung, Interpretation historischer Gestalten, Ideen und Handlungen eine Rekonstruktion von Praxis, hier von pädagogischer Praxis, letztlich auch ein *Bemühen um Sinnverständnis*. Dieser Prozess kann auch zu einer Fähigkeit beitragen, die man als Fähigkeit zur Selbst- und (mit Bezug auf den gewählten Beruf) als Rollendistanz bezeichnen kann.

- Verstehen von pädagogischen Problemstellungen, von Wirkungszusammenhängen in pädagogischen Situationen der Vergangenheit kann auch eine Orientierungshilfe sein bei der Bewältigung von aktuellen und persönlichen Problemen im Erziehungsalltag. In diesem Sinne kann Geschichte der Pädagogik (wie auch pädagogische Theorie grundsätzlich) ein *Korrektiv zur eigenen Praxis*, zur persönlich erlebten Praxis werden.

- Wer sich Geschichtliches (Personen, Ideen, Handlungen, Ereignisse) vergegenwärtigt und aneignet, erfährt ein Stück weit Seiendes, Wirklichkeit, Praxis, wovon er selbst ein Teil ist. In diesem Sinne liegt im Prozess der Vergegenwärtigung und Aneignung auch ein Stück *Selbsterfahrung* und die Möglichkeit, sich als Person und Berufsangehörige(r) gesellschaftlich zu positionieren.

- Sinn und Bedeutung einer Beschäftigung mit der Geschichte der Pädagogik in der Lehrerbildung liegt schliesslich darin, die angehenden Lehrerinnen und Lehrer mit *Grundzügen der heutigen Pädagogik* vertraut zu machen, die ihren Ursprung, ihre besondere Entwicklung und ihre Ausprägung in bestimmten geschichtlichen Lagen und durch markante Persönlichkeiten erfahren haben.

Kristallisationspunkte im Kontinuum der Geschichte

Die zuletzt genannte Zielsetzung birgt auch eine für unser Konzept einer Geschichte der Pädagogik bedeutungsvolle *Kernidee* in sich. Sie beinhaltet einen zweifachen Gesichtspunkt:

Zunächst ist die Grundhaltung zu erwähnen, dass jeder Zeitpunkt der Menschheitsentwicklung wie des individuellen Lebens ein geschichtlicher ist und nur in seiner *Geschichtlichkeit* – und auch dann nur annähernd – verstanden werden kann. In diesem Sinne ist auch jede Gegenwart Geschichtlichkeit. Insbesondere ist in unserem Zusammenhang festzuhalten, dass erzieherische und unterrichtliche Zielvorstellungen stets geschichtlich bedingt sind und immer eine geschichtliche Gültigkeit haben. Unter diesem Aspekt gehört die Bildung eines „Bewusstsein(s) der Geschichtlichkeit jedes Erziehungsideals" (Dilthey) zu den Grundaufgaben einer Lehrerinnen- und Lehrerbildung.

Der zweite Gesichtspunkt besagt, dass wir die Entwicklung der pädagogischen Praxis und Wissenschaft – wie jene der Menschheit (insbesondere auch in ihrer sozio-kulturellen Dimension) überhaupt – als *Prozess* verstehen. Dieser Prozess bildet zwar ein (vielfältiges, mehrschichtiges und mit Widersprüchen und Rückschlägen behaftetes) Kontinuum. Er enthält aber gleichzeitig irreversible Momente, und im Verlauf des Prozesses bilden sich Verdichtungen, *Kristallisationspunkte*, Marksteine, die den weiteren Verlauf des Prozesses entscheidend bestimmen, in künftigen Ausgestaltungen mitenthalten sind, diese gar fundieren und prägen und in diesem Sinne stets weiterwirken. Angewandt auf unseren Zusammenhang einer Geschichte der Pädagogik heisst das: Es gibt im Laufe der Geschichte der Pädagogik Erkenntnisse (z. B. die „Entdeckung" und Praxis des Dialoges bzw. Gesprächs als fundamentale pädagogische Kategorie durch Sokrates und Platon), Gestalten (z. B. J. H. Pestalozzi), Ereignisse (z. B. Nationalsozialismus), die nicht nur die pädagogische Wissenschaft und Praxis in der jeweiligen geschichtlichen Situation (mit)bestimmt haben. Solche Erkenntnisse, Gestalten und Ereignisse wirken auch weiterhin in jede Gegenwart hinein, sind Bestandteil jeder aktuellen pädagogischen Wirklichkeit. Noch zugespitzter formuliert: Sie bilden Momente der pädagogischen Wirklichkeit (Bildung und Erziehung), „hinter die man nicht mehr zurückkehren kann".

Leitfragen

Aus dem bisher Gesagten ergibt sich, dass wir in unserem Konzept nicht (nur) von einem ideengeschichtlichen Standpunkt ausgehen oder uns von der Vorstellung einer Folge von chronologisch geordneten Ereignissen leiten lassen. Vielmehr soll die Strukturierung dem Grundsatz folgen, dass im genannten Sinne der Kristallisationspunkte *zentrale pädagogische Frage- und Problemstellungen der Gegenwart* (aus Bildung, Erziehung, Unterricht und Theorie) unter einer historischen Perspektive dargestellt werden sollen. Wir bezeichnen diese Frage- und Problemstellungen auch als *Dimensionen der Pädagogik*. Wir haben uns für einige Dimensionen entschieden, die wir für die Pädagogik und für die gegenwärtigen pädagogischen Diskussionen als charakteristisch erachten und zu deren Verständnis der Blick in die Geschichte ihrer Entstehung, Entwicklung und Ausformung aufschlussreich, ja grundlegend ist. Diese Dimensionen beinhalten *Leitfragen* im Sinne eines thematischen Interesses, eines Erkenntnisinteresses, das nach Ursprung, Ausbildung, Wandlung und Wirkung dieser Dimensionen in Geschichte und Gegenwart fragt:

1. *Philosophische Dimension:* Wie wird Pädagogik als Wissenschaft bzw. als Handeln legitimiert? Seit der Antike wird die Frage nach der Erziehungsbedürftigkeit und -berechtigung aufgeworfen. Sie wird da problematisch, wo eine Gesellschaft ihre überkommene Ordnung in Frage stellt oder gestellt sieht und die Tradition durch die Dynamik des Wissens, der Wissenschaft und alternativer Weltanschauungen in Fluss gerät.

2. *Theologische Dimension:* Wie theologiehaltig ist die moderne, säkulare Pädagogik? Klerus, Kirche und Klöster regenerieren sich seit alters her durch Bildung und vermitteln ihre Weltsicht durch Erziehung und Unterricht. Pädagogik setzt bis heute (wie Theologie) auf Veränderung, auf die Veränderbarkeit und Verbesserung des Menschen und der gesellschaftlichen Verhältnisse.

3. *Emanzipatorische Dimension:* Wie ist die Mündigkeit des Individuums, jene zentrale Kategorie moderner Pädagogik und Antipädagogik, historisch und systematisch zu verstehen und zu begründen? Mit welchen andern Zielen rivalisiert sie?

4. *Anthropologische Dimension:* Welches ist das Menschenbild moderner Pädagogik? Mit Immanuel Kant gefragt: Was kann der Mensch wissen, was soll er tun und was darf er hoffen? Welches sind die Vorstellungen vom Kind? Ist es hilfsbedürftig oder der kleine Erwachsene und „spontan-autonom"? Ist es sündig oder gesellschaftlicher Hoffnungsträger? Ist es frei sich entfaltende Natur oder nur das, was aus ihm Erziehung macht?

5. *Idealisierende Dimension:* Ist die heranwachsende Jugend nicht stets Hoffnungsträger (und -opfer) der sie erziehenden Erwachsenengeneration? Wecken Kindheit und Jugend nicht die Sehnsucht nach einer besseren Welt? Ist Pädagogik ohne utopischen Optimismus, ohne utopische Hoffnung überhaupt denkbar?

6. *Systematische Dimension:* Ist Pädagogik eine eigenständige Wissenschaft, die „einheimische Begriffe" und Theorien ausbildet, oder ist sie bloss Praxis, hohe Erziehungs- und Lehrkunst, die nur begnadeten Menschen gelingen oder die allein durch Erfahrung erlernt werden kann?

7. *Gesellschaftlich-institutionelle Dimension:* Die moderne, arbeitsteilige, demokratische Gesellschaft setzt gebildete Bürger und Arbeitskräfte voraus; dies bedingt Institutionen für die Allgemeinbildung, die Berufsbildung und für die Ausbildung der Fachkräfte für Erziehung und Unterricht. Wie entstanden diese Institutionen und der zugehörige Berufsstand?

8. *Individualisierende und gemeinschaftsbildende Dimension:* Die heutige Pädagogik setzt in Bildung und Erziehung auf Individualisierung und Gemeinschaftsbildung. Was heisst dies? Wie sind diese Ansprüche historisch entstanden und aktuell zu verwirklichen?

9. *Totalitäre Dimension:* Die Möglichkeit einer totalitären Vereinnahmung von Bildung und Erziehung durch gesellschaftliche

Kräfte und Gruppierungen bildet nur die ausgesprochen negative Seite eines Problems. In welchem Verhältnis steht Pädagogik zu den weiteren gesellschaftlichen Kräften und Institutionen wie Politik, Kirche, Staat und Medien?

10. *Pluralistische Dimension:* Das Feld der Pädagogik erscheint heute (hinsichtlich Theoriekonzepten und Berufsfeldern) unübersichtlich, bunt, widersprüchlich und vielfältig: Welches sind die grundlegenden Denkansätze/Theoriebewegungen der Nachkriegszeit, und wie wirken sie sich im Schulbereich aus?

Die Dimensionen bzw. Leitfragen – Kristallisationspunkte – werden jeweils in Kapiteln begrifflich geklärt, problemgeschichtlich situiert und exemplarisch am Werk und Wirken von Klassikern der Pädagogik und ihrer Epoche verdeutlicht. Für die Erstellung der einzelnen Kapitel dienen neben der jeweils dort zitierten Literatur auch einige umfassende Werke zur Geschichte der Pädagogik als Grundlage, so vor allem jene von Theodor Ballauf und Klaus Schaller, Herwig Blankertz, Albert Reble, Hans Scheuerl, Hermann und Heinz Weimer und Rainer Winkel. Diese Werke werden in den folgenden Kapiteln nicht mehr gesondert aufgeführt. Quellenmässig nicht nachgewiesen werden die einschlägigen Lexika, mit deren Hilfe die Glossare abgefasst wurden.

Wir beide als Autoren dieses Buches erlebten viel Freude und Befriedigung durch unsere Zusammenarbeit. Freudvoll, herausfordernd und bereichernd war auch die Arbeit in den Lehrveranstaltungen mit den Studentinnen und Studenten an der Höheren Pädagogischen Lehranstalt. Für ihr Interesse und ihr Engagement, ihre kritische Auseinandersetzung mit den Themen und unseren Ansichten sowie ihre positiven Rückmeldungen danken wir ihnen herzlich. Danken möchten wir auch all den Kolleginnen und Kollegen innerhalb und ausserhalb der HPL, die uns ermuntert haben, dieses Projekt zu Ende zu führen. Wenn diese Unterstützung, die wir erfahren durften, nun andere Kolleginnen und Kollegen ermutigt, selber auch wieder vermehrt „eigentliche" Pädagogik und/oder Geschichte der Pädagogik zu unterrichten, sind wir glücklich. Wir danken auch den Herausgebern der Schriftenreihe, Prof. Dr. Kurt Aregger und Dr. Hugo Eichhorn, für ihr Interesse und für die Aufnahme des Buches sowie Frau Yvonne Kaufmann vom Sekretariat der Lehrerbildung Sentimatt für die Herstellung der Druckvorlage. Einen besonderen Dank sprechen wir den Kolleginnen und Kollegen Peter Allenspach, Christine Hofer, Bettina Lattmann, Pavel Novak und Hansjörg Vogel aus, die einzelne Kapitel und Abschnitte von ihren Fachgebieten aus überprüft haben.

Chur und Unterbözberg, Juli 1995

Urs Peter Lattmann und Peter Metz

Literatur

Ballauf, Th.; Schaller, K.: Pädagogik. Eine Geschichte der Bildung und Erziehung. (3 Bde.) Freiburg 1969.

Blankertz, H.: Die Geschichte der Pädagogik. Von der Aufklärung bis zur Gegenwart. Heidelberg 1980[15].

Buck, G.: Hermeneutik und Bildung. München 1981.

Criblez, L.; Hofer, C.: Pädagogik als Unterrichtsfach – einige Thesen zur Einleitung einer notwendigen Diskussion. In: Beiträge zur Lehrerbildung 12 (1994) H. 3, 279-287.

Frey, K. und Mitarbeiter: Der Ausbildungsgang der Lehrer. Weinheim 1969a.

-: Die Lehrerbildung in der Schweiz. Weinheim 1969b.

Jaspers, K.: Vom Ursprung und Ziel der Geschichte. München 1983[8].

Knoop, K.; Schwab, M.: Einführung in die Geschichte der Pädagogik. Heidelberg 1981.

Reble, A.: Geschichte der Pädagogik. Stuttgart 1980[13].

Scheuerl, H.: Geschichte der Erziehung. Stuttgart 1985.

Scheuerl, H. (Hrsg.): Lust an der Erkenntnis. Die Pädagogik der Moderne. Von Comenius und Rousseau bis in die Gegenwart. Ein Lesebuch. München 1992.

Weimer, H.; Weimer H.: Geschichte der Pädagogik. Berlin 1967[17].

Winkel, R. (Hrsg.): Pädagogische Epochen. Von der Antike bis zur Gegenwart. Düsseldorf 1988.

1. Legitimierung – Philosophischer Ursprung der Pädagogik im Dialog
U. P. Lattmann

Ein „Kristallisationspunkt" im pädagogisch-geschichtlichen Prozess im Sinne unseres Konzepts, wie wir es in der Einleitung beschrieben haben, formt sich gleich zu Beginn der abendländischen Geschichte und damit am Ursprung der Geschichte der Pädagogik: Die Person und die erzieherische Praxis des Sokrates (ca. 470-399 v. Chr.) und das Werk Platons (427-347 v. Chr.). Sie machen u. a. deutlich, dass Erziehung und Unterricht stets auch in einem übergeordneten philosophischen Kontext (und damit in einem bestimmten Welt- und Menschenverständnis) stehen und dass das Gespräch bzw. der Dialog als Anleitung zum eigenständigen Entdecken und Erkennen eine elementare Erziehungs- und Unterrichtsmethode ist.

1.1 Die philosophische Urform erzieherischen Handelns und Denkens

Die Pädagogik ist eine junge Wissenschaft. Pädagogisches Denken und Handeln dagegen ist mit den Anfängen unserer Kultur verbunden. Das (systematische) Nachdenken über die Erziehung besorgten damals die Philosophen. Sie stellten Fragen wie z. B.: Was ist gut und böse? Welches sind die Massstäbe für sittliches Handeln? Welches sind die Ziele unseres Lebens? Wie können Kinder auf diese Ziele hin erzogen werden? usw.

Im Laufe der (jüngeren) Wissenschaftsgeschichte entwickelte sich aus diesem *ursprünglichen Fragen* der Philosophie die Pädagogik als (eigenständige) Wissenschaft mit dem Ziel, Grundsätze und Eigenheiten der Erziehung des Menschen und der Menschheit besser zu verstehen und zu klären und diese Erkenntnisse für die Praxis fruchtbar zu machen (vgl. Beck 1979; zum Verhältnis von Philosophie und Pädagogik vgl. Löwisch 1982 und Schurr 1976). In diesem Sinne kann man die

Philosophen als die ersten berufsmässigen Pädagogen und die Philosophie als die Quelle pädagogischen Denkens bezeichnen.

So bestand der Weg, auf dem diese Philosophen zum pädagogischen Denken und Wirken gelangten, hauptsächlich im Fragen-Stellen und Antworten-Suchen bzw. -Geben. Aus dem *Staunen*, aus der „Verwunderung" (Platon) heraus gelangten sie über das *Fragen, Antworten* und *Zweifeln* zur Erkenntnis ihrer selbst, der Mitmenschen und der Mit-Welt (vgl. z. B. Jaspers 1973, Bd. 2, 105 ff.). Es ist dies der selbe Weg, der auch heute Erwachsene und Kinder, Lehrpersonen und Schülerinnen und Schüler, Erziehende und zu Erziehende, zusammenführt, auf dem sie miteinander in Beziehung treten. Im gemeinsamen Fragen und Antworten, im Dialog, sollen die Heranwachsenden (und auch die Erziehenden) sich selbst, die Mitmenschen und die Mit-Welt verstehen- und kennenlernen. Diese *„Urform"* erzieherischen Handelns und Denkens wird in einer eindrücklichen Begegnung sichtbar, die der Erziehungswissenschafter Hans Rauschenberger erlebte (Rauschenberger 1991, 214 f.; Text von U. P. L. leicht geändert):

> Im vergangenen Sommer habe ich einem siebenjährigen Nachbarsjungen zugesehen, wie er Regenwürmer ausgrub, sie an kurze Bindfäden band und an einer Wäscheleine aufhing. Er freute sich an ihren Bewegungen und sagte zu mir: „Schau, die werden jetzt trocken."
> ...
> In mir – als Pädagoge – meldete sich etwas wie Herausgefordertsein und der Wunsch, Verantwortung zu übernehmen und also einzugreifen in die Regenwurmexekution.
> ...
> Sofort tauchten aber – bruchstückhaft – auch viele Fragen auf: Soll ich da intervenieren und dem Kind seine Freude verderben? Ist es andererseits nicht meine Pflicht, das Kind auf sein grausames Spiel aufmerksam zu machen? Wie soll ich überhaupt auf seine Aufforderung, „schau, die werden jetzt trocken", reagieren?
> Es kamen mir auch Fragen aus der antipädagogischen Richtung in den Sinn: Wie komme ich dazu, dieses Kind zu beeinflussen? Vielleicht macht der kleine Kerl jetzt wichtige Erfahrungen. Soll ich ihn auf das Leiden der Kreatur aufmerksam machen und hernach beim Essen mein Schnitzel verzehren, ohne zu fragen, was der Schlachter mit dem Tier angestellt hat? - Wenn ich aufgrund derartiger Erwägungen das erzieherische Gespräch mit dem Kind sein lasse, dann muss eben ich mich ändern und muss sozusagen

den Änderungsanspruch, den ich gegenüber dem Kind nicht durchsetze, zu meiner eigenen Angelegenheit machen.

Ich versuchte dann, die Regenwurmepisode aus dem Erleben des Kindes zu deuten. Nach meiner Auffassung sah der Junge zunächst nur sein documenta-reifes Kunstwerk und freute sich an der Bewegung der Tiere. Er hat mich dann angesprochen, weil er mich als Betrachter, als Jury, als Galeristen gebraucht hat. Er war keineswegs darauf vorbereitet, dass ich sein Opus anders sehen könnte als er selbst. Was also sollte ich tun? Sollte ich ihn herausholen aus seiner kreativen Freude, oder sollte ich so tun, als sei ich vom Anblick der sich krümmenden Würmer genauso begeistert wie er?

Ich habe ihn dann gefragt, ob die Würmer das mögen. Zunächst hat er keine Antwort gegeben und nur gebannt den Würmern zugeschaut. Ich bohrte weiter: „Sieht aus, als ob sie das nicht so gut fänden!" Er, nach einer Pause: „Das tut ihnen nicht weh!" Ich: „Schau, wie sie sich krümmen. Als wollten sie weg." Er darauf: „Tut ihnen das weh?" Erst jetzt war er soweit, sozusagen einen kritischen Gedanken an sein eigenes Werk zu richten. Aber mir schenkte er nichts; er packte mich vielmehr bei meinem eigenen Unwissen. Deutlich war in seinem Gesicht zu lesen, dass er nicht glaubte, dass ich ausgerechnet über die Schmerzempfindung von Regenwürmern Auskunft geben könnte. Ich zog mich aus der Affäre: „Das weiss ich nicht; sie können es ja nicht sagen." Es ging eine ganze Weile. Aber dann begann der Stachel zu wirken. Vorsichtig knüpfte er einen der Würmer wieder ab. Der fiel zu Boden und versuchte sofort, sich in die Erde zu bohren. Jetzt war der Junge begeistert. Er knüpfte alle anderen ab und bettete sie in die weiche Erde. Vergnügt gestaltete er sein Kunstwerk zum Happening einer Wurmbefreiung um.

1.2 Der Mythos und die (philosophische) Aufklärung

Der Dialog als Urform erzieherischen Denkens und Handelns begegnet uns auch in den philosophischen Fundamenten unserer abendländischen Kultur. Diese Urform wird sichtbar und greifbar in der Person und dem Wirken des Philosophen Sokrates. Person und Wirken des Sokrates sind uns in den Dialogen, die er über existentielle und erzieherische Grundfragen mit seinen Schülern führte, von Platon überliefert worden.

Sokrates ist ein Philosoph, der zur Zeit der grossen Aufklärungsperiode der hellenischen Geschichte (ca. 500-350 v. Chr.) lebte und wirkte. Bis zu diesem Zeitpunkt war das Lebensgefühl und das praktische Leben der Griechen (Ethik, Politik, Arbeit, Bildung, soziales Leben) vorwiegend durch den *Mythos* bestimmt.

Mythen waren überlieferte Erzählungen, die die Ereignisse des Lebens und den Lauf der Welt deuteten und sie für die Menschen verständlich machten und geordnet erscheinen liessen. Sie gaben Antworten auf die grundlegenden Fragen nach den Eigenheiten des menschlichen Wesens (z. B. Freud und Leid, Liebe und Hass, Gesundheit und Krankheit), des Lebens (z. B. Geburt und Tod) und der Welt (z. B. Gestirne und Meere, Fruchtbarkeit und Dürre, Blitz und Donner, Lauf der Geschichte). Die *Sophisten* (Gelehrte, Weisheitslehrer) begannen, diese überkommene Ordnung in Moral, Politik und den sozialen (gesellschaftlichen) Beziehungen in Frage zu stellen, und appellierten an die Vernunft, an die Einsicht, insbesondere auch an die Vernunft (und damit auch an die Verantwortung) des Einzelnen. Sie begannen, dem Mythos (als dem zu Glaubenden) den Logos (die Vernunft, das Argument, die Einsicht) gegenüberzustellen (vgl. z. B. Wuchterl 1990, 19-50).

An diese philosophische „Schule" knüpfte *Sokrates* an, allerdings als eigenständiger und eigenwilliger Denker. Er wurde der Gottlosigkeit und der Verführung der Jugend angeklagt und deswegen zum Tode verurteilt. Ist Sokrates also ein Verführer und Ideologe oder ein Pädagoge und Aufklärer zum Wohle der Menschen? Rätselhaft war er und ist er geblieben bis heute: Er, der Mann, der das spezifisch *abendländische Denken* begründet hat und auf den auch unser heutiges Denken zurückgeht, hat – vermutlich – nicht ein einziges schriftliches Wort hinterlassen. Er, der wissende Nichtwisser, hat mit seiner Fragekunst (Mäeutik, d. h. Hebammenkunst) die Philosophie begründet. Ist er der erste grosse Philosoph oder ist er der erste grosse Erzieher oder ist er beides? (Wie es denn vielleicht keine Philosophie ohne erzieherische Dimension und keine Erziehung ohne philosophische Dimension gibt.)

1.3 Sokrates in Athen

Der Lebenslauf

Den „äusserlich sichtbaren" Lebenslauf von Sokrates kann man mit wenigen Worten skizzieren. Auch wenn die Quellenlage – wie für das gesamte Denken von Sokrates – nicht ganz sicher ist, steht folgendes fest: Sokrates wurde um 470 v. Chr. geboren. Seine Mutter war Hebamme, sein Vater Bildhauer. Sokrates selber hat ebenfalls den Beruf des Bildhauers erlernt, sich aber dann ganz der Philosophie gewidmet. Im Jahre 399 v. Chr. wurde er zum Tode verurteilt. Die *Anklage* lautete: Jugendverführung und Gottlosigkeit bzw. Einführung neuer Gottheiten (Daimonion). Sokrates hatte sich zwar in seiner grossartigen Rede, der Apologie, von der Platon berichtet, verteidigt. Aber er hat den Urteilsspruch der Richter akzeptiert, obwohl er – wie auch alle seine Freunde – von seiner Unschuld überzeugt war. Er stellte das Gesetz über seine persönlichen Argumente und Überzeugungen. So wollte er auch nicht fliehen, sondern nahm den Schierlingsbecher und starb im Gefängnis, sich mit seinen Schülern über den Tod und die Unsterblichkeit der Seele unterhaltend.

Man kann das Schicksal und die Lehre des Sokrates (wie auch des Platon) nicht verstehen, ohne sich in groben Zügen die Epoche der Antike zu vergegenwärtigen. Hier einige Stichworte dazu:

Das öffentliche Leben in der *klassischen griechischen Epoche* (ca. 5./4. Jahrhundert v. Chr.) ist gekennzeichnet durch die Dominanz der Stadtstaaten (der Polis) Sparta und Athen, durch eine kulturelle Blütezeit, kriegerische Eroberungen, Götterglauben.

„Spartanische" Bewältigung des Lebens ...

Erziehung und Bildung für eine bestimmte Schicht bzw. Gruppe nehmen in Sparta und Athen eine herausragende Stellung ein. *Sparta* wird von den vom Norden her eingewanderten Dorern beherrscht. Die Urbevölkerung, zu Heloten (leibeigene Bauern) und Periöken (minderberechtigte, aber zur Heerfolge verpflichtete Lakedaimonier) geworden, hat hauptsächlich für den Unterhalt der Herrenschicht zu sorgen. Die Erziehung der Angehörigen der oberen Schicht dient der

Heranbildung und Ertüchtigung zum Krieger. Individueller Lebensgestaltung wird keine Bedeutung beigemessen. So leben Knaben und Mädchen nur bis zum vollendeten 7. Lebensjahr bei der Mutter. Bis zum dreissigsten Lebensjahr folgt für die männliche Jugend die militärische Ausbildung in öffentlichen Anstalten (vgl. das geflügelte Wort „spartanische Erziehung", „spartanisches Leben"). Auch die weibliche Jugend erfährt eine öffentliche Erziehung mit gymnastischer Ausrichtung. Sie wird auf die Ausübung der Mutterschaft ausgerichtet.

... und „athenische" Kulturgestaltung

Völlig unterschiedlich zu Sparta präsentiert sich die zweite Polis, *Athen*. Sie ist führende Handels- und Industriestadt und Mittelpunkt eines vielfältigen geistigen und kulturellen Lebens. Hier gilt als oberste Maxime weniger die Macht als vielmehr die Idee und die Praxis des Rechts. Solon (ca. 640-560 v. Chr.), der weise Gesetzgeber, wird verehrt: Der Gesetzesstaat mit einer allgemeinverbindlichen Rechtsordnung bildet die Grundlage eines auf Humanität und Solidarität ausgerichteten demokratischen Staatswesens. In diesem Menschen- und Staatsverständnis nimmt auch das Individuum einen hohen Stellenwert ein (vgl. auch Kap. 3 und 5). Entsprechendes Gewicht nimmt die Bildung und Erziehung ein: Ein möglichst hoher Anteil der männlichen Sklaven soll eine möglichst gute Bildung erhalten, damit das Staatswesen funktioniert. Bildung, geistig-kulturelles Leben überhaupt, verbindet und vermischt sich mit dem öffentlich-politischen Leben. In einem Staatswesen, das sich zum Ziel gesetzt hat, alle Menschen am öffentlichen Leben teilnehmen zu lassen, das die öffentlichen Ämter durch das Los zuteilt, ist möglichst gute Bildung und Erziehung für alle eine Notwendigkeit.

Sokrates als Philosoph

Auf diesem Hintergrund muss die Gestalt und das Wirken von Sokrates gesehen werden. Sokrates ist nicht der Philosoph, der selber grosse systematische philosophische Werke entwirft. Geschrieben hat er selber überhaupt nichts. Alles, was wir über sein Denken und sein Wirken wissen, verdanken wir anderen Quellen: Philosophen wie Platon und Aristoteles, Dichtern und Schriftstellern wie Aristophanes

("Die Wolken") und Xenophon ("Erinnerungen an Sokrates") und bildenden Künstlern (zahlreiche Plastiken).

Insbesondere sein Schüler *Platon* (427-347 v. Chr.) hat in seinen Dialogen die Gestalt des Sokrates sehr lebendig geschildert und sein Denken für die Nachwelt festgehalten. In vier *Dialogen* beschäftigt sich Platon direkt mit dem Schicksal des Sokrates:

- Im Dialog „Euthyphron" begegnen wir Sokrates, der auf dem Weg zum Gericht ist. Dort trifft er den Priester Euthyphron. Mit ihm erörtert er die Frage, was denn überhaupt Frömmigkeit sei.
- In der „Apologie" erhalten wir Kenntnis von den Reden, mit denen Sokrates sich vor dem Gericht verteidigt.
- Im Dialog „Kriton" versucht der Schüler und Freund Kriton, den Sokrates zu überzeugen, dass er fliehen müsse. Sokrates aber lehnt diesen Vorschlag ab, weil er das Gesetz höher stellt als seine Überzeugung und die seiner Freunde.
- Im „Phaidon" schildert Platon den Todestag des Sokrates. Noch einmal kommen bei Sonnenaufgang die Freunde ins Gefängnis, um mit ihrem Sokrates sprechen zu können.

Platon hat für die Darstellung dieser letzten Lebenszeit von Sokrates und damit seines Schicksals die Form der Dialoge gewählt. So hat Platon – darüber ist man sich in der Forschung einig – genau die Form gewählt, die Sokrates wohl für alle Zeiten zu überdauerndem Ruhm geführt hat und ihn als „das mächtigste erzieherische Phänomen in der Geschichte des Abendlandes" (Jaeger) werden liess.

1.4 Vom Mythos zum Logos: Von der Sokratischen Methode

Die überragende und überdauernde Wirkung kommt Sokrates zu, weil er nicht einfach lehrt, weil er nicht einfach seinen Schülern Inhalte bzw. Stoff vermittelt.

Das sokratische Gespräch

Sokrates verwendet für seinen „Unterricht" sozusagen nur eine Methode: *Das Gespräch*. Durch das Gespräch und geschickte Fragen sollen seine Schüler selbst zur Erkenntnis eines Sachverhaltes gelangen. Sokrates versteht sich nur als *Helfer auf dem Weg* zur Erkenntnisgewinnung. Sein Ziel ist es, dass die Schüler selbst erkennen, was wichtig ist, was sie lernen sollten, was notwendig ist. Er ist überzeugt, dass diese Erkenntnisse so oder so schon in ihnen sozusagen in einem Schlummerzustand vorhanden sind. Es geht nur darum, durch geschickte Fragen diese Erkenntnisse aus dem Schlummerdasein zur Entfaltung zu bringen. So versteht er seine Tätigkeit im metaphorischen Sinne wie die Tätigkeit seiner Mutter, der Hebamme: Durch Fragen, durch Argumente, durch Widerlegen von falschen Argumenten, durch erneutes Fragen und Abwägen soll der Schüler zur Erkenntnis geführt werden. Diese Unterrichtsform oder Unterrichtsmethode nennt er Mäeutik, Hebammenkunst. Themen, die Sokrates so mit seinen Schülern behandelt, sind etwa: Was ist die Tapferkeit? Was ist Frömmigkeit? Wozu der Tod? Was ist das Glück?

Dabei weisen die Dialoge alle eine ähnliche *Struktur* auf. Diese kann am Beispiel des Dialoges „Laches" kurz illustriert werden. Im „Laches" befindet sich Sokrates – nach einer kurzen Einleitung – im lebendigen Gespräch mit zwei grossen athenischen Feldherren, Nikias und Laches. Nikias und Laches fragen Sokrates, ob ihre Söhne in die Schulung eines Fechtmeisters gehen sollen oder nicht. Sofort führt Sokrates das Gespräch von der konkreten Frage nach der Fechtkunst weg zur allgemeinen Frage, was denn die Tugend sei. Da aber die Klärung, was Tugend sei, zu schwierig ist, schlägt Sokrates vor, zunächst die Frage der Tapferkeit, die ja der Tugend zugrunde liegt, zu klären. Das Ziel des Fechtunterrichtes sei es ja auch, zur Tapferkeit zu erziehen. Nun beginnt das typische sokratische Gespräch. Sokrates fragt: „Was ist Tapferkeit?" Laches gibt eine ungenügende und unklare Antwort. Sokrates sagt, er habe offenbar nicht richtig bzw. nicht klar genug gefragt und präzisiert die Frage, indem er Beispiele anführt und Vergleiche anstellt: z. B. Tapferkeit gibt es nicht nur im Krieg, sondern auch in der Armut, in der Krankheit, im öffentlichen Leben usw. Weiter vergleicht er die vielfachen Bedeutungen von Tapferkeit mit den Verwendungen des Wortes Geschwindigkeit (z. B. beim Laufen, im Sprechen usw.). Gibt es nun eine allgemeine Bedeutung von Tapferkeit, vergleichbar jener von Geschwindigkeit als ein Vermögen, in kurzer Zeit vieles zu vollbringen? Laches sagt ja, gewiss: Tapferkeit als Beharrlichkeit der Seele. Sokrates widerlegt anhand von Beispielen, dass Beharrlichkeit nicht ausreicht, um Tapferkeit zu erfassen. So gibt es z. B. eine Beharrlichkeit in törichten Dingen, die doch gewiss nicht als tapfer bezeichnet werden kann. Laches und Nikias versuchen immer wieder, neue Bestimmungen von Tapferkeit zu bringen (z. B. Erkenntnis des Gefährlichen, des Unbedenklichen, als Furchtlosigkeit). Sokrates prüft all diese Thesen und zeigt auf, dass sie nicht ausreichen, um Tapferkeit zu bestimmen. In dieser Situation kommt Sokrates zum folgenden Schluss: Wenn schon Tapferkeit als grundlegende Voraussetzung der Tugend nicht bestimmbar ist, dann kann auch die Frage, was die Tugend sei, nicht beantwortet werden. So beendet Platon den Laches-Dialog folgendermassen:

> *SOKRATES:* Du hast uns also vorhin nur über ungefähr den dritten Teil der Tapferkeit Auskunft gegeben, Nikias; wir haben aber nach der ganzen Tapferkeit offenbar nicht nur das Wissen von dem, was man fürchten muss oder was man wagen darf, sondern gewissermassen das von allem Guten und Schlimmen, und zwar zu jeder Zeit: das also wäre, nach deiner jetzigen Definition, die Tapferkeit. Sollen wir also unsere Auffassung in diesem Sinne ändern, oder wie meinst du, Nikias?
> *NIKIAS:* Ich denke wohl, Sokrates.
> *SOKRATES:* Meinst du nun, du erstaunlicher Mann, solch ein Mensch lasse es noch irgendwie an der menschlichen Tüchtigkeit fehlen, wenn er von allem Guten ein umfassendes Wissen hätte, wie es entsteht und entstehen wird und entstanden ist, und vom Schlimmen ebenso? Und glaubst du, er könne noch an Besonnenheit oder an Gerechtigkeit oder an Frömmigkeit Mangel haben, er, dem es als einzigem gegeben ist, im Verkehr mit Göttern und Menschen abzuwägen, wovor er sich fürchten muss und wovor nicht, und sich das Gute zu verschaffen, weil er weiss, wie er sich beidem gegenüber richtig verhalten soll?
> *NIKIAS:* Mir scheint, es sei etwas an dem, was du sagst, Sokrates.
> *SOKRATES:* Dann wäre das also nicht nur ein Teil der menschlichen Tüchtigkeit, was du da bestimmt hast, Nikias, sondern die ganze.
> *NIKIAS:* Offenbar.
> *SOKRATES:* Und wir haben doch gesagt, die Tapferkeit sei nur ein Teil der Tüchtigkeit.
> *NIKIAS:* Ja, das sagten wir.

SOKRATES: Das, wovon wir aber jetzt sprechen, scheint das nicht zu sein.
NIKIAS: Offenbar nicht.
SOKRATES: Dann haben wir also doch nicht herausgefunden, Nikias, was Tapferkeit ist.
NIKIAS: Anscheinend nicht.

Diese Textstelle gibt einen Einblick in die Dialogführung des Sokrates. Zudem ist der Schluss dieses Laches-Dialoges charakteristisch für das sokratische Gespräch: Der Ausgang ist offen, die Frage ist nicht (abschliessend) beantwortet.

Sokratische Aporie und Ironie im Gespräch

Immer wieder sagt Sokrates in den Gesprächen an einem gewissen (am entscheidenden) Punkt etwa: „Aber, wir haben doch vorhin festgestellt, dass dies und dies der Fall sei. Und jetzt sagen wir, das Ergebnis sei so oder so. Lassen sich denn diese beiden Aussagen miteinander in Verbindung bringen?" Darauf muss der Gesprächspartner Stellung nehmen. Meist sind die Fragen so bzw. spitzt Sokrates die Fragen und Antworten so zu, dass *keine Antwort* mehr folgen kann. Das ist – vor allem – dann der Fall, wenn im Gespräch über das Einzelne, über das Alltägliche und über die je individuelle Erfahrung hinaus die Frage geklärt werden soll, was denn das *Allgemeine* sei, wie das beispielhaft am Dialog „Laches" bezüglich der Tugend und der Tapferkeit gezeigt wurde. So enden die Gespräche in der Regel mit einem *offenen Ausgang*.

Dieser offene Ausgang des Gesprächs, vielleicht auch ein Ausgang ohne Ergebnis, die sogenannte *Aporie*, bildet zusammen mit der sokratischen *Ironie* ein wesentliches Merkmal der Methode und der Lehre des Sokrates. Die Ironie des Sokrates zeigt sich z. B. in einer Lobrede, die der Verehrer Alkibiades auf Sokrates hält, wenn er im Symposion sagt: „Er hält vielmehr alle diese Dinge für nichts wert und uns für nichts und verstellt sich nur gegen die Menschen und treibt Scherz mit ihnen sein Leben lang."

So wissen die Gesprächsteilnehmer am Schlusse, dass sie eigentlich keine gültige Antwort auf die anfangs gestellte Frage haben. Sokrates ist es ein Anliegen, aufzuzeigen, dass wir eigentlich im Grundsätzlichen nichts wissen können. So sagt er auch (in der „Apologie"), dass er nur Apoll als Lehrer gehabt und keine Schüler herangezogen habe, da sein Tun nicht in der Vermittlung von Wissen, sondern in der Erkenntnis und Destruktion von Scheinwissen bestehe. Das macht ihn zum wissenden Nichtwisser.

1.5   Platon und Sokrates

Platon (427-347 v. Chr.) war ein Schüler des Sokrates. Sowohl seine Mutter wie sein Vater stammten aus berühmten und wohlhabenden Familien der athenischen Aristokratie.

Platon als Schüler des Sokrates

Platon soll den zu dieser Zeit bereits stadtbekannten Sokrates etwa mit 12 Jahren kennengelernt haben. Sein eigentlicher Schüler wurde er etwa mit 20 Jahren. Das *Lehrer-Schüler-Verhältnis* dauerte etwa 8 Jahre, bis zum Tode von Sokrates im Jahre 399 v. Chr. Platons Leben ist nicht nur eng mit jenem von Sokrates verknüpft. In ihm widerspiegelt sich auch ein wesentlicher Teil der politisch-sozialen-kulturellen Geschichte Griechenlands (Kriege, wechselnde Herrschaftsformen). Platon entwickelte sich zwar zu einem eigenständigen Denker, und seine philosophischen Theorien beeinflussten das abendländische Denken mit Auswirkungen bis in unsere Zeit. Er gründete 387 v. Chr. in Athen eine eigene Schule – die platonische Akademie –, die erst nach neunhundert Jahren (529 n. Chr.) durch Erlass des christlichen Kaisers Justinian geschlossen wurde. Mit der Schliessung der platonischen Akademie wird vielfach das Ende der „heidnischen Philosophie" (Hegel) und der Beginn des christlichen Mittelalters (symbolhaft) verknüpft. (Im gleichen Jahr gründet der heilige Benedikt das Kloster Monte Cassino, das seinerseits zu einer Quelle prägender Kräfte für das Abendland wurde; vgl. Kap. 2.)

Neben den unten aufgeführten Dialogen seien aus dem umfassenden Werk Platons seine *Ideenlehre* und seine *Utopie* eines humanistischen Staates (in: Politeia, der Staat, ca. 374; vgl. Kap. 5) erwähnt.

Im Alter von 80 Jahren stirbt Platon im Jahre 347 v. Chr. Die letzten Jahre seines reichen Lebens sind von *Resignation* gekennzeichnet: Persönliche Kränkungen, die desolaten politischen, ökonomischen und sozial-kulturellen Verhältnisse des einst blühenden Athens und Griechenlands liessen seinen Optimismus und seine Hoffnungen, von denen sein „Staat" getragen war, zusammenbrechen und führten ihn zur Resignation.

In unserem Zusammenhang ist *Platon als Schüler des Sokrates* wichtig. Wie bekannt, besitzen wir von Sokrates selbst keine schriftlichen Zeugnisse. Neben indirekten Quellen (Dichtungen [z. B. Aristophanes], Geschichtsdokumenten, philosophischen Werken [Aristoteles]) sind es vor allem die Werke Platons, in denen uns das Denken von Sokrates überliefert ist. Dies trifft vor allem für die Dialoge zu, die den grössten Teil von Platons Werk ausmachen. Die über 20 Dialoge werden meist in die

— *frühen Dialoge* (z. B. Protagoras, erstes Buch der Politeia; auch die Apologie [Verteidigung des Sokrates], kein Dialog),

— *mittleren Dialoge*, Dialoge der Reife (z. B. Menon, Phaidon, Symposion [Gastmahl], Bücher 2-10 der Politeia) und

— *Altersdialoge* (z. B. Timaios, Nomoi [Gesetze]) aufgeteilt.

In all diesen Dialogen – mit Ausnahme der Nomoi – tritt Sokrates auf. Er ist meist Hauptfigur, leitet das Gespräch und hat das letzte (zusammenfassende) Wort. Die Forschung hat gezeigt, dass es oft schwirig ist festzustellen, was vom philosophischen Gedankengut dem Sokrates zugeschrieben werden muss und was Platons eigenes Gedankengut ist. Übereinstimmung herrscht darin, dass die Altersdialoge teilweise Platons eigenem Denken entstammen (z. B. Ideenlehre) und dass die frühen und mittleren Dialoge in den wesentlichen Elementen den historischen Sokrates wiedergeben.

Ist Tugend lehr- und lernbar?

In pädagogisch-anthropologischer Hinsicht ist der Dialog „Menon" interessant und ergiebig. Sozusagen eine pädagogische Grundsatzfrage, nämlich jene nach der Lehr- und Lernbarkeit von Haltungen, wird hier am Beispiel der Tugend behandelt. Es geht um folgende Fragen: Was ist die „Tugend"? Ist sie erlernbar? Wenn ja, wie ist sie zu erwerben? Schon das Thema zeigt die Berührungspunkte von Philosophie und Pädagogik bzw. die grundsätzliche Verwiesenheit der beiden „Disziplinen" oder Sichtweisen aufeinander.

In das Gespräch eingewoben ist die berühmte Lehre Platons von der Wiedererinnerung (Anamnesis) als grundlegendes Element der platonischen Ideenlehre (vgl. Höhlengleichnis). Dieser Teil gehört zum eigenständigen Denkbereich von Platon und ist kaum sokratisches Gedankengut.

Die Szenerie des Dialoges ist einfach. Teilnehmer des Dialogs sind Menon, Sokrates, ein Sklave des Menon und Anytos. Das Gespräch beginnt abrupt, ohne Einleitung, mit der Frage des Menon:

> Sokrates, kannst du mir sagen, ist die Tugend lehrbar? Oder ist sie es nicht und nur durch Übung zu erwerben? Oder kann sie weder durch Übung erworben noch erlernt werden, sondern wird dem Menschen von Natur oder auf irgendeine andere Weise zuteil?

Nach verschiedenen einleitenden Bemerkungen sagt Sokrates in seiner Antwort:

> ... ich bin in dieser Sache so arm wie meine Mitbürger und mit mir selbst unzufrieden, dass ich von der Tugend gar nichts weiss. Wie sollte ich aber von etwas, von dem ich nicht weiss, was es ist, sagen können, wie es beschaffen ist? Oder glaubst du, es sei möglich, dass jemand, der den Menon überhaupt nicht kennt, trotzdem wissen könnte, ob er schön oder reich oder von edler Herkunft sei oder das Gegenteil davon? Hältst du das für möglich?

Und schon sind die beiden in den Dialog verwickelt; Menon antwortet:

> Gewiss nicht. Aber du, Sokrates, weisst du tatsächlich nicht, was Tugend ist, und dürfen wir das von dir auch bei uns zu Hause (d. h. in Thessalien) erzählen?
> Sokrates: Nicht nur das, mein Freund, sondern auch, dass ich, wie ich glaube, noch keinem anderen begegnet bin, der es weiss.

In der Fortsetzung versucht nun Sokrates, dem Phänomen der Tugend dadurch näherzukommen, dass er Menon ermuntert, verschiedene Erscheinungsformen aufzuzählen. Dieser muss sich dann aber von Sokrates belehren lassen, dass, wenn es um das Verständnis der Tugend an sich geht, eine blosse Aufzählung nichts bringt. Vielmehr müsse eine einheitliche, alle möglichen Erscheinungsformen umgreifende Bestimmung gesucht werden. Über verschiedene Zwischenstufen gelangen sie schliesslich zum Schluss, dass Tugend nicht lehrbar, sondern göttliches Geschick sei.

1.6 Philosophisches Denken und Sprechen und praktisches Leben

Auf einen weiteren Gesichtspunkt muss in unserem Zusammenhang hingewiesen werden: Die Verschränkung von Denken und Sprechen des Sokrates einerseits und von Handeln und Lebensführung andererseits. Die Methode von Sokrates – die Mäeutik –, die pädagogischen Fähigkeiten wie jene der Dialogführung und der Inhalt seiner Gespräche sind Grund genug, sich mit Sokrates auseinanderzusetzen. Doch entscheidend für die überzeitliche Bedeutung des Sokrates ist auch die Übereinstimmung von seinem Denken und Sprechen mit seinem Handeln bzw. seiner eigenen Lebensführung. Gerade auf diese Zusammenhänge weist besonders auch die jüngere Sokrates-Forschung hin (vgl. z. B. Martens 1992). Wie schon oben erwähnt, geht es Sokrates nicht um Wissensvermittlung, um formale Erkenntnis, oder gar um Wissen „um des Wissens willen". Er will die Sache, um die es geht, selbst prüfen. Und so bezieht er seine Grundfrage „Was ist das?" auch auf sich selbst, auf seine Tätigkeit. Er fragt nicht nur, was „die Tugend", was „ein gutes Leben", was „die Gerechtigkeit" sei. Vielmehr lebt er auch nach den Grundsätzen, die er lehrt oder versucht wenigstens, so zu leben. Das wird sehr deutlich in der berühmten Verteidigungsrede des Sokrates vor dem Athener Gericht, wie wir sie im Werk „Apologie" von Platon her kennen. Sokrates sagt hier:

> Vielleicht könnte nun einer von euch entgegnen: „Aber Sokrates, womit beschäftigst du dich denn? Wie sind diese Beschuldigungen gegen dich

entstanden? Wenn du nichts anderes tätest als die anderen Menschen auch, dann wäre gewiss dieses Gerücht nicht entstanden, und man würde, lebtest du wie andere Leute, nicht so von dir reden. Sage uns doch, was es ist, damit wir nicht voreilig über dich urteilen."

Nach dieser Einleitung wendet Sokrates seine „Was ist das?"-Frage auch auf sich selbst, auf seine Tätigkeit an. Er verteidigt sich in der Verteidigungsrede nicht, sondern er selbst will vor dem Gericht die Klage „Punkt für Punkt prüfen". So hinterfragt er mit seiner eigenen Methode sein eigenes Leben, er begnügt sich selbst nicht mit dem Schein. Damit fordert er gleichzeitig auch wiederum seine Zuhörer auf, hinter die „Oberfläche", hinter den „Schein" zu schauen, die Tat, die Sache zu untersuchen. Dies selbst dann oder gerade dann, wenn es um die eigene „Sache", das eigene Leben geht. Ob er in seinen Gesprächen nun die Tugend, die Tapferkeit, die Frömmigkeit, das gute Leben, die Gerechtigkeit usw. untersucht, immer geht es ihm letztlich um die „geprüfte und gelebte Wirklichkeit des guten Lebens selbst". Aussagen und Beteuerungen über diese Phänomene täuschen. Sie können zwar ein Wissen sein, haben aber keinen Einfluss auf die Lebensgestaltung. Das Wissen ist sozusagen vom Leben abgelöst. Für Sokrates gewinnen die Kenntnis und das Wissen ihre

> Bedeutung erst im Hinblick auf die Sache selbst als gelebte Wirklichkeit. Das praktische Leben-Können geht dem theoretischen Leben-Wissen voraus. Beides zusammen erst ist „gut zu leben wissen". Die Praxis als ein „gutes Leben" ist keiner direkten, zweifelsfreien Erkenntnis zugänglich, sondern bedarf nach Sokrates der kritischen, argumentativen Prüfung in einer Situation problematisch gewordener Überzeugungen. (Martens 1992, 154)

Dialogisches Denken und Sprechen

Es wird sichtbar: Für Sokrates zählt die eigene Einsicht, das eigene Urteil, das aufgrund des *argumentativen Gesprächs*, des Dialogs gewonnen wird. Es ist der „Logos" im Sinne des Gesprächs, der das Denken des Sokrates beherrscht. Auch sein Schicksal stellt er unter diese Macht des Logos. Er will mit seinem Schicksal zeigen, dass der Erzieher und der Philosoph diesem Logos zu dienen haben, und zwar in dem Sinne, dass auch die Schüler lernen, diesen zum Führer ihres Lebens zu machen. Damit muss Sokrates mit einem Denken in Widerspruch geraten, das bislang das geistige, kulturelle und politische Leben Griechenlands dominiert hat: Mit dem Mythos. Seine Lehre bedeutet Aufklärung, Befreiung des einzelnen aus undurchschaubaren Zusammenhängen (vgl. Kap. 3). Denken wird so praxisrelevant, handlungsleitend, vorweggenommenes Handeln. Erzieherisches, pädagogisches Denken und Handeln ist in diesen Zusammenhängen philosophisch und anthropologisch verankert, lässt sich in dieser Perspektive begründen bzw. legitimieren.

1.7 Aspekte zur Wirkungsgeschichte

Sokrates steht zweifelsohne am Anfang einer neuen Zeit: Am Beginn des Abendlandes, im Schnittfeld der Geburt der jüdisch-griechisch-christlichen Kultur. Philosophen aller Zeiten (z. B. Georg Wilhelm Friedrich Hegel [1770-1831], Friedrich Nietzsche [1844-1900], Karl Jaspers [1883-1969]) haben sich immer wieder mit der Gestalt und dem Denken von Sokrates beschäftigt. Bei der Auseinandersetzung mit Themen wie Aufklärung, Mündigkeit, Gerechtigkeit, Dialog wird man stets zu den fundamentalen Erkenntnissen von Sokrates geführt. Das zeigt sich insbesondere beim Studium dessen, was wir als Gespräch, insbesondere als dialogisches Gespräch, bezeichnen.

Zum Wort „Dialog"

Etymologisch (der Wortgeschichte nach) geht das Wort Dialog zurück auf das griechische „dialogos" und bedeutet Unterredung, Gespräch. Dabei ist die ursprüngliche und auch in unserem Zusammenhang entscheidende Bedeutung interessant, die das dem Substantiv zugrundeliegende Verb ausdrückt: „dialegesthai" bedeutet überlegen, (über)denken, gemeinsam besprechen, disputieren.

Vom sokratischen Dialog zum neuzeitlichen Diskurs

Vor Sokrates bzw. Platon bezeichnete *Dialog* vor allem eine *literarische Gattung*. Dies ist auch bei den sokratischen Dialogen noch der Fall. In ihnen bezeichnet aber Dialog bereits auch eine *Methode*: Die Dialektik Platons. Der (sokratische) Dialog führt die Gesprächsteilnehmer schrittweise zu gemeinsamem Erkennen, wobei der Erkenntnisprozess aus der argumentativen Diskussion gegenteiliger Meinungen besteht. Das Grundmuster des Dialogs (unter Einbezug der Lehre von der Topik) ging auch in die berühmte römische Redner-Schulung ein (z. B. bei Tertullian).

Vor allem aber wurde es in der mittelalterlichen Philosophie und Theologie weiterentwickelt, vorzüglich innerhalb des scholastischen Streitgesprächs, der *„Disputatio"*. Diese sachorientierte Auseinandersetzung zwischen Vertretern unterschiedlicher Ansichten (vor allem innerhalb der Universitäten) waren bei aller Heftigkeit echte Gespräche, „disziplinierte Streitgespräche" (mündlich oder schriftlich): Die Sache, um die es geht, und die Person, die diese vertritt, werden ernst genommen. Ziel ist – wie im sokratischen Dialog – die (gemeinsame) Erkenntnis, die Wahrheitsfindung. Die „Disputatio" wurde nach strengen (Spiel)regeln geführt bzw. aufgebaut: Frage, Antwort, These, Zustimmung, Verneinung, Argument, Beweisführung, zusammenfassende und abschliessende Formulierung des Ergebnisses (vgl. Piper 1978 und 1981; Grabmann 1957). In manchen Konzepten der modernen Diskurs-Theorien (vgl. als Einführung z. B. Alexy 1978) liessen sich Bezüge zum sokratischen Dialog und der scholastischen Disputation nachweisen.

Dialogische Erziehung und Pädagogischer Bezug

Eine Auseinandersetzung mit dem Dialog an sich und mit dem sokratischen und platonischen Dialog im besonderen fand zwar in der Philosophie zu allen Zeiten statt. Eine eigentliche „hohe Zeit" und eine entsprechende Ausdehnung und Einflussnahme auf das gesamte Denken brachte der Dialog innerhalb der *Dialogphilosophie* im 20. Jahrhundert. Theodor Bucher hat, vor allem in seinem Buch „Dialogische Erziehung" (1983), den Einfluss dieser Dialogphilosophie auf die Pädagogik dargelegt und die philosophischen Grundlagen einer dialogischen Erziehung sowie deren Bedeutung für die erzieherische und unterrichtliche Praxis aufgearbeitet. Die Verwiesenheit der Pädagogik auf die philosophische und anthropologische Grundlage und/oder Orientierung, wie sie beispielhaft an Sokrates sichtbar wird, zeigt sich in der Dialogphilosophie bzw. in der Dialogpädagogik am deutlichsten.

Es sei hier insbesondere auf Otto Friedrich Bollnow (1903-1990) und Martin Buber (1878-1965) verwiesen. Bollnow hat in seinen Arbeiten zum Begriff und Wesen der Begegnung in der Pädagogik (z. B. „Existenzphilosophie und Pädagogik", 1959) die pädagogische Theoriebildung und die erzieherische Praxis unserer Zeit massgeblich beeinflusst. Innerhalb der geisteswissenschaftlichen Pädagogik (vgl. Kap. 10) wurde seit Wilhelm Dilthey (1833-1911) das Konzept der Dialogischen Grundlage einer Theorie des „Pädagogischen Bezugs" bzw. des „Pädagogischen Verhältnisses", vor allem durch Eduard Spranger (1882-1963), Hermann Nohl (1879-1960), Theodor Litt (1880-1962) und Wilhelm Flitner (1989-1990) mit den wichtigsten Elementen: Pädagogische Verantwortung gegenüber dem Kind und den Inhalten, dem Bewusstsein der Geschichtlichkeit eines jeglichen erzieherischen Vorganges, dem Theorem der Wechselwirkung, der Freiwilligkeit, der Mündigkeit, der Distanz und des pädagogischen Takts sowie der doppelten zeitlichen Orientierung (gegenwärtige Verfassung – zukünftige Möglichkeit).

Das *personale (und auch das sachbezogen-inhaltliche) Moment* im Dialogischen hat Martin Buber in seinen Arbeiten immer wieder herausgearbeitet. So schreibt er z. B. im Buch „Das dialogische Prinzip" (1984, 293 ff.), das echte Gespräch sei „die Hinwendung zum Partner". Sie beinhalte die volle Akzeptation des andern: „Selbstverständlich bedeutet solch eine Bestätigung (des andern) keineswegs schon eine Billigung; aber worin immer ich wider den andern bin, ich habe damit, dass ich ihn als Partner echten Gesprächs annehme, zu ihm als Person Ja gesagt". Das bedingt weiter die

> Überwindung des Scheins (...). In wem auch noch in der Atmosphäre des echten Gesprächs der Gedanke an die eigene Wirkung als Sprecher des von ihm zu Sprechenden waltet, der wirkt als Zerstörer. Wenn ich statt des zu Sagenden mich anschicke, ein zur Geltung kommendes Ich vernehmen zu lassen, habe ich unwiederbringlich verfehlt, was ich zu sagen gehabt hätte, fehlbehaftet tritt es ins Gespräch, und das Gespräch wird fehlbehaftet.

In Hinsicht auf die Verwiesenheit von Denken-Sprechen und Handeln-Lebensführung bei Sokrates sei abschliessend festgehalten, dass in neuerer Zeit in der Philosophie diese Zusammenhänge erneut in den

Vordergrund gerückt werden, vor allem innerhalb der sog. „Praktischen Philosophie" bzw. der Ethik.

Hinweise zur Vertiefung

Bildmaterial: Bildmaterial zur Epoche und zu Sokrates und Platon in den rororobildmonographien von Gottfried Martin über Platon (rm 150) und Sokrates (rm 128).

Friedrich Dürrematts „Der Tod des Sokrates" (in: Turmbau, Stoffe IV-IX) regt zur kritischen Auseinandersetzung an.

Textausschnitte aus den Dialogen von Platon, z. B. aus dem Menon-Dialog: Artemis-Jubiläumsausgabe zum 2400. Geburtstag Platons: Platon, sämtliche Werke in acht Bänden, Zürich und München 1974, Bd. 2, 401-452. Inhaltsübersichten, die die Gedankengänge und Gliederung der Dialoge sichtbar machen, enthält die Rowohlt Platon-Ausgabe.

Texte der Sophistik und von Platon in: Reble, A.: Geschichte der Pädagogik. Dokumentationsband I. Stuttgart 1971, 13-34.

Glossar

Anthropologie: griech. (v. *anthropos*, „Mensch" und *logos*, „Lehre", „Wissenschaft"), Bezeichnung für die Lehre vom Menschen, von dessen Natur, Eigenheiten (körperlich-psychisch-geistig) und Wesen.

Aporie: griech. (v. *aporia*: „Unwegsamkeit", „Ratlosigkeit", „Verlegenheit", „Zweifel", „Unmöglichkeit"): Ausweglosigkeit; eine Schwierigkeit, ein Problem, eine Frage, ein Selbstwiderspruch, etwas, wofür sich keine Lösung finden lässt. Auch das Resultat zweier gleichermassen überzeugender Argumente mit unvereinbaren Schlussfolgerungen.

Dialog: griech. (v. *dialogos*: das „Gespräch"): Zwiegespräch, Wechselrede; *dialegesthai*: „überlegen", „(über)denken"; „gemeinsam besprechen", „disputieren".

Diskurs: lat. (v. *discurrere*: „hin und her laufen"), Rede, Gespräch, Erörterung mittels Argumenten.

Ironie: griech. (v. *eironeia*: das Verhalten eines „eiron", d. h. eines Schalks bzw. einer Person, die sich verstellt); eine rhetorische Figur, bei der das Gesagte und das Gemeinte absichtlich nicht übereinstimmen, so aber, dass dies als Schein durchschaubar ist. Bei Sokrates ist es ein Vortäuschen von Unwissenheit, um sich und Gesprächspartner zu zwingen, die Grundlagen dessen zu untersuchen, was gemeint, aber nicht sicher gewusst wird.

Legitimierung: lat. (v. *legislatio:* „Gesetzgebung"); *Legitimation:* „Berechtigung", „Beglaubigung"; *legitimieren:* (v. mlat. *legitimare*) „(ein uneheliches Kind rechtlich) anerkennen"; *bildungssprachlich:* 1. für legitim erklären, mit einem bestimmten Recht, einer bestimmten Vollmacht ausstatten; 2. sich ausweisen. *Legitimierung:* das (Sich) Legitimieren (nach Duden, Deutsches Universalwörterbuch).

Logos: griech. (v. *legein:* „sprechen", „reden"): Begriff, Bericht, Behauptung, Erklärung, Gedanke, Rede, Vernunft, Wort, Lehre. Auch Bedeutung von universaler Weltordnung.

Mäeutik: griech. (v. *maieutike*): „Hebammenkunst"; Die Gesprächsmethode des Sokrates, durch geschicktes Fragen die (schlummernden) Antworten und Einsichten heraufzuholen.

Mythos: griech. (v. *mythos:* „Wort", „erdichtete Erzählung"), der Mythos von „ursprünglichen" Ereignissen, die für die jeweilige Jetzt-Situation die Grundlage bilden. Er muss interpretiert werden; hat indirekten Charakter.

Pädagoge: griech. (v. *paidagogos*, „Kinderführer", „Erzieher"), bei den Griechen und Römern ein Begleiter und Aufseher von vornehmen Knaben, meist ein gebildeter Sklave.

Philosophie: griech. (v. *philos*, „Freund" und *sophia*, „Fertigkeit", „Klugheit", „Weisheit"), Liebe zur Weisheit oder Freund der Weisheit; eigentliche Definition kaum möglich; entweder Lehre bzw. Theorie über einen bestimmten Gegenstand oder die besondere Lebensweise bzw. Tätigkeit im Sinne des Strebens nach Wahrheit, Weisheit, Erkenntnis; im weitesten Sinne auch Weltanschauung; Philosoph: Freund der Weisheit.

Scholastik: lat. (v. *scholasticus:* „zur Schule gehörend"; „einer, der an einer höheren Schule studiert oder lehrt", „Gelehrter"): Schulwissenschaft, Sammelbezeichnung für die abendländischen philosophisch-theologischen Lehren des Mittelalters: Früh-, Hoch-, Spätscholastik (9. bis 14. Jahrhundert), Neuscholastik.

Sophistik: griech. (v. *sophoi*, die „Weisen"); Lehre der Sophisten. Die Sophisten waren im 5. und 4. Jahrhundert v. Chr. Wanderlehrer, die gegen Bezahlung unterrichteten. Schwerpunkte waren die rhetorisch-praktische und formale Bildung. Sie vertraten einen Relativismus, Skeptizismus und Pragmatismus. Die Sophistik mündete in einer über sich selbst nicht aufgeklärten Aufklärung. Platon setzte ihr und den Sophisten seine Sokrates-Gestalt entgegen.

Topik: griech. (v. *topos*: allgemein anerkannter „Begriff" oder „Gesichtspunkt"; „Ort", „Stelle"; stehende Wendung oder Formel, „Gemeinplatz"); nach

Hügli, A., Lübcke, P.: Philosophielexikon: Lehre von den Schlussfolgerungen aus wahrscheinlichen Sätzen und deren Begründung durch die Findung plausibler, in allgemeiner Akzeptanz stehender Argumente. Aristoteles (384-322 v. Chr.) verfasste als erster eine Topik; Lehre von den allgemeinen Gesichtspunkten, den „Gemeinplätzen", die bei der Erörterung eines Themas geltend gemacht werden können.

Literatur

Alexy, R.: Eine Theorie des praktischen Diskurses. In: Oelmüller W. (Hrsg.): Normenbegründung - Normendurchsetzung. Paderborn 1978, 22-58.

Beck, H. (Hrsg.): Philosophie der Erziehung. Freiburg 1979.

Bollnow, O. F.: Existenzphilosophie und Pädagogik. Stuttgart 1965³.

Bormann, K.: Platon: Die Idee. In: Speck, J. (Hrsg.): Grundprobleme der grossen Philosophie. Altertum und Mittelalter. Göttingen 1972, 44-83.

Buber, M.: Das dialogische Prinzip. Heidelberg 1984⁵.

Bucher, T.: Dialogische Erziehung. Bern 1983.

Grabmann, M.: Geschichte der scholastischen Methode. Freiburg 1957.

Jaspers, K.: Philosophie, Bd. 1-3. Berlin 1973⁴.

Löwisch, D.-J.: Einführung in die Erziehungsphilosophie. Darmstadt 1982.

Martens, E.: Die Sache des Sokrates. Stuttgart 1992.

Martin, G.: Sokrates: Das Allgemeine. Seine Entdeckung im sokratischen Gespräch. In: Speck, J. (Hrsg.) : Grundprobleme der grossen Philosophen. Altertum und Mittelalter. Göttingen 1972, 9-43.

-: Sokrates. Hamburg 1990.

-: Platon. Hamburg 1974.

Piper, J.: Scholastik, München 1978.

-: Thomas v. Aquin. München 1981.

Platon : Sämtliche Werke in 8 Bänden. Artemis-Jubiläumsausgabe. Zürich 1974.

-: Sämtliche Werke in 6 Bänden. Hamburg 1957, Neuauflage 1991.

Rauschenberger, H.: Erziehen und Philosophieren. In: „Einführung in pädagogisches Sehen und Denken" (hrsg. von A. Flitner und H. Scheuerl). München 1991¹², 214 f.)

Schurr, J.: Pädagogik und normative Wissenschaften. In: Speck, J. (Hrsg.): Problemgeschichte der neueren Pädagogik, Bd. 2, 107-159. Stuttgart 1976.

Wuchterl, K.: Lehrbuch der Philosophie. Bern 1989³.

-: Grundkurs: Geschichte der Philosophie. Bern 1990².

2. Säkularisierung – Theologisches Erbe der Pädagogik
P. Metz

Wenn wir uns im schulischen Alltag mit den Primzahlen oder in der Geographie mit den Höhenkurven befassen oder in einen Streit schlichtend eingreifen oder den Kindern die Funktionsweise und den Sinn des Wochenplans erläutern, wird uns kaum in den Sinn kommen, dass Unterricht, Erziehung und Bildung, bzw. Pädagogik als das systematische Nachdenken darüber, etwas mit Religion und Theologie zu tun haben könnten. Dieser Gedanke liegt uns umso ferner – er ist vielleicht sogar befremdlich –, wenn wir uns die Tatsache vergegenwärtigen, dass die Durchsetzung der allgemeinen Schulpflicht und der heute gültige Aufbau des Bildungswesens in der Folgezeit der Aufklärung, mit ihrer klar laizistischen Stossrichtung, erreicht worden ist. Zudem versteht sich heute die Pädagogik als eine eigenständige, rationale, empirisch arbeitende Wissenschaft und gerade *nicht* als eine auf Metaphysik abgestützte Spekulation; diesem modernen Verständnis entsprechend wird sie vielfach auch Erziehungswissenschaft genannt. Trotz dieser unbestreitbaren Tatsachen lässt sich doch die These vertreten, dass bei aller Säkularisierung auch die neuzeitliche Pädagogik theologiehaltig, dieses Erbe einerseits unverzichtbar, andererseits problematisch und das Bildungswesen (der Schweiz) bis heute weit weniger laisiert ist, als wir es gemeinhin annehmen. Die These soll in drei Schritten erörtert werden: Der erste Abschnitt zeigt den kirchlichen Einfluss bei der Entstehung, Entwicklung und Prägung des heutigen Bildungswesens auf. Im zweiten Abschnitt wird die Grundstruktur neuzeitlicher Pädagogik so analysiert, dass ihre Theologiehaltigkeit und deren Problematik deutlich wird. In den Abschnitten drei und vier soll am Beispiel von Leben und Werk des Bischofs und Pädagogen Jan Amos Comenius, der im 17. Jahrhundert gewirkt hat, die These von der *theologischen Dimension der Pädagogik* veranschaulicht und verdeutlicht werden.

2.1 Kirchlicher Einfluss bei der Entstehung und Entwicklung des Bildungswesens

Nach dem im 5. Jahrhundert erfolgten Niedergang des Römischen Reiches und in den Jahrhunderten der Völkerwanderungen konnten die alte Kultur und ihre Zeugnisse kaum tradiert werden. In der Westschweiz sorgte einzig das Burgunder Reich für eine gewisse Stabilität. Im Osten der Schweiz blieb Rätien mit dem Bischofssitz von Chur tradierende Macht. In der nördlichen und östlichen Schweiz waren es die irischen Missionare Columban (um 543-615) und Gallus (* um 555, † um 645), die für das Christentum missionierten und in deren Wirkungsbereich *Klosterschulen* und *Bibliotheken* entstanden. Der Unterricht war zunächst den für das Klosterleben bestimmten Knaben vorbehalten. In der Blütezeit des Benediktinerordens schufen die Mönche laut einem Plan des Klosters St. Gallen von 820 neben der schola interior (innere Schule) eine schola exterior (äussere Schule), in der die nicht unmittelbar zum Kloster gehörenden Schüler unterrichtet wurden (vgl. Abb. 1; s. Abschnitt „Hinweise zur Vertiefung"). Im Zentrum stand der theologische Unterricht, das Lernen des Lateins sowie das Lesen religiöser Texte. Der Bildungskanon umfasste die aus der Antike übernommenen „septem artes liberales" (sieben freie Künste), nämlich das sog. Trivium mit Grammatik, Rhetorik und Dialektik und das Quadrivium mit Arithmetik, Geometrie, Astronomie und Musik (vgl. Abb. 2; s. Abschnitt „Hinweise zur Vertiefung").

Mit der Stärkung der Kirche, der Fürstentümer und des Rittertums zerfiel im Mittelalter die Blüte der Klöster. Für 1291 wird zum Beispiel bezeugt, dass in St. Gallen weder der Abt noch ein Mönch des Schreibens kundig waren. Die gegen die Macht der islamischen Welt gerichteten Kreuzzüge führten zu einer Öffnung Europas; Gewerbe und Handel nahmen zu, und es bildeten sich die Städte mit ihren Handelsrechten und Zünften und in ihnen ein mit der Kirche personell und institutionell verbundenes, im Prinzip vierstufiges Bildungswesen, dessen Ausgestaltung und Niveau allerdings von Ort zu Ort ganz verschieden waren. Den ersten Unterricht besorgten *„niedere Schulen"* oder *„Pfarrschulen"*. Wie der Name sagt, unterstanden sie dem örtlichen Pfarrer, der den Unterricht zumeist nicht selbst erteilte, sondern einen Rektor damit beauftragte. Dieser stellte seinerseits wieder Gesellen an, die die von Ort zu Ort vagabundierenden Schülergruppen (ABC-Schützen) begleiteten und unterrichteten. Ein eindrückliches Zeugnis dieses Schulsystems liegt uns in Thomas Platters (1507[?]-1582) „Lebensbild" vor. Die *„deutschen Schulen"* vermittelten elementare Kenntnisse, um Handel und Gewerbe betreiben zu können, und bereiteten auf die *„Lateinschulen"* vor, welche in die *„höheren Schulen"* und in die Universitäten, z. B. in Basel (gegründet 1460) und Genf (gegründet 1559) führten. Neben den Vorlesungen, die dem Predigen der Pfarrer entsprachen, waren (Streit-)Gespräche, sog. „Disputationen", die allgemein übliche Form des Unterrichts (vgl. Kap. 1). Noch lange nach der Reformation konnte sich das Bildungsmonopol der Geistlichkeit behaupten. So heisst es beispielsweise in der Verfassung der Englischen Kirche von 1604: „Niemand soll unterrichten, weder in einer öffentlichen Schule noch in privatem Hause, ausser dem, der die Erlaubnis dazu vom Bischof der Diözese [hat,] oder einem von diesem unter Brief und Siegel Beauftragten ..." (zit. nach Alt 1960, 197)

Unter dem Einfluss der Reformation – in der Schweiz Huldrych Zwinglis (1484-1531) und Johannes Calvins (1509-1564) – wurde das *Schulwesen* in den Städten sehr gefördert und auf dem Land oft erst eingeführt. Die Förderung war u. a. theologisch begründet: Auch das einfache Volk sollte die Bibel lesen können, denn ein Mittler zwischen Gott und Mensch, der Priester, war biblisch nicht zu rechtfertigen. Die Pflege der Jugendbildung auf protestantischem Gebiet motivierte auf katholischer Seite entsprechende Bestrebungen.

In der Schweiz setzte sich im 19. Jahrhundert vor allem die liberale, laizistische Bewegung für die *Hebung des Bildungswesens* ein. Sie erreichte die Gründung bzw. Reorganisation der Universitäten Zürich (1833), Bern (1834) und Neuenburg (1838) sowie die Gründung und Einrichtung von Kantonsschulen und Lehrerseminaren. Die vereinte Macht der konservativen, föderalistischen Kräfte verhinderte jedoch eine radikale Säkularisierung und Laisierung, was der schweizerischen Bildungslandschaft bis heute ihr spezifisches Gepräge verliehen hat.

Dies lässt sich durch folgende historischen Argumente belegen: Ab 1837 (Gründung der Evangelischen Lehranstalt Schiers) kam es zur Schaffung zahlreicher „freier", sprich „staatsunabhängiger", evangelischer Schulen, vorwiegend Gymnasien und Lehrerseminare. Die Bundesverfassung von 1874 unterstellte das Primarschulwesen der kantonalen Hoheit, und die sog. „Schulvogt"-Vorlage, welche ein eidgenössisches Schulgesetz und das Amt eines eidgenössischen Schulsekretärs vorsah, wurde 1882 von Volk und Ständen klar verworfen. In Freiburg eröffneten 1889 konservative, ultramontane Kreise eine Universität. In den überwiegend katholischen Kantonen ist der Einfluss des geistlichen Standes auf der Sekundar- und Mittelschulstufe, insbesondere der Lehrerbildung, am Lehrpersonal und an der Trägerschaft bis heute erkennbar. Das Fach Religion ist bis heute in den meisten Kantonen – so auch im Aargau – Teil des Bildungskanons; seine konfessionelle Ausrichtung hat es dabei nicht eingebüsst. Die obersten Lehrplanziele sind in zahlreichen Kantonen noch heute deutlich am christlichen Erbe und Verständnis ausgerichtet.

So heisst es beispielsweise in den Aargauer „Leitideen für die Volksschule" (Lehrplan für die Primarschule. Ausgabe 1990, 1/4), die Volksschule vermittle „die Grundkenntnisse, -fähigkeiten und -fertigkeiten zur Orientierung und für das Handeln" in Lebensbereichen und nennt als dreizehnten Bereich den religiösen: „Mit der Transzendenz, mit dem rational nicht Erfassbaren leben. Glaubenswerte kennenlernen, spüren, dass sich die Welt nicht allein rational verstehen lässt."

Nun wäre es denkbar, dass die Pädagogik als Theorie trotz dieser die Praxis bestimmenden gesellschaftlichen und schulischen Rahmenbedingungen gleich den anderen Wissenschaften eine weitgehend rationale, säkulare Ausrichtung hätte annehmen können. Dass dies in grundlegenden Fragen nicht der Fall ist, soll in einem zweiten Schritt dargelegt werden.

2.2 Theologische Grundstruktur neuzeitlicher Pädagogik

Vor allem an drei Kennzeichen der neuzeitlichen Pädagogik wird das theologische Erbe sichtbar: an der Zweiteilung von Theorie und Praxis, an der Stellung des Individuums und am Perfektionsstreben.

Dichotomie von Theorie und Praxis

Pädagogik wird ganz allgemein und selbstverständlich als ein in sich zweigeteilter Bereich aufgefasst; einerseits als Theorie, Wissenschaft oder Lehre über Erziehung, Bildung und Unterricht und andererseits als Praxis, Kunst oder Handeln in den drei genannten Vollzügen. Diese *zweigliedrige Grundstruktur* geht auf das griechische Denken und dessen geistesgeschichtliche Rezeption im Abendland zurück. Die Begriffe Theorie und Praxis sind selbst griechischer Herkunft; „theoria" bedeutet die Anschauung, das Sehen, „to pragma" heisst die Handlung. Für die systematisch und wirkungsgeschichtlich bedeutendsten Leistungen der griechischen Philosophie ist die scharfe Unterscheidung von Theorie und Praxis grundlegend. Während Platon (427-347) zwischen der Welt der ewigen Ideen einerseits und der blossen Erscheinungen andererseits unterscheidet, findet sich bei Aristoteles (384-322) die Trennung in Form (Geist) und Materie (Körper) wieder. Bei beiden Philosophen ist die Zweiteilung auch wertbesetzt: Das Prinzip des Geistes steht für Gott und über der Welt des Körpers und seiner Bedürfnisse. Dieser Sicht entsprach die ständische Sozialordnung: hier die regierenden Athener, die sich dem geistigen Leben widmeten, dort die zudienenden Sklaven und Frauen.

Bekanntlich hat Paulus (gest. zw. 63 u. 67), der hochgebildete römisch-jüdische Doppelbürger, die wertbesetzte Zweiteilung von Geist und Leib aus dem hellenistischen Denken übernommen und ins christliche Denken eingeführt. Von da aus wurde sie für die christlich-dualistische Theologie des Mittelalters, insbesondere auch des Thomas von Aquin (1225-1274) bzw. der katholischen Kirche bestimmend.

Im Protestantismus, der die Mittlerstellung des Priesters und das Gewicht der Tradition und Sakramentsspendung zugunsten des bibellesenden, gegenüber Gott direkt verantwortlichen Individuums zurücksetzte, rückte Pädagogik in eine neue, bedeutendere Position. Den als Sünder geborenen und auf Sünde anfälligen Menschen wollten allerdings auch die Reformatoren nicht sich selbst, d. h. der Dyade „Individuum-Gott", überlassen; die Eltern und die christliche Gemeinde sollten ihn vielmehr durch Zucht und Unterricht dazu anhalten, ein gottgefälliges Leben zu führen. Die Vergebung der Sünden liess sich auch nicht erkaufen (Ablass); der göttlichen Gnade sollte sich das Individuum durch lebenslange, persönliche Anstrengung, durch Bildung und Arbeit würdig erweisen. Man kann also die protestantische Theologie als pädagogisch bezeichnen und die von ihr geprägte neuzeitliche Pädagogik umgekehrt als theologisch. Diese hat die genannten Merkmale bis heute bewahrt, denn ohne sie ist Pädagogik schlicht nicht denkbar. Die Notwendigkeit und Problematik dieses Erbes sollen die folgenden Abschnitte aufzeigen.

Das *Verhältnis von Theorie und Praxis* oder seine Dichotomie gehört bis heute zu den klassischen Fragen der systematischen Pädagogik, obschon man sich allein schon erkenntnistheoretisch fragen muss, ob es sinnvoll sein kann, ohne eine zumindest rudimentäre Theorie, nämlich die begriffliche Annahme von erzieherischen und unterrichtlichen Handlungen, überhaupt von Praxis zu sprechen. Dennoch wird die Zweiteilung ziemlich allgemein angenommen und die pädagogische Reflexion bemühte sich seit Herbart (vgl. Kap. 6) intensiv um Konzepte der Vermittlung von Theorie und Praxis. Die beiden Begriffe sind auch wertbesetzt, was wieder auf den tradierten theologischen Kontext verweist. Im populären Denken erscheint die Theorie – in Umkehrung der Wertsetzung – als „grau" und lebensfremd, die Praxis aber als „grün" und lebensvoll. In der pädagogischen Reflexion wird die Theorie als Mittel der Beschreibung, Erklärung und Steuerung der Praxis und diese als Korrektiv der Theorie gewertet. An dieser Konstruktion problematisch ist ihre Widersprüchlichkeit oder die Ratlosigkeit, die sie hinterlässt: Nehmen wir strenge statische Dichotomie an, dann erscheint eine Vermittlung der beiden undenkbar. Nehmen wir aber an, dass das Verhältnis dynamisch sei, weil sich die (pädagogische) Theorie fortlaufend entwickelt und die Praxis dauernd verändert – was eine heute schwer zu bestreitende Erfahrung ist –, dann rückt seine Klärung und Annäherung ins Unabsehbare.

Der Mensch als Individuum imperfectum

Charakteristisch für die neuzeitliche Pädagogik ist auch die Annahme, den *Menschen als Individuum* in Gegensatz und Auseinandersetzung mit der Gesellschaft zu sehen. Das Individuum soll nicht bloss zur Anpassung an die gesellschaftlichen Verhältnisse erzogen werden, es soll in die Gesellschaft nicht bloss integriert werden, sondern sich zur unverwechselbaren, eigenständigen ganzheitlichen Persönlichkeit bilden. Dieses Erziehungs- oder Bildungsziel wird meist höher geschätzt als die blosse Wissens- oder Stoffvermittlung. Ein theologisches Erbstück ist diese Denkart insofern, als sie die Individualität (des Kindes; vgl. Kap. 8) absolut und als gut setzt, während die Gesellschaft – beispielsweise als Welt des verführerischen Konsums, der brutalisierenden Medien und der phantasietötenden Fliessbandarbeit – als gefährlich und schlecht, im Grunde als „Sünde" und Ort der Bewährung qualifiziert wird. Problematisch an dieser Konstruktion ist die theologisierende Absolutsetzung der Individualität. Geht man nämlich davon aus, dass man nicht nicht erziehen kann, wie es die Antipädagogik fordert, dann verfehlen Erziehung, insbesondere Schulerziehung, notwendig die absolut gesetzte Individualität, und Erziehungs- und Schulkritik erscheinen immer als berechtigt, obschon sich die angebotenen Alternativen als Utopien erweisen müssen. Diese Feststellungen wollen keinesfalls jeder Kritik und Erneuerungsbemühung die Berechtigung absprechen, aber jene unter Pädagogen verbreitete Kampfform als furor theologorum entlarven, die den Zustand der Gesellschaft und besonders der Schule jeweils in den düstersten Farben zeichnet, um mit umso lichteren Verbesserungsvorschlägen unerfüllbare Hoffnungen zu wecken.

Ganz deutlich wird die Theologiehaltigkeit neuzeitlicher Pädagogik, wenn wir den *christlichen Begriff von Seele* ins Auge fassen. Die christliche Seele ist jener von Gott abgefallene Teil einer ewigen, werthaften, unsterblichen Wesenheit, die erst durch die Vereinigung mit Gott, durch Gottes Gnade und ihre Bewahrung vor Sünde, wieder geheilt wird. Diese Überzeugung begründet beispielsweise die Taufe des Neugeborenen und führte im sich christianisierenden Römischen Reich dazu, dass die prostitutive Verdingung von Waisenkindern, die Kindsaussetzung und Kindstötung verboten und bekämpft wurden. (Plessen, Zahn 1979) Die neuzeitliche Pädagogik hat die christliche Auffassung von der Seele als einer unvollendeten, auf Vervollkommnung angewiesenen Wesenheit übernommen. Sie ersetzt den Aspekt der Unvollkommenheit und Sündhaftigkeit durch jenen der Lern- und Erziehungsbedürftigkeit, den Aspekt des Heilens durch Erziehen, Bilden und Unterrichten bzw. durch die Reifung, Entfaltung und Entwicklung angelegter Kräfte und den Aspekt der Vereinigung mit Gott durch Begriffe wie ganzheitliche, reife, charakterstarke Persönlichkeit.

Das von der Theologie vererbte Anliegen der Ganzheitlichkeit erscheint nicht allein in der pädagogischen Zielfrage, sondern gleichfalls in der Diskussion um das Curriculum – vergleichsweise zurückhaltend im Aargauer „Lehrplan für die Primarschule" (1990, S. 1/3, 1/6). Im Zusammenhang von Lehrplänen stellte sich die Frage, wie die Einheit der Person in und trotz der Vielheit des Wissens und der Fächer bewahrt werden kann. Oder anders formuliert: Wie kann die Zersplitterung der Bildung und damit die Überlastung der Schüler vermieden werden? Zur Lösung des Problems entwickelte die Pädagogik eine eindrückliche Zahl von Varianten, die an dieser Stelle bloss erwähnt, nicht erläutert werden können: Erstens die Konzentration vom Stoff aus: Gesamtunterricht, Fächerverbindung, Epochenunterricht, Studienwochen, Projektunterricht; zweitens die Konzentration vom Schüler aus durch die Berücksichtigung der Entwicklungsstufe; drittens die Konzentration vom Lehrer aus (anstelle des Fachlehrer-Systems Unterricht der vielen Fächer durch *einen* Lehrer) und viertens die Konzentration der Bildungsmächte (Schule, Eltern, Kirche) durch Formen der Zusammenarbeit. Einem absolut gesetzten Anspruch der Ganzheitlichkeit kann keine dieser Lösungen gerecht werden.

Die heute beliebte Formel des ganzheitlichen Lernens und ganzheitlichen Denkens ist so gesehen eine Renaissance des theologischen Denkens in der Pädagogik. Ganzheitlichkeit ist ein religiöser, transzendenter Mythos, jedenfalls keine erreichbare, empirisch überprüfbare

Zielgrösse. Und noch eine Überlegung: Der geschichtliche, theologische Hintergrund der „éducation permanente", der Forderung nach lebenslangem Lernen, ist der unvollendete, sündenanfällige Mensch; der aktuelle ökonomische Hintergrund ist die sich rasch und permanent wandelnde Gesellschaft. Problematisch ist an diesem Zusammenhang folgendes: Im Unterschied zum theologischen Konzept der Seele, die in Gott eine (aussermenschliche) Grenze und die Vollendung findet, fehlt im pädagogischen Bereich eine Grenze; Perfektionsstreben kann sich zur Perversion wandeln. Dazu ein Beispiel: Eltern und Lehrpersonen können immer glauben, das Kind sei noch zu wenig gefördert, wisse noch zu wenig und sei noch zu wenig wohl erzogen; sie laufen Gefahr, sich und/oder das Kind völlig zu überfordern. Wer sich dieser Zusammenhänge bewusst ist, wird mit der Übernahme pädagogischer Aufgaben auch die Frage nach den Grenzen seiner Verantwortung und der eignen Möglichkeiten stellen.

2.3 Verbindung von Theologie und Pädagogik

Dass wir im folgenden die aufgezeigten Zusammenhänge von Pädagogik und Theologie an Leben, Werk und Wirken des böhmischen Bischofs Johann Amos Comenius (1592-1670) illustrieren und verdeutlichen und nicht eine andere Gestalt der Geistesgeschichte wählen, ist nicht zwingend; die Wahl hätte auch auf August Hermann Francke (1663-1727), Friedrich D. E. Schleiermacher oder Jeremias Gotthelf (1797-1854) fallen können. Der Sinn einer Beschäftigung mit dem Werk des tschechischen Theologen lässt sich aber gut begründen: Comenius zählt zu den Klassikern der Pädagogik und Schulpädagogik; seine Gedanken- und Lebensarbeit hat auf Europa zu seiner Zeit und bis heute stark eingewirkt. Trotz zweimaligen Verbrennens seiner Schriften sind noch ca. 150 kleinere und grössere Arbeiten überliefert, die in den nächsten Jahren in einer Gesamtausgabe von etwa 60 Bänden zugänglich gemacht werden sollen. Comenius, Priester und Bischof der Böhmischen Brüderunität, kann man als einen universal gelehrten Theologen bezeichnen; er hat sich mit sprachwissenschaftlichen, naturwissenschaftlichen, politischen, philosophischen und theologischen Themen befasst. Die Pädagogik hat er systematisch, eigenständig und nach den Bedürfnissen seiner Zeit begründet und bis in konkreteste praktische Anweisungen ausgeführt.

Bevor wir das Leben, Wirken und Werk des Comenius schildern, kennzeichnen wir die geschichtlichen und religiösen Verhältnisse, in die er hineingeboren wurde und in denen er lebte. Dabei stützen wir uns auf die Darstellung von Veit-Jakobus Dieterich (1991), die im Vorjahr des 400. Geburtstags von Comenius verfasst worden und zur Veröffentlichung gelangt ist.

Kennzeichnung der Epoche

Die Epoche, in die Jan Amos Komensky hineingeboren wurde und in der er sein Leben führte, bildet nicht einfach einen allgemeinen geistigen Hintergrund seines Schaffens, sondern ist der anspornende und tragische Beweggrund seines weitgespannten Denkens und weiträumigen Wirkens; es ist die Zeit des Barock, von Gegenreformation, Absolutismus und Dreissigjährigem Krieg, eine *Zeit des Umbruchs* in Kirche, Politik, Wirtschaft und Philosophie.

> Die alte Einheit der Kirche und des Glaubens, in der Reformation aufgebrochen, zerfiel nun endgültig. An ihre Stelle traten die einzelnen Konfessionen, die sich nach innen durch Reformen, Dogmenbildung und „Rechtgläubigkeit" (Orthodoxie), nach aussen aber durch politische Macht und missionarische Offensive zu festigen suchten ... Der Katholizismus setzte zur Gegenreformation an, der Calvinismus zu seiner zweiten Ausbreitungswelle, durch welche er dem Luthertum die Führungsrolle innerhalb der reformatorischen Bewegung streitig machte. Zu Beginn des 17. Jahrhunderts standen sich die Konfessionen in zwei feindseligen Bündnissen, der protestantischen Union (seit 1608) und der katholischen Liga (seit 1609), gegenüber.
> Auf der politischen Ebene begann eine allmähliche Emanzipation der Politik von der Religion. ... In der Praxis setzte sich als neue Regierungsform allmählich der Absolutismus durch (...). Die Verbreitung der absolutistischen Regierungsform gelang allerdings erst nach langen Auseinandersetzungen zwischen den sogenannten „Zwischengewalten" – dem niederen Adel, den Ständen und Städten – und dem hohen Adel, also Kaiser, Königen und Fürsten. ...
> Diese allmählichen Veränderungen der politischen Herrschaftsformen und der konkreten politischen Machtverhältnisse standen auf ökonomischem

> Gebiet mit dem langsamen Übergang von feudalistischen zu kapitalistischen Produktionsformen in Verbindung.
> In enger Verflechtung mit dem Wandel im religiösen, politischen und wirtschaftlichen Bereich vollzog sich wie im gesamten geistigen Leben auch in der Philosophie ein Umbruch, der sich mit den folgenden Stichworten kennzeichnen lässt: die radikale Infragestellung des alten Wissens; ... die Suche nach neuem Wissen mit Hilfe der menschlichen Vernunft (Rationalismus) oder der Erfahrung (Empirismus); ... die Neigung, einheitliche, auf wenigen Grundsätzen beruhende philosophische Systeme zu errichten ...; schliesslich die Tendenz, sich intensiv der Natur zuzuwenden und sie dem menschlichen Forschungs- und Herrschaftsinteresse gefügig zu machen. (Dieterich 1991, 9-11)

Die genannten Veränderungen wirkten sich auch auf das Gebiet der Erziehung aus. Die reformatorische Forderung, dass alle Gläubigen die Bibel lesen können sollten, mündete in die Forderung einer allgemeinen Schulpflicht und förderte die Institutionalisierung des Schulwesens. Die philosophische Kritik am tradierten Wissen und die Zuwendung zu Rationalismus und Empirismus bewirkte eine Schulkritik an Inhalten und Methoden: Abkehr vom ausschliesslichen Religions- und Sprachunterricht hin zum naturkundlichen Unterricht, zu den „Realien" sowie Abkehr vom „Verbalismus", d. h. dem blossen Lesen-, Schreiben und Auswendiglernen von Texten, hin zum „Realismus", d. h. dem Beobachten der natürlichen und kulturellen Realität und deren Systematisierung und Verknüpfung mit Sprache.

Die Brüderunität

Die „Unitas Fratrum", die Brüderunität, war Mitte des 15. Jahrhunderts aus dem Hussitentum hervorgegangen, zahlenmässig nicht sehr bedeutend, jedoch politisch, kulturell und vor allem bildungspolitisch in Böhmen und Mähren sehr einflussreich.

> Die Kindertaufe verstand man als vorläufige Einführung in die Gemeinde, die im Verlauf des Erwachsenwerdens durch eine bewusst getroffene, selbständige Entscheidung für die Zugehörigkeit zur Unität abgelöst werden sollte. Bei der Unterstützung dieses Prozesses spielte die Erziehung eine ganz entscheidende Rolle. Daneben führte das Prinzip, jedes Gemeindeglied müsse selbst die Bibel lesen können, zur Forderung nach Bildung. ... Zur Herstellung von Katechismen, Gesangbüchern, Schulbüchern und ei-

ner tschechischen Bibelübersetzung ... besass die Unität eine eigene Druk-
kerei. (Dieterich 1991, 17)

Die Theologie der Böhmischen Brüder war von folgenden Prinzipien
geleitet: oberste Autorität der Bibel, Ausrichtung auf die Trias von
Glaube, Liebe und Hoffnung, nämlich Zusammengehörigkeit der
Gläubigen, tätige christliche Nächstenliebe und Hoffnung auf die baldige Wiederkunft Christi.

2.4 Leben, Wirken und Werk von Comenius

Kindheit und Jugend

Comenius wird am 28. März 1592 als Sohn des angesehenen Bürgers
Martin Komensky und seiner Frau Anna in Nivnitz, einem kleinen Ort
nahe der mährisch-ungarischen Grenze, geboren. Der Familienname
verweist auf die Herkunft: Komna in Mähren; Jan Komensky hat ihn
nach der Vertreibung der Böhmischen Brüder aus ihrem Stammland
und ihrer erzwungenen Europäisierung latinisiert. Mit zehn Jahren
verliert Jan seinen Vater, mit elf seine Mutter und zwei seiner
Schwestern; in den zwei folgenden Jahren lebt das Waisenkind bei einer Tante. Als der Ort überfallen und niedergebrannt wird, findet er
bei seinem Vormund, einem Müller, Aufnahme und lernt bäuerliche
und handwerkliche Arbeit kennen. Dank einer kleinen Erbschaft, die
ihm 1608 zuteil wird, erhält Jan durch die Böhmischen Brüder im
mährischen Prerau eine gelehrte Bildung. Im Jahre 1611 begibt er sich
zum Studium der Theologie nach Herborn, wo er sich den zweiten
Vornamen „Amos" zulegt. Die beiden dortigen Professoren beein-
drucken ihn durch ihren Glauben an das baldige Kommen des Tau-
sendjährigen Reiches, die enzyklopädischen Bemühungen und den
Gedanken einer grossen Weltharmonie. Nach einer Bildungsreise im-
matrikuliert sich Comenius an der calvinistischen Universität in Heidelberg, wo er mit Professor David Pareus (1548-1622) bekannt wird.
Dieser war darum bemüht, die untereinander zerstrittenen protestanti-
schen Gruppen miteinander zu versöhnen. In dieser Zeit entwickelt
Comenius den Plan zu einem ersten grossen Werk, das nicht zur

Ausführung kommt, aber seine theologischen, enzyklopädischen und sprachwissenschaftlichen Interessen erkennen lässt.

Ausbildung zum Theologen – auf der Flucht

Im Frühjahr 1614 kehrt Comenius nach Prerau zurück, wo er Lehrer und Rektor der Brüderschule und zum Priester der Unität ordiniert wird. 1618 wird er Geistlicher und Lehrer im nordmährischen Fulnek. Im selben Jahr heiratet er Magdalena Vizovska, die ihm 1619 einen ersten Sohn gebärt. In Fulnek entsteht eine sozialtheologische Schrift, „Briefe nach dem Himmel", die sich mit der beklagenswerten Lage der Armen und der sozialen Ungleichheit der Menschen sowie der theologischen Notwendigkeit ihrer Gleichheit befasst. Aber auch die Reichen kommen zu Wort; in deren Urteil ist die Armut selbstverschuldet. Comenius lässt Christus die beiden Briefe der Armen und Reichen beantworten: Die Armen sollen die ungleiche Verteilung akzeptieren, die Reichen aber sollen sich bemühen, die Armut zu mildern. In der abschliessenden öffentlichen Erklärung weist Christus darauf hin, dass „die endgültige Entscheidung des Streits ... verschoben wird bis zu dem nahen öffentlichen und allgemeinen Gericht, das bald, ja gewiss bald auf Erden gehalten werden wird, am Ende der Zeit ..." (zit. nach Dieterich 1991, 29) Comenius erscheint in dieser Schrift zwar nicht als Sozialrevolutionär, er engagiert sich aber entschieden für die Unterdrückten.

Die politischen Ereignisse verhindern, dass das Leben des Comenius in geordneten Verhältnissen stattfinden kann: Durch den Prager Fenstersturz (1618) und die Wahl eines reformierten Landesherrn rebellieren die böhmischen Stände. Die Katholische Liga schlägt sie in der Schlacht am Weissen Berg (1629) vernichtend. Es beginnt für die Protestanten eine Zeit der Verfolgung. Comenius muss Fulnek verlassen und sich mit anderen Geistlichen in ein Versteck begeben. Die Stadt Fulnek und mit ihr ein grosser Teil der Bibliothek des Comenius fällt einem Brand zum Opfer. Dann sterben seine Frau und die beiden Söhne. Die politischen Ereignisse und der Verlust der Familie stürzen Comenius in Depressionen. Durch das Verfassen von drei Trostschriften – „Trauern über Trauern – Trost über Trost", „Das Labyrinth der Welt und das Paradies des Herzens", „Das Zentrum der Sicherheit" –

sucht er einen Ausweg. In den drei Trostschriften werden die Grundzüge des Comenianischen Denkens deutlich: Welt und Mensch befinden sich in ihrer gegenwärtigen Verfassung nicht in Ordnung; der Mensch muss sich ins richtige Verhältnis zu Gott, zu sich selbst und zur Welt setzen. In den Trostschriften entwirft Comenius einen mystischen Weg der Wiederherstellung geordneter Verhältnisse, den Weg nach innen. Später wendet er sich dem äusseren (Er-)Lösungsweg zu: „Die richtige Erziehung und die rechte Ordnung der politischen und kirchenpolitischen Verhältnisse sollen den Menschen und die Welt in Ordnung bringen." (Dieterich 1991, 44)

Von der „Grossen Didaktik" zur „Pansophie"

1624 heiratet Comenius zum zweitenmal. Dem Paar werden zwei Töchter geboren. Die Familie zieht nach Lissa (Polen) ins Exil, wo seit dem 16. Jahrhundert schon eine Brüdergemeinde bestanden hat. In der Zeit seines ersten Aufenthalts in Lissa (1628-1641) entstehen eine Reihe bedeutender Schriften, unter ihnen die pädagogische Hauptschrift „Grosse Didaktik". Von ihr gibt es zwei Fassungen: Die tschechische Fassung, benannt „Didaktika" und auch „Böhmische Didaktik", entsteht zwischen 1628 und 1632 und wird 1649 gedruckt. Diese Fassung überarbeitet Comenius, übersetzt sie ins Lateinische und veröffentlicht sie 1657 unter dem Titel „Magna Didactica", auf deutsch „Grosse Didaktik".

Bei Comenius' „Grosser Didaktik" handelt es sich um ein äusserst klar formuliertes, prägnant und verständlich abgefasstes, mit anschaulichen Beispielen und Ratschlägen versehenes Werk, das die Fragen der Erziehung und Bildung systematisch erörtert. Systematisch will heissen: Die Begriffe werden definiert, die für das Gebiet relevanten Fragen behandelt, die aufgestellten Grundsätze erläutert, begründet und aus ihnen die Folgerungen gezogen und schliesslich: Die Gliederung des Gesamtwerks ist stimmig. (Zu diesem Aufbau u. den Grundsätzen siehe den Textauszug unter den Hinweisen zur Vertiefung). Grundlage bildet die Bibel, in der Comenius drei Bestimmungen des Menschen findet, von denen er wiederum drei pädagogische Ziele ableitet. Erstens soll der Mensch sich und alles andere erkennen, d. h. er soll Vernunft besitzen und deshalb gelehrte Bildung (eruditio) erfahren. Er soll zweitens die Geschöpfe beherrschen, wozu er in Tugend und Sittlichkeit (mores) unterwiesen werden soll und schliesslich soll er Ebenbild Gottes werden, in die Gemeinschaft mit Gott eingehen. Dazu bedarf er der Frömmigkeit und Religion (religio). Es wird auffallen, wie oft der Wortstamm „Bild" in Comenius' Texten auftritt. Hier muss auf die theologische Tradition der christlichen Mystik hingewiesen werden. Zentral ist der Begriff in den Predigten des Meister Eckhart (s. Haas 1979; den Hinweis verdanke ich meinem Kollegen Pavel Novak) und findet dort eine theologische Grundlegung, die weit in die Reformationszeit hineingewirkt hat. Dass einer der pädagogischen Grundbegriffe, „Bildung", theologisch fundiert und tradiert ist, bekräftigt die These dieses Kapitels 2.

In den Dreissiger Jahren entwickelt Comenius sein eigenständiges philosophisches System, seine *„Pansophie"*. Nach seinen Feststellungen ist der „ganze wissenschaftliche Bereich ... voll von Meinungsverschiedenheiten, Widersprüchen und Streitigkeiten." (zit. nach Dieterich 1991, 70) Das ist ihm ebenso unerträglich wie das Labyrinth in der politischen Welt. Er sucht nach einem einheitlichen, alles Einzelne zusammenfassenden und zusammenhaltenden Prinzip und findet es mittels einer zweifachen Reduktion. Alles Wissen lässt sich entweder der Erkenntnis Gottes, der Natur oder der Kunst zuordnen. Die letzten Ursachen der drei Bereiche sind dieselben, weil die Dinge „in Gott wie in einem Urbild sind, in der Natur wie in einem Prägestempel, in der Kunst wie in einem Abdruck". (Ebd., S. 71/72)

Friedens- und Schulinitiativen

Die Jahre zwischen 1641 und 1656 verbringt Comenius in fünf verschiedenen Ländern Europas. In England verfolgen er und seine Freunde das hohe Ziel einer Verbesserung d. h. einer Befriedung der Welt mit Hilfe einer Schulreform, ökumenischer Arbeit und der Entwicklung der „Pansophie". Schon 1642 bricht in England ein Bürgerkrieg aus, und Comenius reist via Holland, wo es zu zahlreichen Gesprächen mit René Descartes (1596-1650) kommt, nach Elbing in Schweden. Er soll Schulbücher und pädagogische Schriften für eine Reform der Lateinschulen verfassen. Seine Frau und die beiden Töchter ziehen mit ihm; 1643 wird eine Tochter und 1646 ein Sohn geboren. 1648 kehrt Comenius mit seiner Familie nach Lissa zurück. Er wird zum Bischof der Brüderunität gewählt. Schon bald stirbt seine Frau. Der Friede von Münster und Osnabrück, der den Dreissigjährigen Krieg beschliesst, sichert der Unität nicht die Religionsfreiheit, so dass die Gemeinde der Brüder in Böhmen zum Untergang verurteilt ist. Wieder leidet Comenius an Depressionen. 1649 geht er die dritte Ehe ein, und ein Jahr später übersiedelt er nach Sarospatak in Siebenbürgen, wo er den Auftrag erhält, die dortige Lateinschule in pansophischem Sinne zu reformieren. Hier entstehen zwei seiner bekanntesten Schulbücher, der „Orbis sensualium pictus" und „Die Schule als Spiel". Das erste, „Die sichtbare Welt in Bildern", besteht aus einer Kombination von Bild- und Wörterbuch, das Gott, die natürliche Welt, den Menschen und seine Künste und Religion sowie Sittenlehre zu einer grossen, zusammenhängenden Darstellung bringt.

1654 kehrt Comenius nach Lissa zurück, weil in Sarospatak zwar Interesse an einer gut geleiteten Lateinschule, aber nicht an einem pansophischen Institut bestand. Lissa wird nach dem Rückzug der Schweden von polnischen Katholiken erobert und gebrandschatzt; die Familie Comenius verliert ihr gesamtes Hab und Gut, darunter auch zahlreiche unersetzliche Handschriften des Bischofs. Die Familie zieht nach Amsterdam zu einem holländischen Freund und Gönner. Comenius arbeitet bis an sein Lebensende rastlos an seinen theologischen, philosophischen, pädagogischen und politischen Schriften, sorgt sich um die zerstreuten Mitglieder der Brüderunität und erzieht und unterrichtet seinen Sohn Daniel. Sein pansophisches Hauptwerk, die „Allgemeine Beratung über die Verbesserung der menschlichen Dinge", hat er nicht mehr vollenden können, Teile davon sind aber abgeschlossen und der Gesamtplan bekannt.

Siebenbändiges Hauptwerk: „Allgemeine Beratung"

Die „Allgemeine Beratung" ist eine philosophische Theologie in sieben Bänden. Sie beschreibt den heilsgeschichtlichen und den erkenntnismässigen Weg des Menschen aus der Finsternis ans Licht. Der „allgemeine Weckruf" (Comenius, zit. nach Dieterich 1991, 116; die folgenden Zit. ebd., S. 116-117), die „Panegersia", entwirft das Ideal der Beziehung des Menschen zu den Dingen (Naturwissenschaft), zu den Mitmenschen (Politik) und zu Gott (Religion) und kommt zur Feststellung, dass alles in Verwirrung sei und den Wunsch nach Besserung wecken muss. Der „Weg des universalen Lichts", die „Panaugia" beschreibt, wie das Licht des Verstandes die Finsternis vertreiben kann. Die „Pantaxisa", eine „universale Enzyklopädie der Dinge", erlaubt, im Licht des Verstandes die Grenzen und das Wesen aller Dinge sowie ihre Ordnung zu erkennen. Die „Pampaedia" ist eine „allgemeine Pflege des Verstandes", eine Methode, um die Menschen fähig zu machen, das Licht aufzunehmen und die Dinge in ihm zu erkennen. Die „Panglotia", die „allgemeine Pflege der Sprache", will das Licht unter alle Menschen und Völker verbreiten. Die „Panorthosia" strebt eine „allgemeine Reform" des wissenschaftlichen, religiösen und politischen Lebens an, „um vielleicht mit Gottes Hilfe ein herrliches, heiliges und friedliches Zeitalter auf der Welt heraufzuführen". Der Schlussteil, die „Pannuthesia", ist ein Mahnruf an alle „Gelehrten, Gottesdiener und weltlichen Machthaber", die entworfene Weltreform, für die Gott schon den Weg gewiesen habe, auch durchzuführen.

2.5 Ausblick

Das Denken des Comenius ist mit der Betonung von Fortschritt kraft menschlicher Vernunft, systematischer Wissenschaftlichkeit, Zuwendung zur Natur und praxisorientierter Methode einerseits der Moderne zugewandt. Andererseits ist dieses Fortschrittsdenken bei ihm ganz in das traditionelle, heilsgeschichtliche Denken und in seinen Offenbarungsglauben einbezogen: Die angestrebte Weltreform folgt dem von Gott gewiesenen Weg aus der Finsternis zum Licht, dessen Vollendung die Wiederkunft Christi bringen wird. Während der wissenschaftliche Fortschritt – entsprechend den zeitgenössischen Gelehrten Comenius, Bacon und Descartes – in immer weitere Gebiete stösst, dabei bloss Einzelheiten entdeckt, diese wiederum in Teile zerlegt, ohne je zu einer ganzheitlichen Sicht zu gelangen, will Comenius in seiner „Pansophie" eine umfassende Weltsicht, die der von Gott selbst geschaffenen Ordnung entspricht. Erziehung und Bildung sollen die Menschen zur Erkenntnisaufnahme grundsätzlich befähigen und ihnen die (göttliche) Geordnetheit des Seins vermitteln.

Die Pädagogik von Comenius ist für die moderne, sich säkular verstehende Pädagogik paradigmatisch, d. h. mustergültig und bestimmend: Die moderne Pädagogik hat sich nicht von den vormodernen, religiösen Denkformen gelöst. Noch immer will sie den Menschen ganzheitlich bilden, noch immer verfolgt sie das Ziel, zwischen ganzheitlich gedachter (ewiger) Individualität und der Welt zu vermitteln. Diese Vermittlung muss theoretisch und praktisch scheitern, weil die Denkkonzepte der Ganzheitlichkeit und der induktiv verfahrenden, analytischen Wissenschaften unvereinbar sind und der Anspruch einer ganzheitlichen Persönlichkeitsbildung durch keine noch so gute Praxis einzulösen ist. Die Pädagogik von Comenius ist aber auch für den Bereich der Schule, deren Institutionalisierung, Reform und Kritik paradigmatisch: In ihrer Zuwendung zum Menschen und der betonten Eigenverantwortung für sein Heil – hierin setzen die Reformatoren die Anliegen der Humanisten in religiös akzentuierter Form fort – liegt auch der Wille, durch Erziehung und Bildung (Schule) die Lage der Menschen zu verbessern. Verbessern und Fortschritt haben keine Grenze mehr, wenn wir nicht mehr, wie noch Comenius, chiliastisch denken, d. h. nicht mehr an die Zeitende und Gericht setzende Wiederkunft Christi glauben. Solange wir in der Pädagogik nicht Abschied nehmen von theologischen Denkformen, werden Schulkritik und Schulreformen stets einen (religiösen) Überschuss an Heilsversprechen und an Kritik gegenüber den ungenügenden Schulverhältnissen in sich tragen. – Diese Feststellung ist weder eine generelle Absage an Schulkritik und Schulreformen noch an den Sinn religiöser Erziehung und Bildung, denn diese betreffen andere Fragen.

Hinweise zur Vertiefung

Abbildung 1: Plan des Klosters St. Gallen: Alt 1960, 108-109.

Abbildung 2: Septem artes, die sieben freien Künste: Alt 1960, 114-115.

Ausschnitte aus dem „Orbis sensualium pictus": Comenius, Johann Amos: Orbis sensualium pictus. Dortmund 1979². (= Die bibliophilen Taschenbücher; 30).

Bildmaterial zu Comenius: Dieterich 1991.

Titelblatt der „Grossen Didaktik": Comenius, Johann Amos: Grosse Didaktik. Übers. und hrsg. von A. Flitner. Düsseldorf 1970^4. (= Pädagogische Texte).

Textauszug aus Comenius' „Grosse Didaktik": Reble, A.: Geschichte der Pädagogik. Dokumentationsband I. Stuttgart 1971, 116-132.

Glossar

Aufklärung: s. Glossar zum Kapitel 3.

Curriculum: Theorie des Lehr- und Lernablaufs; Lehrplan, Lehrprogramm

Dichotomie: (von griech. „Zerschneidung in zwei Teile") Zweiteilung

Dyade: Zweiheit; Zusammenfassung zweier Einheiten; Paarverhältnis

Hussitentum: religiöse und politische Bewegung, die auf den tschechischen Reformator Jan Hus (um 1370-1415) zurückgeht.

Konzentration: „Die Pädagogik versteht darunter auf Einheit eingestelltes Bewusstsein, Ganzheit innerhalb der erzieherischen Vorgänge. Im engern Sinne des Begriffes steht das Konzentrationsprinzip im Gegensatz zur Verfächerung, zur Zersplitterung des Stoffes." (Lexikon der Pädagogik, Bd. 2, 1951, 82)

Laizismus: weltanschauliche Richtung, die die Trennung von Staat und Kirche fordert.

Säkularisierung: Verweltlichung; Loslösung des einzelnen, des Staates und der gesellschaftlichen Gruppen aus den Bindungen an die Kirche seit Ausgang des Mittelalters. Folgende drei Bedeutungen sind zu unterscheiden: Säkularisierung im Sinne von a) genereller Rückgang von religiösen Überzeugungen (Säkularisierung i. e. S.), b) Zurückgehen des Religiösen aus dem öffentlichen in den Privatbereich (Privatisierung), c) zunehmende Trennung von Kirche und Staat (Laisierung).

Ultramontanismus: wörtlich: „jenseits der Berge" (Alpen); streng päpstliche, romtreue Gesinnung

Literatur

Alt, R.: Bilderatlas zur Schul- und Erziehungsgeschichte. Bd. 1. Berlin 1960.

Comenius, J. A.: Das Labyrinth der Welt. Weimar 1958.

-: Pampaedia. Hrsg. von D. Tschizewskij. Heidelberg 1960.

-: De rerum humanarum emendatione consultatio catholica. Praga: Academia scientiarum bohemoslovaca MCMLXVI.

-: Opera Omnia. Prag: Academia 1969 ff.

-: Grosse Didaktik. Übers. u. hrsg. von A. Flitner. Düsseldorf 1970.

-: Orbis sensualium pictus. (Reprint) Dortmund 1979.

Comenius und die Genese des modernen Europa. Internationales Comenius Kolloquium. Fürthe 1992.

Dieterich, V.-J.: Johann Amos Comenius. Reinbek bei Hamburg 1991.

Haas, A. M.: Meister Eckhart als normative Gestalt geistlichen Lebens. Einsiedeln 1979.

Lehrplan für die Primarschule. Erziehungsdepartement Kanton Aargau. Aarau 1990.

Lexikon der Pädagogik, in 3 Bänden. Bern 1951.

Linde, G.: Untersuchungen zum Konzept der Ganzheit in der deutschen Schulpädagogik. Frankfurt a. M. 1984.

Michel, G.: Die Welt als Schule. Ratke, Comenius und die didaktische Bewegung. Hannover 1978.

Molnar, A.: Zum Theologieverständnis des Comenius. In: J. A. Comenius: Erkennen - Glauben - Handeln. Hrsg. von K. Schaller. Sankt Augustin 1985, 61-70.

Oelkers, J.: *Vollendung:* Theologische Spuren im pädagogischen Denken. In: Luhmann, N.; Schorr, K. E. (Hrsg.): Zwischen Anfang und Ende. Frankfurt a. M. 1990.

-: Ist säkulare Pädagogik möglich? In: Der Evangelische Erzieher 41 (1990) H. 1, S. 23-31.

Osterwalder, F.: Die Geburt der deutschsprachigen Pädagogik aus dem Geist des evangelischen Dogmas. In: Vierteljahresschrift für wissenschaftliche Pädagogik 4/1992, 426-454.

Platter, Th.: Ein Lebensbild aus dem Jahrhundert der Reformation. Leipzig 1912.

Plessen, M.-L.; Zahn, P. von: Zwei Jahrtausende Kindheit. Köln 1979.

3. Emanzipation – Mündigkeit als Ziel pädagogischer und politischer Bemühungen

U. P. Lattmann

„Emanzipation" im Sinne einer „allseitigen Befreiung und Unabhängigkeit" wurde in den sechziger und siebziger Jahren ein Schlagwort, auch oder vielleicht gerade in der Pädagogik. Und wie immer, wenn Begriffe und damit verbundene Konzepte zu Schlagwörtern werden, verlieren sie ihre Kraft, tragen sie zur Entsachlichung bei, werden sie zur „Belastung". So erging es auch dem Begriff und den Konzepten der Emanzipation innerhalb der Pädagogik. Und trotzdem kommt ein Pädagoge oder eine Pädagogin nicht darum herum, sich den Phänomenen, die mit Emanzipation bezeichnet werden, zu stellen bzw. sich mit ihnen auseinanderzusetzen.

3.1 Die Vernunft als Garant der Emanzipation in der Aufklärungszeit

Auch wenn die Geschichte des Emanzipationsgedankens zu den Wurzeln des Abendlandes, zu Sokrates und der griechischen Philosophie führt (vgl. Kap. 1), so lässt sich die historische Zeit, die als ideengeschichtliche Epoche vom Gedanken der Emanzipation geprägt ist, das 18. Jahrhundert bzw. die *Zeit der Aufklärung*, bestimmen (Bahr 1974). Die Geisteshaltung, die sich mit Immanuel Kants „Habe Mut, dich deines eigenen Verstandes zu bedienen" als Motto typisieren lässt, bedeutete einen Wendepunkt in der Geschichte der Menschheit. Sie ist die Geburtsstunde der geschichtlichen Neuzeit, der Moderne. Im Erziehungsbereich kann sie dazu als *Geburtsstunde der Pädagogik* bezeichnet werden.

Im Sinne der in der Einleitung beschriebenen „Kristallisationspunkte" der Geschichte der Pädagogik lässt sich am Beispiel der Aufklärungszeit in exemplarischer Weise die Besinnung des Menschen auf sich selbst thematisieren. Für die Aufklärung hiess dies: Durch eigenes

Denken sich aus Bevormundung und Abhängigkeit zu löscn, um sich so der eigenen Verantwortung für sein Leben, für das Leben der Gemeinschaft und für die Um-welt bewusst zu werden. Richtschnur für ein solches Denken und Handeln im Sinne der Aufklärung ist dabei der (verantwortungsvolle) Gebrauch der Vernunft. Programmatisch hat dies Kant in „Was heisst: sich im Denken orientieren?" (Kant, Werke, Bd. 5, 283) formuliert:

> Selbstdenken heisst den obersten Probierstein der Wahrheit in sich selbst (d. i. in seiner eigenen Vernunft) suchen; und die Maxime, jederzeit selbst zu denken, ist die Aufklärung.

In einem ersten zusammenfassenden Sinne kann der pädagogische Leitbegriff dieses Kapitels „Emanzipation" auf dem Hintergrunde der *Epoche der Aufklärung* und ihrem Vernunft-Postulat folgendermassen skizziert werden:

Die Aufklärung (hier im Sinne einer Sammelbezeichnung für die vorherrschende Geistesströmung [philosophisch, politisch, sozial] des 18. Jahrhunderts) verfolgte das Ziel, im Einzelnen und in der Menschheit die Fähigkeit zu entwickeln und zu fördern, selber zu denken, selbst Urteile zu bilden und zu beurteilen, möglichst frei zu werden von Vorurteilen sowie sich aus geistiger und materieller Bevormundung jeglicher Art (Tradition, Autoritäten, Kirche, Adel) zu befreien. Das Glück des Individuums und der Menschheit auf dieser Erde und die individuelle und menschheitsgeschichtliche Selbstentfaltung werden angestrebt. Mittel dazu sind aber nicht Willkür und Egoismus, sondern Pflicht und Verantwortungsbewusstsein gegenüber sich, der Gemeinschaft (dem Gemeinwohl) und der Mit-welt. Menschliche Grundwerte wie Freiheit, Gleichheit, Toleranz, Gerechtigkeit sollten diesem Prozess als Leitideen zugrunde liegen. Voraussetzung sowie materielle und ideelle Grundlage dieses Prozesses sind die neuen Möglichkeiten, die die Wissenschaften und Entdeckungen der Epoche liefern: Erfahrungswissen über die Natur, den Menschen, die Gesellschaft; Erkenntnisse, Entdeckungen und der daraus sich ergebende Fortschritt, gedacht als materieller und ideeller bzw. sittlicher (moralischer) Fortschritt, auch im Sinne der Vervollkommnung.

Aufklärung wird so zum Emanzipationsprozess, d. h. zur Befreiung (emancipare: jemanden für selbständig erklären) von Individuen und/ oder gesellschaftlichen Gruppen aus einem Abhängigkeitsverhältnis und aus rechtlicher, politischer, geistiger, religiöser, sozialer und psychischer Bevormundung. Das Ziel des Emanzipationsprozesses ist letztlich die verantwortungsbewusste Mündigkeit, d. h. die Fähigkeit, sittliche und soziale Normen und deren Verbindlichkeit unabhängig von äusseren Bestimmungsgründen und Autoritäten zu erkennen und anzuerkennen und entsprechend eigenverantwortlich, autonom zu handeln (vgl. Höffe 1980).

Voraussetzung und tragendes *Fundament* in diesem Prozess ist die *menschliche Vernunft*. (Zum Begriff Vernunft vgl. Kaltenbrunner 1974). Mit Vernunft ist allgemein jenes geistige Vermögen gemeint, das den Menschen zur Erkenntnis und zum Denken befähigt, zur Erkenntnis sowohl einzelner Sachverhalte (Wissen) wie auch übergeordneter Zusammenhänge und Gesetzmässigkeiten und übergreifender Sinnzusammenhänge (systematisches, wissenschaftliches Erkennen und Verstehen). Emanzipatorische Vernunft muss den Menschen auch befähigen, die Erkenntnis und das Verstehen selbst wieder zum Gegenstand kritischer Erkenntnis werden zu lassen. So ermöglicht die Vernunft auch ethisches Denken und Handeln. Eine solche Zielsetzung erfordert eine entsprechende Bildung des Menschen, letztlich aller Menschen. So müssen z. B. alle Menschen jene sprachlichen Fähigkeiten erwerben, die zur Ausübung von Kritik und Selbstreflexion notwendig sind, und sie müssen die Möglichkeit haben, frei und unabhängig miteinander zu verkehren (vgl. Lempert 1971). Bildung, Erziehung und Unterricht werden so zu einem unverzichtbaren Moment der Aufklärung bzw. im Emanzipationsprozess.

3.2 Aufklärung als Postulat und Aufklärung als Epoche

Im Jahre 1986 hat Max Frisch (1911-1991) anlässlich der 8. Solothurner Literaturtage (und seines 75. Geburtstages) eine Rede gehalten, sozusagen seine Abschiedsrede, in der er über die von ihm einleitend aufgestellte These reflektierte, „... dass die Aufklärung, das abendländische Wagnis der Moderne, weitherum gescheitert ist" (Frisch 1986). Frisch legt dar, dass das, was die Aufklärung als Epoche (18. Jahrhundert) und was die Aufklärer anstrebten, sich nicht erfüllt habe, nicht realisiert worden sei: Es sei etwas, ja gar vieles „schiefgelaufen". Die in der Aufklärung zu Tage geförderte und geforderte Vernunft sei zum schieren Rationalismus einer technokratischen Machbarkeitsgesellschaft verkommen. Anstelle der sittlichen Vernunft der Aufklärung herrsche das Motto: „Vernünftig ist, was rentiert". Wenn „am Ende der Aufklärung also (...) nicht, wie Kant und die Aufklärer alle hofften, der mündige Mensch, sondern das Goldene Kalb, bekannt schon aus dem alten Testament", stehe, dann sei dies die Perversion der Aufklärung. Aber, auch wenn die Aufklärung als Epoche durch vielfache Gegenaufklärungen eingeholt worden sei, so müsse es doch eine Hoffnung auf Aufklärung geben, eine Hoffnung, „dass der Geist der Aufklärung sich durchsetzt, und zwar zeitig genug: nicht als historische Reprise (...), sondern durch historische Erfahrung erweckt zu neuen und anderen Versuchen eines Zusammenlebens von mündigen Menschen".

Der mündige Mensch – die mündige Menschheit: Wie kam es zu diesem Postulat in der Aufklärungszeit? Wie sahen die Aufklärer diesen Menschen, diese Menschheit? Was machen wir heute mit diesem Erbe? Aufklärung: Utopie? – Wirklichkeit? – Möglichkeit? (vgl. auch Kap. 5).

Wenn Max Frisch vom Scheitern der Aufklärung spricht, so erinnert das zunächst an die Zeitepoche, die wir mit „Aufklärung" bezeichnen: Die Zeit gegen Ende des 17. Jahrhunderts und das 18. Jahrhundert.

„Erste" und „zweite" Aufklärung

Wenn man die Aufklärung epochalisiert, ist es notwendig, kurz den zeit- und ideengeschichtlichen Rahmen zu skizzieren. Dabei gilt das, was einleitend zur Emanzipation gesagt wurde, auch für die Epoche der Aufklärung: Die Aufklärung des 18. Jahrhunderts verstand sich zwar als eigentliche Epoche der Aufklärung, die im Namen der Vernunft „mit dem Vergangenen ein schroffes Ende und der Zukunft einen neuen Anfang" machte (J. Mittelstrass 1970, 87). Doch die Vernunft als Wegweiser im Leben und als Garant für ein sittliches Leben entdeckten schon die Griechen (vgl. Kap. 1). So müsste man eigentlich bei der üblicherweise als „Aufklärung" bezeichneten Epoche des 18. Jahrhunderts von der „zweiten Aufklärung" oder der „neuzeitlichen" Aufklärung sprechen. Mittelstrass (1970) hat die Gemeinsamkeiten und die Eigentümlichkeiten der beiden Aufklärungsepochen dargelegt. Gleichzeitig weist er auch auf die Schwierigkeit hin, „relevante Unterscheidungen" zwischen der Bedeutung von Vernunft in der griechischen Aufklärung und der „wiederholten Entdeckung" der Vernunft in der europäischen Aufklärung des 18. Jahrhunderts vorzunehmen.

Von der Renaissance zur Aufklärungszeit

Nach dem Zeitalter der Renaissance und der Reformation entwickelten sich in der *Epoche des Barock* (Ende 16./erste Hälfte 17. Jahrhundert) erneute Zentralisierungstendenzen im politischen und wirtschaftlichen Bereich. Die Bedeutung und Macht der Städte (vgl. z. B. die Auflösung des Hansabundes), der Ritter und der kleinen Landesherren mit den weitgehenden Selbstverwaltungen wurde zugunsten der Fürsten und straff geleiteter Territorialstaaten beschnitten: Der Absolutismus mit seiner Machtballung bei Grossfürsten und Zentralverwaltung beginnt. Verbunden mit der Maxime des „Herrschertums dank Gottesgnaden", einem unbändigen Expansionsdrang, entsprechend stilisiertem Pathos und Repräsentationsdrang, entwickelte sich der Lebens-, Wissenschafts- und Kunststil des Barock: Ausschöpfen des Lebens bis zum letzten sowohl was Gefühl wie Ratio betrifft; kaum durchschaubarer Überschwang, rationale Durchdringung des Lebens und straffe Denkgebäude existieren nebeneinander. Das führt zu den bekannten Widersprüchen und Spannungen der Epoche des Barock.

Diese Tendenzen und Spannungen, die als allgemeine Charakteristiken des Barock gelten, bestimmen auch das weite Feld des Erzieherischen: Die Erziehung soll systematisiert werden (vgl. z. B. Johann Amos Comenius [1592-1670] mit seiner Grossen Unterrichtslehre, der „Didactica magna"; s. Kap. 2); die Ratio und die Natur, Autonomie im Denken und Forschen und Einordnung ins Ganze bzw. in bestehende Strukturen und individuell gefühlvolle Religiosität (Pietismus) sollen gleichzeitig zu ihren Rechten kommen. Auch im Barock nimmt die Rationalität einen hohen Stellenwert ein. Aber im Gegensatz zur nachfolgenden Aufklärungsepoche steht im Zeitalter des Barock die Besinnung auf die Vernunft noch nicht im Dienste der Befreiung des Individuums von übergeordneten Mächten und Strukturen. Vielmehr – vielleicht könnte man sogar sagen im Gegenteil – wird im Rationalismus dieser Zeit „in erster Linie ein Mittel zentralistischen Ordnens und Lenkens" gesehen mit der Absicht, „den Einzelmenschen an objektive Gesetze und Mächte" (Reble 1980, 129-135) zu binden.

Gehversuche der autonomen und kritischen Vernunft

Die zentralistische und absolutistische Ausrichtung in Politik, Wirtschaft und Kultur des 17. Jahrhunderts mit all den Einbindungen, Einschränkungen und von aussen kommenden Fixierungen des Individuums auf Autoritäten weckte zunehmend die Kräfte der Befreiung. Dabei war durch das Vernunftdenken der absolutistischen Epoche des 17. Jahrhunderts für die Befreiungsbewegung ein guter Boden bereitet. Aber die *Vernunft* begann nun, in eine völlig andere oder neue Richtung zu gehen: Sie erweist sich in ihrem Kern zunehmend als *kritische Instanz*, die hinterfragt, prüft, verwirft, wählt, urteilt (kritisch: griech. v. krinein: scheiden, richten, unterscheiden, auswählen, urteilen, beurteilen).

Für das *Bürgertum* eröffnete der sich ausbreitende Vernunftoptimismus und – da die Vernunft allen Menschen zukommt, sozusagen als logische Folge – die Lehre von der Gleichheit aller Menschen (Egalitarismus) die Perspektive, über umfassende Bildung gesellschaftlich aufzusteigen, sich aus Bevormundungen zu emanzipieren und Machtpositionen zu erlangen. Diese Geisteshaltung wurde auch gefördert durch die herrschenden Monarchen wie Friedrich den Grossen und Kaiser Joseph II. (aufgeklärter Absolutismus). Der Glaube an die Vernünftigkeit menschlichen Denkens und Handelns beinhaltet für die Aufklärer einerseits den Glauben an den einzelnen Menschen, das Individuum. Andererseits ist es die gemeinsame Vernunft, die alle Menschen miteinander verbindet: Der Einzelne wird so zum Vertreter des

Menschen an sich, der Gattung Mensch. Aus dieser Geisteshaltung heraus ist auch Kants Grundregel für die Aufklärung zu verstehen (Kants sogenannter „Kategorischer Imperativ"): „Handle nur nach derjenigen Maxime, durch die (von der) du zugleich wollen kannst, dass sie ein allgemeines Gesetz werde." (Kant, Werke, Bd. 7, 51)

Mit diesem Kategorischen Imperativ werden auch die Grenzen individueller Autonomie im Rahmen des Gemeinwohls deutlich. Überhaupt wird die Emanzipation aus übergeordneten Mächten nicht als Selbstzweck für den Einzelnen verstanden. Sie ist vielmehr auf die Fortentwicklung der Menschheit als solche ausgerichtet.

3.3 Aufklärung als internationale Bewegung

Man kann sagen, dass die *Wurzeln der Aufklärung* in der abendländischen Geschichte tief verankert sind, dass der Humanismus und die Renaissance und insbesondere das Europa des 17. Jahrhunderts mit Montaigne (1533-1592), Bacon (1561-1626), Descartes (1596-1650), Spinoza (1632-1677), Galilei (1691-1736), Voltaire (1694-1778) die – deutsche – Aufklärung geradezu vorbereitet haben. Das 18. Jahrhundert aber thematisierte die Aufklärung als Konzept und Forderung auf allen Gebieten des Lebens. Dies wird auch in der französischen und englischen Bezeichnung dieser Epoche deutlich: siècle des lumières bzw. age of enlightenment. In Europa entstanden und verbreiteten sich die neuen Ideen hauptsächlich und mit grosser Wirkung in Holland, England, Frankreich und Deutschland. Eine internationale Signalwirkung für die Realisierung neuer Ideen und den Aufbruch in eine neue Zeit bedeutete zudem die Französische Revolution von 1789. Aber auch in Italien und Spanien fassten die neuen Ideen Fuss.

Ein umfassender *Glaube an die Möglichkeiten und Fähigkeiten des Menschen* durchwebte die Welt. Dieser Glaube an den Menschen, an den vernünftigen Menschen, war auch ein Glaube an den Fortschritt der Menschheit (Fortschrittsoptimismus). In Hinsicht auf das allgemeine Lebensverständnis und auf die (materiellen) Lebensbedingungen wurde dieser Glaube an den Fortschritt genährt und gestützt durch die Fortschritte, Neuerfindungen und Entdeckungen in Kunst, Wissenschaft, Technik, Industrie und Handel (dazu einige Beispiele: Mathematik wird Vorbild für die Wissenschaften überhaupt; in der Astronomie wird das Teleskop entwickelt, Observatorien entstehen; die Anatomie etabliert sich als Wissenschaft [Hygiene, Medizin]; Gelehrtengesellschaften entstehen; Newton [1643-1727] legt dar, dass sich die Vorgänge in der Natur nach dem Prinzip von Ursache und Wirkung beschreiben und berechnen lassen; die Elektrizität wird entwickelt [Leydener Flasche, 1746]; Quesnay [1694-1774] in Frankreich und Adam Smith [1723-1790] in England legen den Grundstock für die freiheitliche Wirtschaftsordnung [Boden bzw. Arbeit im freien Wettbewerb des Marktes]).

Auf dem *neuen Kontinent* kämpften die Amerikaner während sieben Jahren (1776-1783) um ihre Unabhängigkeit vom Mutterland England und 1789 trat die Verfassung der – damals – dreizehn Einzelstaaten umfassenden „Vereinigten Staaten von Amerika" in Kraft. 1776 wurden in Amerika die Menschenrechte proklamiert, die seither in vielen Verfassungen als Grundlage des demokratischen Rechtsstaates enthalten sind.

Aus dieser *Geisteshaltung der Aufklärung* heraus verbanden viele Aufklärer den materiellen und kulturellen Fortschritt auch mit einem geistigen und moralischen Fortschritt der Menschheit. So brachte die Besinnung auf die Vernunft und der Glaube an die Möglichkeit vernünftiger Lebensgestaltung des Einzelnen, eines Volkes und der Völker unter sich weitere Postulate des Zeitalters hervor: Respektierung der Würde des Menschen (der individuellen wie der kollektiven), Recht auf Selbstbestimmung und politische Freiheit, Toleranz und Prinzip der Gleichheit (religiöse, weltanschauliche, nationale), Humanität und Sittlichkeit (vgl. Im Hof 1993).

3.4 Bildung und Erziehung im Dienste der Emanzipation

Denkt man an die grosse Aufbruchstimmung dieses Zeitalters, an die Hoffnungen für eine bessere Zukunft und auf den Fortschritt der

Menschheit sowie an die reale Verbesserung der Lebensbedingungen, versteht es sich von selbst, dass Bildung, Erziehung und Unterricht ein zentrales Element dieser Epoche darstellten. Erziehung und Bildung des Einzelnen und der Menschheit zur Vervollkommnung des Menschen und des Menschengeschlechtes wurde zur *pädagogischen Losung* des Jahrhunderts. Die Länder und Nationen wurden von dieser Aufbruchstimmung, diesem Bildungsoptimismus und dem Vertrauen in die Wirkungen der Erziehung getragen, und zahlreiche Repräsentanten entfalteten Aktivitäten in der Praxis und ein reichhaltiges Schrifttum.

John Locke (1632-1704)

Der englische Philosoph John Locke beeinflusste als Erzieher und Autor mit seinen pädagogischen Schriften und seinen Erziehungsprogrammen die erzieherische und schulische Wirklichkeit in England, in den USA und in ganz Europa. In seinen Briefen an Edward Clarke über die Erziehung dessen Sohnes (1683-1689; als Buch 1693 unter dem Titel „Einige Gedanken über die Erziehung" erschienen) legt er seine Auffassung von Bildung dar, formuliert er konkrete Bildungsziele und gibt er praktische Ratschläge (vgl. Deermann 1967). Durch die von ihm vorgeschlagene Erziehung soll der werdende Erwachsene (Er sagt immer, Kinder sollten nicht als kleine Knaben, sondern als werdende Erwachsene behandelt werden) zum Gebrauch seiner Vernunft befähigt werden. Im Mittelpunkt stehen klare Einsicht in die Notwendigkeiten und Gewöhnung in vernünftigem Denken und Handeln. Seine Grundansicht:

> Ich meine nun, es sei der Geist des Kindes ebenso leicht nach dieser oder jener Richtung hin zu lenken wie das Wasser (...) Ich glaube, behaupten zu dürfen, dass 9/10 aller Menschen, denen wir begegnen, das, was sie sind, gut oder böse, nützlich oder schlecht, durch ihre Erziehung geworden sind. Sie bringt den grossen Unterschied bei den Menschen zutage. Die kleinen, fast unmenschlichen Eindrücke unserer zarten Kinderjahre haben sehr wichtige und dauernde Folgen. (Aus: „Einige Gedanken über die Erziehung", Abschnitt 1 und 2)

Ausgehend von seinen vier *Bildungszielen* – Tugend, Weisheit, gutes Benehmen und Wissen – steht für ihn die Bildung des Geistes und

Charakters (auch durch Leibesübungen, Abhärtung, Freizeit, Schönes, praktische Arbeit) vor dem Schulwissen im engeren Sinne. Gute Lebensart und Weisheit gehören unentbehrlich zum erzieherischen Umfeld. Selbstverständlich ist für ihn, dass Eltern und Erzieher vorbildhaft in ihrer eigenen Lebensführung wirken.

Jean-Jacques Rousseau (1712-1778)

In der Person und im Werk von Jean-Jacques Rousseau lassen sich *Aufklärung und Gegenaufklärung* festmachen: Als Wegbereiter, Anreger und Gestalter der Aufklärung setzt er sich für das Individuum ein, fordert er Freiheit für das Individuum im Rahmen des Gemeinwohls und auf der Basis der für alle gesicherten Menschenrechte, geregelt im Gesellschaftsvertrag (Contrat social, 1762), glaubt er an die (grenzenlose) Möglichkeit der Erziehung für den Einzelnen und für die Menschheit und damit an die Vernünftigkeit des Menschen. Gleichzeitig zeigen sich in ihm Elemente der Gegenaufklärung. So lehnt er den vorwiegend technisch orientierten Fortschrittsgedanken radikal ab, fordert er ein absolutes „Zurück zur Natur" und spricht er dem Gefühl im menschlichen Denken, Erleben und Handeln absoluten Vorrang zu.

Wie sein eigenes *Leben* von radikalen Episoden gekennzeichnet ist (1712 in Genf geboren, früher Tod der Mutter und ohne richtige Erziehung wird er ein unsteter Geist, ein unausgeglichener, wankenden Stimmungen und Einfällen ausgelieferter, heimatloser und einsamer Mensch mit wechselnden Beziehungen und einem eigentlichen Wanderleben), so enthalten auch seine *Werke* radikale Grundzüge:

- In der „Abhandlung über die Wissenschaft und Künste" *(erster „Discours"* 1750) beantwortet er die Frage der Akademie von Dijon, „Hat der Fortschritt der Wissenschaften und Künste zu Verderb oder zur Veredelung der Sitten beigetragen?", mit einem Nein. Im Gegenteil: Die sozialen Verhältnisse wurden dadurch verschlechtert, die Menschen unglücklicher, die Menschheit als Ganzes sittenlos und verdorben.

- Im *zweiten „Discours"*, der „Abhandlung über den Ursprung und die Grundlagen der Ungleichheit unter den Menschen" (1754), geht Rousseau von der These aus, dass die Menschen von Natur aus alle frei und gleich gewesen seien bzw. wären. Aber infolge der Entfernung vom Naturzustand durch Kultur, durch das Aufkommen des Eigentums und der Staatsgewalt sei die Ungleichheit, die Unfreiheit herbeigeführt worden. Die Erziehung würde diese fördern. Hier wird die fortschrittspessimistische Sichtweise von Rousseau für die Menschheit und damit der Gegensatz zum herrschenden Fortschrittsoptimismus der Zeit besonders deutlich. Ein zentraler Gedanke kreist um das Thema Selbstliebe („amour de soi") und Selbstsucht („amour propre"): Im Naturzustand, wie ihn Rousseau hypostasiert, ist der Einzelne ein selbstgenügsames, unabhängiges, durch Selbstliebe geprägtes Individuum. Sein Ziel ist die Selbsterhaltung, ohne andere zu schädigen. Die Menschheit aber ist in einen Zustand geraten, in dem die Selbstliebe von der Selbstsucht verdrängt worden ist. Nun will der Einzelne dem andern überlegen sein. So entsteht eine Gesellschaft, in der Hass und Neid herrschen und der Mensch durch den Menschen versklavt wird.

– Sozusagen als Mittel gegen diesen Zerfall der Menschheit entwickelt Rousseau in seinem Werk „Du contrat social ou principe du droit politique" (1762; Vom Gesellschaftsvertrag oder Prinzip des Staatsrechts) eine *Gesellschaftstheorie und Staatsphilosophie*, die für die gesellschaftspolitischen Vorstellungen der Aufklärung (insbesondere auch der Französischen Revolution [1789]) und der Folgezeit von grosser Bedeutung waren. Grundlage und Ziel ist ein Gesellschaftsvertrag (contrat social) zwischen dem Einzelnen und dem Gemeinwesen, in dem der Einzelne frei und in Harmonie mit dem Allgemeinen, in das er sich auf der Vertragsbasis einordnet, leben kann.

– Den Weg, wie der Einzelne sich zu einem solchen Individuum entwickeln kann, zeichnet Rousseau in seinem *Erziehungsroman* „Emile ou de l'éducation" (1762). Er ist ebenfalls antagonistisch zu den ersten beiden grossen Werken zu verstehen: Gegenüber der Entfremdung und der Selbstsucht, die durch die Erziehung im herkömmlichen Sinn gefördert werden, wird durch die im „Emile" vorgestellte Erziehung das Kind zu Liebes- und Toleranzfähigkeit, zu sozialer und familiärer Bindungsfähigkeit in kritischer

Loyalität erzogen. Da der Einzelne in seinen Anlagen, „von Natur aus", gut ist, muss der Erzieher nicht aktiv in das Entwicklungsgeschehen eingreifen. Seine Aufgabe besteht vielmehr darin, die Anlagen und Fähigkeiten und Fertigkeiten des Kindes und Erwachsenen in den jeweiligen Entwicklungsstufen zu wecken und sich entwickeln zu lassen.

Rousseau übte vor allem mit seinem Erziehungsroman „Emile" einen grossen *Einfluss* auf die Erziehung und die Pädagogik aus (vgl. Kap. 4, 8. u. 10). Wenn in Rousseaus „Emile" Erziehung vordergründig eher negativ definiert wird – und so Rousseau sozusagen als ein Vorläufer neuzeitlicher Antipädagogik verstanden werden könnte –, so ist sein Grundanliegen doch ein aufklärerisches und sein Interesse ein emanzipatorisches: Die Betonung der Rechte des Kindes und dessen Eigenheiten in den verschiedenen Entwicklungsphasen, die Herauslösung aus Traditionen und Bevormundungen, die Betonung der Gleichheit aller bzw. die Unabhängigkeit von Geburt und Standeszugehörigkeit in der Erziehung sowie das Ziel der allgemeinen menschlichen Bildung.

Bildung und Erziehung als Leitmotiv des Geisteslebens der Epoche

Aus dem bisher Gesagten wird deutlich, dass Bildung und Erziehung in der Zeit der Aufklärung einen zentralen Stellenwert innehatten, ja zum Leitmotiv werden. Das zeigte sich auch in den Gruppierungen, zu denen sich Pädagogen zusammenschlossen, im literarischen Schaffen der Zeit und in der Entwicklung des staatlichen Schulwesens.

Eine bedeutende Breitenwirkung erlangte die philanthropische *Bewegung*. Sie wurde vom Theologen Johann Bernhard Basedow (1724-1790) gegründet (weitere bedeutende Vertreter waren Ernst Christian Trapp [1745-1818], Joachim Campe [1746-1818] und Christian Gotthilf Salzmann [1744-1811]). Ihr Ziel war es, ausgehend von den Gedanken des Comenius, von Locke und Rousseau, das Schulwesen zu reformieren. Sie forderten eine Erziehung des „ganzen" Menschen, d. h. der Willens-, Gemüts- und Körperkräfte. Die Kinder sollten mit Hilfe von „natur- und kindgemässen" Methoden gemeinnützige Kenntnisse erwerben und zu einem „patriotischen und glückseligen Leben" vorbereitet werden. Sie forderten die Verweltlichung und Verstaatlichung des Schulwesens sowie eine tolerante Religiosität. In der Schweiz war die philanthropische Bewegung (i. w. S.) für das Erziehungswesen und darüber hinaus für das gesamte Staatswesen von enormer Bedeutung. Erwähnt seien in diesem Zusammenhang Johann Jakob Bodmer (1698-1783) und Johann Jakob Breitinger (1701-1776) aus Zürich, Martin Planta (1727-1772) und Ulysses von Salis-Marschlins (1728-1800) aus Graubünden, Philipp Emanuel v. Fellenberg (1771-1844) von Bern und schliesslich Johann Heinrich Pestalozzi (1746, Zürich – 1827, Brugg).

Die Grundgedanken der Aufklärung waren auch Thema der *literarischen Werke* der Zeit. Mit kleineren (dichterischen) Formen sollte die „Fackel der Wahrheit durch die Menge" (Lichtenberg) getragen werden: Satiren (mit denen einerseits gegen die als überholt betrachtete – barocke – Lebenshaltung und Lebensordnung und andererseits für eine neue [aufgeklärte] Moral und für neue Sitten gekämpft werden), Aphorismen (Georg Christoph Lichtenberg, 1742-1799) und Fabeln (La Fontaine, 1621-1695; Christian Fürchtegott Gellert, 1715-1764). Selbstbestimmung des Menschen (in „Erziehung des Menschengeschlechts", 1780), Toleranz, Gleichheit und autonome Sittlichkeit (in „Nathan der Weise", 1779) und die Ablehnung religiöser Bevormundung waren Themen des Dichters Gotthold Ephraim Lessing (1729-1781).

Das *Schulwesen in der Schweiz*, wie es sich nach der Jahrhundertwende, insbesondere nach 1830 bzw. 1848, entwickelte, ist in wesentlichen Zügen ebenfalls eine Folge der Aufklärung (vgl. Guyer 1936; EDK 1938; für das höhere Bildungswesen: Vonlanthen, Lattmann, Egger 1979). Die Bemühungen und Schriften von Philipp Albert Stapfer (1766, Bern – 1840, Paris) und Heinrich Zschokke (1771, Magdeburg – 1848, Aarau) seien beispielhaft erwähnt. Beide arbeiteten für die Hebung sowohl der Volksbildung wie der höheren Bildung. Die Reform des Volksschulwesens bildete für beide oberstes Ziel: Für Stapfer war es das Grundanliegen, durch die Errichtung der Volksschule und der Einführung der Schulpflicht beizutragen, dass jeder Mensch „zur Humanität, d. i. zum leichten und sittlichen Gebrauch seiner Kräfte (...) ausgebildet werde", und über Zschokkes Wirken kann mottohaft der

Titel seiner Rede in Laufen aus dem Jahre 1836 gesetzt werden: „Volksbildung ist Volksbefreiung" (vgl. auch Kap. 7).

3.5 Wirkungsgeschichte

Es versteht sich, dass die Ideen der Aufklärung seit der Epoche der (zweiten) Aufklärung im 18. Jahrhundert eine wesentliche Dimension in der Theorie und der Praxis der weiteren Entwicklung der Menschheit und insbesondere im Erziehungswesen wurden, ja sie bildeten vielleicht den eigentlichen Motor der Entwicklung. Gleichzeitig bzw. in den letzten Jahrzehnten des 18. Jahrhunderts zeigten sich Ansätze neuer Geistesbewegungen: Der Neuhumanismus nahm zentrale Gedanken der Aufklärung auf und vertiefte sie u. a. durch seine Ausrichtung an der griechischen Klassik (vgl. Kap. 5). Aber auch die Gegenbewegungen begannen sich zu formieren: Romantik und Sturm und Drang wandten sich gegen den rationalen Grundzug und entwickelten, zum Teil, antiaufklärerische Ideen und Konzepte.

Aufklärung und Gegenaufklärung oder: Das Doppelgesicht der Bildung

Schon das Leben und das Werk von Jean-Jacques Rousseau zeigt, dass Aufklärung in sich auch immer schon den Keim zur Gegenaufklärung enthält. Die „Dialektik der Aufklärung" gehört wohl zu den eigenartigsten Phänomenen der Menschheitsgeschichte.

> Innerhalb der Aufklärung ist Rousseau wohl der erste gewesen, der die Dialektik jener Bewegung durchschaut hat, die alle Lebensformen mit Vernunft durchdringen wollte. Aufklärung ist nicht nur Gewinn, sie bedeutet notwendig auch Verlust. Die allgemeine Verbreitung des Lichts der Rationalität lässt die Moral im Schatten stehen. (...) Seine Diagnose der Dialektik der Aufklärung zielt darauf, dass zugleich mit der gesellschaftlich-kulturellen Fortentwicklung aus dem Urzustand notwendigerweise das Geschenk der Natur verlorengeht, ein ungebrochenes Leben führen zu können. (Bubner 1989, 404 f.).

Diese Paradoxie der Aufklärung durchzieht nicht nur die Geschichte des Abendlandes, sondern jene der Menschheit überhaupt (vgl. Schmidt

1989). Dabei sind Aufklärung und Gegenaufklärung oft nicht einmal scharf gegeneinander abzugrenzen (wie das beispielhaft bei Rousseau sichtbar wurde), weder von Epoche zu Epoche noch innerhalb einer Epoche. Dies wird etwa am Beispiel der für die Aufklärung typischen Licht- und Klarheitmetaphorik deutlich: Licht und Klarheit wahrer Aufklärung wurde und wird „entweder auf das Licht der Vernunft oder das göttliche Licht" bezogen, „das über aller Vernunft sei und diese daher zur Dunkelheit oder höchstens zu einem Abglanz degradiere" (vgl. dazu auch die „Sechs Fragen zur Aufklärung" von Christoph Martin Wieland; in: Bahr 1974, 22-28).

Diese Paradoxie trifft auch Bildung und Erziehung mitten ins Herz: Führen Bildung und Erziehung zu mehr Freiheit, Glück, Selbstverantwortlichkeit, Gleichheit, Autonomie oder bewirken sie das Gegenteil, führen sie zu „Identitätskrisen" (vgl. Haeberlin und Niklaus 1978)? Es ist die alte Frage, die Platon als Kritik gegenüber den Sophisten äusserte, ob Reflexion zur Natur des Menschen gehört oder gegen sie verstösst, und die in der Aufklärung und in der Folgezeit, d. h. mit dem Beginn der Neuzeit, in aller Radikalität neu ins Bewusstsein tritt. Sie ist wohl letztlich nur im Sinne sokratischer Aporie beantwortbar (vgl. auch Hentig 1985).

Sind Mädchen auch Schüler? oder: Der steinige Weg zur Gleichstellung

Eine in der Konsequenz schwerwiegende Paradoxie stellt auch die Entwicklung des Postulats der Gleichstellung der Mädchen und Knaben in Bildung und Erziehung (und Gesellschaft) dar. Die Forderung nach einer Gleichstellung der Mädchen ist zwar keine (neue) Errungenschaft der Aufklärungszeit. So etwa forderte schon Jan Amos Komensky (Comenius; 1592-1670; s. auch Kap. 2) in seinem Werk „Böhmische Didaktik" in Kap. IX, dass die Schulen „nicht nur für Kinder der Reichen und Vornehmen, sondern für die gesamte Jugend (...), für Adelige und Nichtadelige, für Reiche und Arme, für Kinder beiderlei Geschlechts" eingerichtet werden müssen (Comenius 1632; 1970, 59 f.). Und weiter: „Auch das weibliche Geschlecht hat Anrecht auf jedwede Verständigkeit in der Weisheit. Es kann kein Grund dafür gefunden werden, dass das weibliche Geschlecht (...) von der Kunst der Sprache und der Weisheit ausgeschlossen bleiben sollte".

Doch, auch in der Aufklärungszeit, dem „pädagogischen" Jahrhundert, klafften weite Lücken zwischen den Forderungen nach Bildung und Aufklärung für alle und der pädagogischen Praxis. So heisst es z. B. in einer Wochenschrift aus dem 18. Jahrhundert:

> Wir geben uns durchgängig viel weniger Mühe, unsre Töchter wohlaufzubringen als unsre Söhne, und glauben noch dazu, dass wir Recht darin haben. Wir meinen, die Wissenschaften sind dem Frauenzimmer nichts nütze. Es wird dasselbe nach seiner natürlichen Schwachheit missbraucht und man lässt deswegen mit Fleiss unsre Töchter in der dickesten Unwissenheit aufwachsen. (zit. nach Fertig 1984, 159)

Im Geiste der Aufklärung wurzelte auch die *Frauenemanzipationsbewegung* des 19. Jahrhunderts (vgl. z. B. Möhrmann 1978; Dauzenroth 1964; auch Grunder 1988). Doch noch zur Zeit der Reformpädagogik um 1900, als die Volksschule schon seit einem guten halben Jahrhundert institutionalisiert war, musste gegen viel Widerstand um jede Wegstrecke auf das Ziel hin zur Gleichstellung gerungen werden. Um 1900 kämpfte beispielsweise eine starke Frauengruppe gegen die Vorrechte des Mannes in der Familie, in der Gesellschaft und im Berufsleben und forderte die Gleichstellung. So hielt die sozialdemokratische Schulpolitikerin Clara Zetkins (1857-1933) im Jahre 1904 auf einer sozialdemokratischen Frauenkonferenz in Bremen ein programmatisches Referat, in dem sie u. a. die Gleichstellung und die Koedukation forderte:

> Wir fordern ferner den gemeinsamen Unterricht und die gemeinsame Erziehung der Geschlechter. Am Unterricht wie an der Schulverwaltung sollen Frauen und Männer völlig gleichberechtigt beteiligt sein – auch in puncto des Gehalts – nach ihren persönlichen Fertigkeiten und Leistungen. Dieser Forderung entsprechend sollen auch Frauen mit den höchsten Lehrämtern und den höchsten Posten der Verwaltung betraut werden. Der gemeinsame Unterricht und Gleichberechtigung von Frau und Mann auf dem Gebiete des Unterrichts, der Erziehung ist eine bedeutsame Notwendigkeit und trägt dazu bei, das Ungesunde, Gekünstelte, Überreizte in den Beziehungen der Geschlechter zu einander zu beseitigen, das sich besonders in der Zeit der Pubertät bemerkbar macht. (zit. nach Fertig 1984, 184)

Diesen Postulaten stehen die andere Position und die gesellschaftliche und pädagogische Praxis gegenüber. Der Widerstand, auf den solche Forderungen stiessen, zeigt sich z. B. im folgenden Zitat aus Herders Konversationslexikon aus dem Jahre 1905 unter dem Stichwort Koedukation (K.): „Die von Ärzten vielfach angefeindete K. soll sich für die zarteren Kinderjahre gut bewährt haben, birgt aber für das vorgeschrittene Alter zweifellos grosse sittliche Gefahren in sich u. schickt sich nicht ohne weiteres für jedes Volk" (zit. nach Fertig 1984, 185). Auch den Weg in die Praxis scheinen die Postulate zur Gleichstellung und Koedukation nur bedingt, wenn überhaupt, gefunden zu haben. Auch die Vertreterinnen reformpädagogischer Konzepte wie z. B. Ellen Key oder Maria Montessori vertraten ein eher traditionelles Mädchen- und Frauenbild.

Mit der Wende zum Autoritären und zur männlich dominierten Hierarchie zur Zeit des Nationalsozialismus wurden vorhandene Ansätze zur Gleichstellung im Bildungsbereich und die Frauenemanzipation insgesamt in ihrer ursprünglichen Zielrichtung gestoppt und die vorhandenen Strukturen mit einem „neuen traditionellen" Mädchenbild und Mutter-Ideal in die politische Ideologie eingebunden (vgl. Kap. 9).

In ihrem Buch „Fremdbestimmt zur Eigenständigkeit" zeichnet Linda Mantovani (1994) die „Mädchenbildung gestern und heute", vor allem bezogen auf die Schweiz und seit der Institutionalisierung der Volksschule, anhand geschichtlicher Dokumente nach (vgl. auch EDK 1992 und Hofer 1993).

Friedrich Nietzsche oder: Apoll und Dionysos

Das Ineinander, Miteinander und Gegeneinander von Aufklärung und Gegenaufklärung zeigt sich im Leben und Denken des Philosophen Friedrich Nietzsche (1844-1900) – und in dessen eigener Wirkungsgeschichte – in exemplarischer Weise. Dem „apollinischen" Drang im Menschen (wie er gemäss Nietzsche im Griechentum bzw. in der griechischen Kunst und Dichtung zum Ausdruck kommt) im Sinne des Hellen, Geistigen, Bestimmten, der harmonischen Gestalt und klaren Form ist nach Nietzsche stets (auch im Griechentum) auch der „dionysische" Trieb im Sinne des Dunklen, Erdhaft-Elementaren, Triebhaften, Rauschhaften beigemischt. Nietzsche, der seine radikale Aufklärung des Menschen über den Menschen auf klare Vernunft und schonungslose kritische Einsicht aufbaut, kritisiert die Einseitigkeit und das Übergewicht von Rationalität und Vernünftigem im abendländischen Denken und prangert den utilitaristischen Grundzug seiner Zeit an. Intellektualismus, Utilitarismus und Spezialistentum beherrschen nach seiner Diagnose auch das Bildungsdenken und das Bildungswesen. Demgegenüber fordert er den Primat des „Lebens", des Dionysischen (und steigert dies gegen Ende des Lebens bis zum „Willen zur Macht"). Seine Kritik an Bildung und am Schulwesen übte u. a. auf die reformpädagogische Bewegung, wie sie sich um die Jahrhundertwende zu entwickeln begann, einen grossen Einfluss aus.

Sigmund Freud oder: Die Bewusstmachung des Unbewussten

Obwohl Sigmund Freud (1856-1939), der Begründer der Psychoanalyse und der Tiefenpsychologie, sein ganzes Leben und Wirken in den Dienst der Aufklärung stellte, bleibt er sein Leben lang gegenüber der Vernunft bzw. der Vernünftigkeit des Menschen skeptisch. Er, der die elementare und überragende Bedeutung der Triebhaftigkeit im Menschen (Libido) entdeckte und in einer Theorie darstellte, wusste gut genug, dass „der Mensch nicht einmal Herr im eigenen Haus" sein konnte. Seine Skepsis gegenüber dem Menschen als vernunftbegabtem Wesen und sein Pessimismus gegenüber der Kulturentwicklung basierten auf seiner Einschätzung der menschlichen Triebstruktur. In seinem Spätwerk, „Das Unbehagen in der Kultur" (1930), legt er seine Ansicht dar, wie die „Kulturgesellschaft beständig vom Zerfall bedroht" ist aufgrund der Triebstruktur des Menschen, vor allem infolge der „primären Feindseligkeit der Menschen gegeneinander":

> Das gern verleugnete Stück Wirklichkeit (...) ist, dass der Mensch nicht ein sanftes, liebesbedürftiges Wesen ist, das sich höchstens, wenn angegriffen, auch zu verteidigen mag, sondern dass er zu seinen Triebbegabungen auch einen mächtigen Anteil von Aggressionsneigung rechnen darf. Infolgedessen ist ihm der Nächste nicht nur möglicher Helfer und Sexualobjekt, sondern auch eine Versuchung, seine Aggression an ihm zu befriedigen, seine Arbeitskraft ohne Entschädigung auszunützen, ihn ohne seine Einwilligung sexuell zu gebrauchen, sich in den Besitz seiner Habe zu setzen, ihn zu demütigen, ihm Schmerzen zu bereiten, ihn zu martern und zu töten.

> *Homo homini lupus* (Der Mensch ist des Menschen Wolf; U. P. L.); wer hat nach allen Erfahrungen des Lebens und der Geschichte den Mut, diesen Satz zu bestreiten? (Freud 1930; 1974, 240)

Trotz – oder gerade wegen – dieser pessimistischen Sichtweise glaubte Freud, dass die – aufgeklärte – Vernunft ein Wegweiser, vielleicht ein Garant für eine bessere Zukunft sein könnte. In „Neue Folge der Vorlesungen zur Einführung in die Psychoanalyse" im Jahre 1932 schrieb er:

> Es ist unsere beste Zukunftshoffnung, dass der Intellekt – der wissenschaftliche Geist, die Vernunft – mit der Zeit die Diktatur im menschlichen Seelenleben erringen wird. Das Wesen der Vernunft bürgt dafür, dass sie dann nicht unterlassen wird, den menschlichen Gefühlsregungen und was von ihnen bestimmt wird die ihnen gebührende Stellung einzuräumen. Aber der gemeinsame Zwang einer solchen Herrschaft der Vernunft wird sich als das stärkste einigende Band unter den Menschen erweisen und weitere Einigungen anbahnen. (Freud 1933; 1969, 598)

Doch Freud bezeichnete eine solche Entwicklung als „höchst wahrscheinlich eine utopische Hoffnung" (in: Warum Krieg, offener Brief an Albert Einstein, 1932).

Alfred Adler (1870-1937), der Mitbegründer der Tiefenpsychologie und Begründer der Individualpsychologie, setzte seine Hoffnung auf die möglichst frühe Entfaltung und Förderung der sozialen Kräfte, insbesondere des Gemeinschaftsgefühls des Menschen. Sie sollen entwickelt und gestärkt werden, damit der Mensch nicht – infolge schädlicher Kompensation seiner Minderwertigkeitsgefühle – dem Schein, dem – übertriebenen – Streben nach Geltung, Überlegenheit und Macht anheimfällt.

Freud und Adler und die Tiefenpsychologie insgesamt bewirkten eine tiefgreifende Änderung des erzieherischen und unterrichtlichen Denkens und Handelns, ausgehend von der Psychotherapie und der Heilpädagogik. Insbesondere trugen sie auch zu einem vertiefteren Verständnis des Kindes und Jugendlichen innerhalb der Entwicklungspsychologie bei.

Die kritische Theorie oder: Emanzipation durch politische (gesellschaftliche) Aufklärung

Dem emanzipatorischen Postulat der Aufklärung verpflichtet, entwickelte eine Gruppe von Philosophen um Max Horkheimer (1895-1973) am 1930 gegründeten „Institut für Sozialforschung" in Frankfurt ein Forschungsprogramm mit dem Schwerpunkt, die in einer bestimmten Zeit vorfindbaren gesellschaftlichen und politischen Verhältnisse und deren Vorgeschichte und Auswirkungen auf den Alltag des Menschen zu untersuchen (sogenannte Frankfurter Schule mit Theodor W. Adorno [1903-1969], Herbert Marcuse [1898-1979], Erich Fromm [1900-1980] und später Jürgen Habermas [geb. 1929] u. a.). Horkheimer und Marcuse haben in ihrem Werk „Dialektik der Aufklärung" (1947) zu zeigen versucht, dass im spätkapitalistischen Zeitalter die ursprünglichen Ziele und Ideale der Aufklärung aufgegeben wurden zugunsten kapitalistischer Herrschaftsstrukturen und einer allgemeinen Unvernunft bzw. einer materialistischen *Zweckrationalität*. Für Horkheimer und Adorno ist die Vernunft im Prozess der Aufklärung sozusagen zu einer *„instrumentellen Vernunft"* verkommen. „Naturbeherrschung, Selbstbeherrschung und Herrschaft über Mitmenschen" werden als „zusammenhängende Prozesse" dargestellt. „Die Steigerung der Herrschaftsmöglichkeiten über die äussere Natur ist verbunden mit einer entsprechenden Unterdrückung der inneren Natur" (Fetscher 1989, 524). In diesem Prozess wird die instrumentelle Vernunft zu einer zweckrational bestimmten Vernunft. Diese betrachtet die Welt als in jeder Hinsicht machbar, als Gegenstand beliebiger technischer Manipulation. Die Natur (auch jene des Menschen) wird zum verfügbaren Objekt, je nach subjektiven Interessen und Bedürfnissen. Die Analyse der gesellschaftlichen Verhältnisse, Abhängigkeiten und Machtstrukturen ist Voraussetzung zur Emanzipation vom Bestehenden. Für Jürgen Habermas stellt die (bürgerliche) Gesellschaft eine Öffentlichkeit dar, die sich der Kritik im Sinne des vernünftigen Gesprächs ohne Herrschaftsausübung und unter der Beteiligung grundsätzlich aller Bürger (herrschaftsfreier Diskurs) stellen muss. Nur so kann sie ihre Legitimität und – im Konsensverfahren – die Begründung ihrer Normen finden. Um dies zu erreichen, bedarf es einer neuen Vernunft, der *„kommunikativen Vernunft"*.

Die Frankfurter Schule bzw. deren philosophische, ideelle und ideologiekritische Geisteshaltung wird u. a. Hintergrund und Ausgangspunkt der Studentenunruhen von 1968 und der Bewegung der „Neuen Linken". Auch in der *Pädagogik, in Bildung und Erziehung,* setzte diese Geisteshaltung eine Revolutionierung in Gang. In der Praxis waren und sind es vor allem neue Erziehungsstile und -konzepte wie antiautoritäre Erziehung, repressionsfreie (herrschaftsfreie) bzw. permissive, sozial-integrative und partnerschaftliche Erziehungs- und Unterrichtsformen, in denen sich das Gedankengut der Frankfurter Schule niederschlägt oder die von dieser mindestens beeinflusst sind. In der pädagogischen und didaktischen Literatur bzw. Theorie entwickeln sich eigentliche Richtungen, die sich mehr oder weniger direkt auf die Frankfurter Schule beziehen (vgl. dazu auch Kap. 10), so z. B. eine kritisch-emanzipatorische Pädagogik (z. B. Klaus Mollenhauer; vgl. dazu Lattmann 1979), eine kritisch-konstruktive Pädagogik (z. B. Wolfgang Klafki; vgl. auch Kap. 5) sowie eine kritisch-kommunikative Pädagogik und Didaktik (z. B. Klaus Schaller).

Postmoderne oder: Verabschiedung der unvollendeten Vernunft?

In geschichtlicher Perspektive markiert die Epoche der Aufklärung den Beginn der Neuzeit, die Moderne. Die Erfahrungen der letzten 200 Jahre und der Gegenwart zeigen, dass dieses „Projekt der Moderne", gemessen an den ursprünglichen Zielsetzungen und Idealen, noch keineswegs abgeschlossen ist, dass die vernünftige Regelung des (Zusammen-)Lebens und die vernünftige Gestaltung der Welt erst in den Kinderschuhen steckt. Aber schon spricht man von einer Postmoderne und bezeichnet damit – ausgehend von einer Kunstrichtung – die gegenwärtige Stimmungslage der Wendezeit und des Umbruchs. Der postmoderne Ausgangspunkt ist „Kritik des Szientismus, des Funktionalismus und des Utopismus" (Koslowski 1989, 44). Die Postmoderne – allgemein gesagt – wendet sich gegen den Fortschrittsoptimismus, gegen die aufgeklärte, d. h. wissenschaftlich orientierte Vernunft der Moderne, gegen die (übertriebene) Rationalität und den Glauben an die (wissenschaftlich-technische) Machbarkeit der Welt. Es wird moniert, dass die *grossen und umfassenden Konzepte und Systeme der Moderne* (d. h. auch der Aufklärung), wie z. B. jene der Rationalität, der Emanzipation (des Individuums und von Gruppen), der

Wissenschaften, der Religion, des regulierenden Staates, versagt hätten. Diese grossen Strukturen, die Jean-François Lyotard, einer der Begründer des Postmodernismus, die „grossen Erzählungen" nennt, haben nicht gehalten, was sie versprochen haben. Es werde Zeit, Abschied zu nehmen vom Mythos der Vernunft, das „Ende der Geschichte" (Fukuyama) und das Ende der Utopie zu akzeptieren, aufgrund „neuer Sensibilität" (Sontag), neuer Spontaneität Gegenkulturen (in Kunst und Wissenschaft) zu schaffen, das Leben und die (nicht darstellbare) Wirklichkeit mit *„kleinen Erzählungen"* zu gestalten („les petites histoires"; pluralistisch, eklektizistisch, fragmentarisch, mosaikhaft, paradox und paralogisch, chaotisch, zeitweilig und provisorisch; vgl. Kamper und Reijen 1987). Elemente gegenwärtiger pädagogischer Diskussion wie jene der Ganzheitlichkeit, der Antipädagogik zeigen, dass diese neue Sichtweise für die Pädagogik in Theorie und Praxis eine Herausforderung darstellt.

Kritischer Rationalismus oder: Von der Unmöglichkeit absoluter Gewissheit

Ausgehend von der – anthropologischen und erkenntnistheoretischen – Überzeugung, dass menschliche Erkenntnis stets auch fehlbar ist und dass *absolute Gewissheiten unerreichbar* sind, entwickelte Karl Raimund Popper (1902-1995) die Theorie des kritischen Rationalismus. Mit seiner Theorie (Fallibilismus) sagt er, dass unser Wissen letztlich aus nicht bewiesenen Meinungen, Hypothesen bestehe. Diese Meinungen (bzw. das Wissen) sind zwar von uns einer kritischen Prüfung unterzogen worden und bis jetzt noch nicht mit der Wirklichkeit in Widerspruch geraten (falsifiziert). Aber sie sind stets vorläufig, hypothetisch und könnten sich auch als falsch, unrichtig erweisen. Deswegen müssen wir nach Popper und dem Kritischen Rationalismus unsere Überzeugungen und Meinungen stets kritisch-experimentierend überprüfen. In diesem Sinne versteht sich der Kritische Rationalismus als Gegenpart und „Alternative" (Hockkeppel) zu jeglichem Dogmatismus. Daraus ergibt sich, dass ein „Mythos der totalen Vernunft" (Hans Albert, 1977, 165 ff.) nicht haltbar ist, da ein solcher selbst dogmatisch, also sich selbst widersprechen würde. Auch wenn die Krise der Gegenwart durchaus auch als eine Krise der Vernunft betrachtet werden kann und wenn kaum Klarheit darüber besteht,

„was Vernunft sei und auf welche Weise sie in den öffentlichen Angelegenheiten, in den internationalen Beziehungen und in der langfristigen Planung der Bedingungen unseres Überlebens wirksam werden könne" (Kaltenbrunner 1974, 7), versucht der Kritische Rationalismus auf der Basis einer *„kritischen Vernunft"* (H. Albert) das Projekt der Aufklärung fortzuführen. Die Vernunft und die Vernünftigkeit werden hier selbst Gegenstand vernünftiger, d. h. kritisch-argumentativer Überprüfung.

Zusammenfassung: Der kritische Weg ist allein noch offen

Die Aufklärung wollte mit Hilfe der Erziehung den Menschen zu sich selbst und zu selbstverantwortlicher Mündigkeit (Autonomie) führen. Die Epoche der Aufklärung und die Folgezeit haben diese Postulate nicht eingelöst (und sie sind in reiner Form wohl nie einlösbar). Und die Erfahrungen in der Geschichte und im Leben zeigen, dass die Menschheit und der Mensch stets dazu neigt, sich neuen Abhängigkeiten, sich neuer Unmündigkeit auszuliefern. Der Philosoph Paul H. Feyerabend weist mit seiner Aussage, *„Die Aufklärung hat noch nicht begonnen"* (1982), auf diese Tendenz hin:

> Aufklärung, sagt Kant, ist der Ausgang der Menschen aus ihrer selbstverschuldeten Unmündigkeit. Im 18. Jahrhundert vermindert sich die Unmündigkeit gegenüber den Kirchen – aber die Reife der Menschen hat dabei nicht zugenommen. Anstelle einer Unmündigkeit gegenüber der Kirche trat eine Unmündigkeit gegenüber den Wissenschaften. (Feyerabend 1982, 39)

Die Menschen begaben sich zunehmend in die Herrschaft von Experten. Anstelle alter Mythen schuf sich der moderne Mensch *neue Mythen* wie jene der (totalen) Verfügbarkeit über die Welt, den Menschen, das Schicksal (vgl. Kap. 1). Nur erkannte der Mensch die Mythenhaftigkeit dieser Haltung nicht. Ausgehend vom Konzept des Philosophen Leszek Kolakowski über „Die Gegenwärtigkeit des Mythos" (1984) könnte man sagen, dass der Mensch sich stets Mythen schaffen muss, um „die Gleichgültigkeit der Welt" gegenüber dem Menschen und seinem Schicksal zu ertragen. In der Folge der Aufklärung wurde die Vernunft zum Instrument der Machbarkeit und Verfügbarkeit über die Welt mythisiert und damit ihrer emanzipatorisch-kritischen Kraft beraubt.

Die Aufklärungszeit wurde auch das „Pädagogische Zeitalter" genannt. Die Hoffnungen, die die Aufklärung in Bildung und Erziehung gesetzt hatte, haben sich nur teilweise erfüllt. Aber: So wenig es sich die Menschheit erlauben kann, Abschied von der Vernunft zu nehmen, so wenig können Erziehung und Bildung nach der Aufklärung auf emanzipatorische Zielsetzung, auf das Ziel *grösstmöglicher Mündigkeit aller Menschen* verzichten. In diesem Sinne ist Erziehung stets „Hilfe zum Selbstwerden in Freiheit" (Jaspers), mündet (Fremd)erziehung in Selbsterziehung. Und in diesem Prozess ist – wie in der Sichtweise Kants – der kritische und argumentative Weg allein noch offen.

Hinweise zur Vertiefung

Texte aus: Bahr, E. (Hrsg.): Was ist Aufklärung? Kant, Erhard, Hamann, Herder, Lessing, Mendelssohn, Riem, Schiller, Wieland. Stuttgart 1974 (Reclam).

Textauszug aus: Kant: Beantwortung der Frage: Was ist Aufklärung? (1783). In: Kant, I.: Werkausgabe in 12 Bänden. Frankfurt 1964, Bd. XI, 53-61.

Textauszug aus: Kant I: Idee zu einer allgemeinen Geschichte in weltbürgerlicher Absicht (1784) In: Kant, I.: Werkausgabe in 12 Bänden. Frankfurt 1964, Bd. 11, 31-50.

Textbeispiel zur Paradoxie von Aufklärung und Gegenaufklärung: Friedrich Nietzsche: Aus den „Unzeitgemässen Betrachtungen" (1874). In Flitner, W.; Kudritzki, G. (Hrsg.): Die deutsche Reformpädagogik, 1967, 41-44.

Glossar

Absolutismus, aufgeklärter: Absolutismus ist eine Lehre, die etwas Absolutes geltend macht, z. B. sog. absolute oder objektive Wahrheiten und/oder absolute Werte (das Absolute kann heissen das letztlich Wirkliche; der letzte Grund; das eigentlich Wahre und/oder Gute; das höchste Sein bzw. Wesen; das Unbedingte. Absolut als Adjektiv steht für unabhängig, unbedingt, vollkommen, im Gegensatz zu relativ.). „Absolutismus" als geschichtliche Epoche kennzeichnet eine Form von Staat, Herrschaft (Macht) und Gesellschaft mit absoluter, uneingeschränkter Macht des Königtums, wie sie in manchen europäischen Staaten im 17. und 18. Jh. anzutreffen war. Im „aufgeklärten Absolutismus" wird versucht, diese Herrschafts- bzw. Gesellschaftsform mit den Gedanken der Aufklärung (Toleranz, Humanität, Naturrecht, Rechtsstaat, Gerechtigkeit, Freiheit) zu verbinden. Herrschaftsfiguren des aufgeklärten Absolutismus sind insbesondere Friedrich II., der Grosse, (1740-1786) und Kaiser Joseph II. (1780-1790).

Antipädagogik: (v. griech. *anti,* „gegen") Die Notwendigkeit und Legitimation (Rechtfertigung) von Erziehung im Sinne der Einflussnahme auf Kinder und Heranwachsende wird nicht nur in Frage gestellt bzw. bestritten. Erziehung wird sogar als Gewalt und erzieherische Akte werden als gewalttätige Eingriffe und Übergriffe in die Integrität von Kindern und Jugendlichen verstanden.

Aufklärung: Sammelbezeichnung für die das 18. Jahrhundert prägenden philosophischen, politischen und sozialen Strömungen in Europa (vor allem England, Frankreich, Deutschland). Eine Grundlage bestand in der Vorstellung, dass die Vernunft das Wesen des Menschen darstelle, wodurch alle Menschen gleich seien (Egalitarismus) und dass die Vernunft als einzige und letzte Instanz befähigt sei, über Wahrheit und Falschheit von Erkenntnissen zu entscheiden und die in ihrer Gesamtheit vernünftig angelegte Welt zu erkennen (Vernunftoptimismus). In diesem Sinne ist „Aufklärung" der emanzipatorische Charakter immanent (*immanent* [lat.]: innebleibend, einwohnend, in etwas enthalten, wesensmässig dazugehörig). Zu „Aufklärung" als geschichtliche Epoche(n) und als Postulat vgl. die Ausführungen im Text.

Emanzipation: (v. lat. *emancipatio,* „Selbständigkeitserklärung"; *emancipare,* [den Sohn] aus der väterlichen Gewalt entlassen) Allgemein: Befreiung aus einem Verhältnis der rechtlichen, politischen, sozialen, geistigen oder psychischen Abhängigkeit bzw. Bevormundung. In der neueren Zeit bezeichnet der Begriff immer mehr (z. T. als Schlagwort) den Prozess des Unabhängigwerdens bestimmter Gruppen (Sklaven, Arbeiter, Juden, Katholiken, Frauen, Minderheiten, Unterprivilegierten usw.) und damit deren gesellschaftlich-rechtlicher Gleichstellung. In unserer Zeit wird der Begriff auch losgelöst von einem konkreten Gruppenbezug mit einer individuellen Bedeutung gebraucht: „Emanzipation" in diesem Sinne bezeichnet dann die grundsätzliche Fähigkeit des Einzelnen zur unabhängigen und kritischen Urteilsbildung und wird dann auch als eine der Haupteigenschaften des mündigen Bürgers und Staatsbürgers angesehen.

Kritik: (v. griech. *krinein,* „scheiden", „unterscheiden", „urteilen", „beurteilen", „auslesen") Im e. S. Tätigkeit und Ergebnis des Beurteilungsverfahrens bzw. der Beurteilung eines Sachverhaltes (Gegenstand, Person, Situation usw.) nach vorgegebenen und/oder bekanntgegebenen Kriterien (*Kriterium,* griech. Prüfstein, unterscheidendes Merkmal, Kennzeichen, definierter Massstab). In einem w. S. (auch psychologisch) das Unterscheidungsvermögen und die Grundhaltung, äussere Eindrücke und Erfahrungen und Meinungen einer distanzierten und damit auch kommunizierbaren Prüfung zu unterziehen. In diesem Sinne bezeichnet Selbstkritik die Fähigkeit und Bereitschaft, eigene Standpunkte und Beurteilungen möglichst vorurteilsfrei zu überprüfen und u. a. eigene Fehler und Grenzen zu anerkennen, ein Hauptmerkmal des geistigen und ethischen Persönlichkeitsniveaus.

Philanthropismus: (v. griech. *philanthropia*, „Menschenliebe", „Menschenfreundlichkeit", auch Humanität, Güte). Eine (Erziehungs)bewegung des ausgehenden 18. Jahrhunderts, die aus den Ideen der Aufklärung und Rousseaus hervorging und von Basedow (1724-1790) begründet wurde. Als Erziehungsbewegung wird eine Erziehung des ganzen Menschen, d. h. der Willens-, Verstandes-, Gemüts- und Körperkräfte gefordert.

Postmoderne: (v. lat. *post*, „nach") Neuere philosophische Richtung; ursprünglich eine Richtung innerhalb der Architektur und der Kunst, in der bewusst verschiedene Stilarten bzw. Elemente verschiedener Epochen der Vergangenheit gemischt wurden. Sie geht vom Postulat des Endes der Geschichte aus und will die Möglichkeit eröffnen, Elemente aus Kunst und Philosophie vergangener Epochen frei zu kombinieren. Betont wird dabei die Notwendigkeit bzw. Willkürlichkeit der Fragmentierung. Philosophisch gesehen kann der Glaube des Postmodernismus an diese Verbindungsmöglichkeiten auch als Ersatz für den Glauben der Moderne an eine mögliche Ganzheit verstanden werden.

Psychoanalyse: s. Glossar Kap. 8.

Rationalismus: (v. lat. *ratio*, „Erwägung", „Denken", „Vernunft", „Verstand", „Grund") Die allgemeine Bedeutung bezeichnet – kurz zusammengefasst – ein Verständnis von Welt und Mensch, das die menschliche Vernunft als erste und verlässlichste Quelle der Erkenntnis betrachtet. Als bewusst gelebte Geistesbewegung ist er Bestandteil der Aufklärung im 17. und 18. Jahrhundert.

Tiefenpsychologie: s. Glossar Kap. 8.

Utilitarismus: (v. lat. *utilis*, „nützlich") Philosophisch-ethische Lehre, die das Sittliche dem Nützlichen gleichsetzt als dem für das menschliche Wohlbefinden Förderliche, etwa nach der Formel: Sittlich gut ist, was nützt, schlecht, was schadet.

Vernunft: Im Unterschied zur sinnlichen Wahrnehmungsfähigkeit das gesamte geistige Vermögen, in der Regel gleichbedeutend mit Verstand, Intelligenz, Einsicht, Besonnenheit. Im e. S. und als Übersetzung von griech. *nous* und lat. *intellectus agens* ist Vernunft die Bezeichnung für die oberste Vollzugsweise des menschlichen Geistes als das Vermögen der Zusammenschau übergreifender Sinnzusammenhänge und Seinsordnungen, u. a. auch im Unterschied zum analysiernden Verstand (griech. *dianoia*, lat. *ratio*). In der Psychologie oft als Gegenpol zu Intuition, Instinkt, Phantasie, Gefühl.

Literatur

Albert, H.: Kritische Vernunft und menschliche Praxis. Stuttgart 1977.

Bahr, E. (Hrsg.): Was ist Aufklärung? Thesen und Definitionen. Texte von Kant, Erhard, Hamann, Herder, Lessing, Mendelssohn, Riem, Schiller, Wieland. Stuttgart 1974.

Bubner, R.: Rousseau, Hegel und die Dialektik der Aufklärung. In: Schmidt J. (Hrsg.) 1989, 404-420.

Dauzenroth, E. (Hrsg.): Frauenbewegung und Frauenbildung. Bad Heilbrunn 1964.

Deermann, J. B.: John Locke. In: Locke 1967, 209-230.

EDK (Erziehungsdirektorenkonferenz): Die Schule in der Schweiz. Archiv für das schweizerische Unterrichtswesen. Frauenfeld 1938.

-: Mädchen – Frauen – Bildung. Unterwegs zur Gleichstellung. Bern 1992.

Fertig, L.: Zeitgeist und Erziehungskunst. Darmstadt 1984.

Fetscher, I.: Aufklärung und Gegenaufklärung in Deutschland. In: Schmidt, J. (Hrsg.), 1989, 522-547.

Feyerabend, P. K.: Die Aufklärung hat noch nicht begonnen. In: Good, P. (Hrsg.): Von der Verantwortung des Wissens. Frankfurt 1982, 24-40.

Flitner, W.; Kudritzki, G. (Hrsg.): Die deutsche Reformpädagogik. Düsseldorf 1967².

Freud, S.: Das Unbehagen in der Kultur. In: Freud, S.: Studienausgabe, Bd. IX. Frankfurt a. M. 1974, 191- 270.

-: Neue Folge der Vorlesungen zur Einführung in die Psychoanalyse. In: Freud, S.: Studienausgabe, Bd. I. Frankfurt a. M. 1969, 447-608.

Frisch, M.: Am Ende der Aufklärung steht das Goldene Kalb. In: Die Weltwoche 15.5.1986, Nr. 20.

Guyer, W. (Hrsg.): Erziehungsgedanke und Bildungswesen in der Schweiz. Frauenfeld 1936.

Grunder, H.-U.: „Wir fordern alles". Weibliche Bildung im 19. Jahrhundert. Grafenau 1988.

Haeberlin, U.; Niklaus, E.: Identitätskrisen. Bern 1978.

Hentig, H. v.: Die Menschen stärken, die Sachen klären. Ein Plädoyer für die Wiederherstellung der Aufklärung. Stuttgart 1985.

Hofer, C.: Erzieht die koedukative Schule von heute für eine Welt von gestern? Die Schule im Spannungsfeld zwischen feministischem Emanzipationsanspruch und patriarchal geprägter Realität. In: Gonon, P. und Oelkers, J. (Hrsg.): Die Zukunft der öffentlichen Bildung. Bern 1993.

Höffe, D. (Hrsg.): Lexikon der Ethik. München 1980².

Im Hof, U.: Das Europa der Aufklärung. München 1993.

Kant, I.: Werkausgabe in 12 Bänden, hrsg. von W. Weischedel. Frankfurt 1964.

Kaltenbrunner, G.-K. (Hrsg.): Plädoyer für die Vernunft. Freiburg 1974.

Kamper, D.; van Reijen, W.: Die unvollendete Vernunft. Moderne versus Postmoderne. Frankfurt 1987.

Kolakowski, L.: Die Gegenwärtigkeit des Mythos. München 1984^3.

Koslowski, P.: Die Prüfungen der Neuzeit. Über Postmodernität, Philosophie der Geschichte, Metaphysik, Gnosis. Wien 1989.

Lattmann, U. P.: Pädagogische Aspekte des Verhältnisses zwischen den Generationen. In: Blesi, P.; Lattmann, U. P. (Hrsg.): Konflikt und Begegnung der Generationen. Zug 1979, 51-70.

Lempert, W.: Leistungsprinzip und Emanzipation. Frankfurt 1971.

Locke, J.: Einige Gedanken über die Erziehung, übersetzt und besorgt von J. B. Deermann. Paderborn 1967.

Mantovani Vögeli, L.: Fremdbestimmt zur Eigenständigkeit. Chur 1994.

Mittelstrass, J.: Neuzeit und Aufklärung. Berlin 1970.

Möhrmann, R.: Frauenemanzipation im deutschen Vormärz. Texte und Dokumente. Stuttgart 1978.

Rousseau, J.-J.: Emile oder über die Erziehung, besorgt von L. Schmidts. Paderborn 1971.

Schmidt, J. (Hrsg.): Aufklärung und Gegenaufklärung in der europäischen Literatur, Philosophie und Politik von der Antike bis zur Gegenwart. Darmstadt 1989.

Vonlanthen, A.; Lattmann, U. P.; Egger, E.: Maturität und Gymnasium. Bern 1978.

4. Anthropologische Dimension – Die Frage nach dem Menschen und seiner Erziehung *P. Metz*

Ganz unabhängig davon, ob sich die wissenschaftliche Forschung mit der Frage nach dem Menschen, seinem Wesen, seiner Stellung im Kosmos und im Tierreich beschäftigt und wie stark sie dies zu bestimmten Zeiten tut, finden wir in allen Kuläusserungen und menschlichen Tätigkeiten Ansatzpunkte und Voraussetzungen, die sich anthropologisch interpretieren lassen. Den „Leitideen für die Volksschule" des Kantons Aargau beispielsweise liegt unausgesprochen ein Menschenbild zugrunde, das grob wie folgt umrissen werden kann: Der Mensch ist ein sich entwickelndes und auf soziale Förderung angewiesenes Wesen von Geist, Gemüt und Körper. Aus diesem Grund spricht Michael Landmann (geb. 1913) von einer *„impliziten Anthropologie"*. „Hier also handelt es sich nicht um eine ausdrückliche Lehre vom Menschen, sondern um eine Auffassung, die dem, bei dem sie wirksam ist, nicht einmal bewusst zu sein braucht. In diesem Sinne ist die Anthropologie so alt, wie überhaupt Menschen von ihrem Leben Zeugnis abgelegt haben ..." (Bollnow 1975, 14). In seiner „Geschichte der Anthropologie" nimmt der Ethnologe und Soziologe Wilhelm E. Mühlmann (geb. 1904) nicht allein die *expliziten*, wissenschaftlichen Beiträge zur Anthropologie auf, sondern auch solche Zeugnisse, „die den Menschen nicht ausdrücklich thematisieren" (1968, 15). Dementsprechend umgreift seine Darstellung den gesamten Zeitraum der Antike bis zur Neuzeit, obschon sich die Anthropologie als wissenschaftlicher Zweig erst im 18. Jahrhundert stärker zu entfalten begann.

Dass wir im Sinne unseres Konzepts (s. die Einleitung) von der Anthropologie als einem Kristallisationspunkt, einer Dimension heutiger Pädagogik sprechen, lässt sich historisch begründen: Beide Wissenschaften begannen sich gemeinsam und mit enger Beziehung aufeinander im 18. Jahrhundert von der Theologie und Philosophie zu emanzipieren und als relativ eigenständige Forschungsgebiete zu etablieren. Johann Heinrich Pestalozzi, den wir in diesem Kapitel als Beziehungspunkt unserer Darlegungen wählen, bearbeitet beide Gebiete in seinen Schriften, teils gesondert, teils verflochten. Bis in unsere Zeit hinein übernimmt die Anthropologie bzw. deren Teilgebiete für die Pädagogik eine sowohl begründende wie auch klärende Aufgabe: Der Mensch erscheint uns als pflege- und erziehungsbedürftiges und lernfähiges Wesen.

4.1 Entstehung der Anthropologie im 18. Jahrhundert und ihr Zusammenhang mit der Pädagogik

„Anthropologie" bedeutet in griechischer Übersetzung zunächst einfach die Lehre oder Wissenschaft vom Menschen. Wir begegnen diesem Begriff schon bei Aristoteles in der Bedeutung einer Naturgeschichte des Menschen, und M. Hundt verwendet ihn 1501 erstmals in einem Buchtitel („Anthropologium de hominis dignitate, natura et proprietatibus", d. h. Anthropologisches über die Würde des Menschen, seine Natur und Eigenheiten) und als Titel einer philosophischen Disziplin. Als eigenes Forschungsfeld hat sich die Anthropologie seit dem 18. Jahrhundert herausgebildet, dies in engem Anschluss an die Philosophie, Theologie, Medizin und Biologie sowie die Pädagogik.

Wir müssen uns im folgenden auf einige Hinweise auf die Entstehung der Anthropologie beschränken. Sie sollen in Umrissen andeuten, woher Pestalozzi die Problemstellungen seiner eigenen Gedankenentwicklung genommen und an welche Diskussionen er sich *nicht* angeschlossen hat.

Naturwissenschaftlich orientierte Anthropologie

Ein wichtiger Entstehungsgrund für die Anthropologie war die Ende des 17. Jahrhunderts aufgrund von Entdeckungsreisen, Kolonisierungen und Missionierungen zunehmende Zahl von Reiseberichten über fremde Länder, Völker und deren Lebensweise, Sprache, Aussehen und Sitten. Eine mehr *naturwissenschaftlich-beschreibende Richtung* zielte darauf, die Verschiedenheit und Verwandtschaft von Rassen, Sprachen und Kulturen möglichst exakt, der Linnéschen Botanik vergleichbar, zu erfassen und zu klassifizieren. Damit verknüpft erhob sich die Frage nach der Stellung des Menschen im Reich der Lebewesen. François Marie Voltaire beispielsweise kommt in seinem „Traité de Métaphysique" (1734) zu folgendem Schluss:

> Der Mensch ist ein wildes Tier, mit wolligem Haar auf dem Kopf; er geht auf zwei Füssen, ist fast so geschickt wie ein Affe und schwächer als die anderen Tiere seiner Grösse; er besitzt einige Ideen mehr als sie und kann diese leichter ausdrücken; im übrigen ist er den genau gleichen Notwendigkeiten unterworfen: er wird geboren, lebt und stirbt wie sie. (Zit. nach Moravia 1989, 19)

Voltaires nüchterne Schlussfolgerung war aufgrund von tiefgreifenden Relativierungen möglich geworden: Die Vergleichbarkeit von Mensch und Tier bedingte einen Bruch mit der christlichen Tradition vom Menschen als der „Krone der Schöpfung" und mit dem Dualismus von Descartes: Die „Wissenschaft vom Menschen" trennte nicht mehr in die Metaphysik, welche sich mit der „res cogitans", die den Menschen auszeichnet und über die Tiere erhebt, und in die Naturwissenschaft, welche sich mit der „res extensa" zu befassen hatte, sondern sie entwickelte ihre eigenen Themen, die sie mit immer zuverlässigeren empirischen Methoden bearbeitete. Die Unterschiede zwischen Tier und Mensch wurden damit ebenso relativiert, wie diejenigen zwischen primitiven und zivilisierten Menschen und Völkern.

Das anthropologische Interesse an den „wilden Kindern"

Ausserordentliches Interesse erweckte im 18. Jahrhundert die *Entdeckung von wilden Kindern* (1694 Juvenis Ursinus Lituanus, 1719 Pueri Pyrenaici u. a. m., s. Malson 1974, Moravia 1989). Das Studium der „enfants sauvages" erlaubte es, die Wesensbestimmung des Menschen bzw. die Fragen nach dem Einflussfaktor „Kultur" am extremen Beispiel fehlender oder ungenügender Zivilisierung zu diskutieren. Die zwei berühmten Berichte des „médecin-philosophe" Jean Itards (1774-1838), erstmals erschienen 1801 und 1807 und verfilmt von François Truffaut (1932-1984), bestechen durch die Genauigkeit der selbstkritischen Beobachtung und das persönliche, pädagogische Engagement des jungen Gelehrten für seinen Zögling „Victor" (ca. 1787-1828), der im Sommer 1798 im südfranzösischen Département Aveyron als ungefähr 11-12jähriger, nackter, wilder und stummer Knabe aufgespürt und eingefangen wurde. Itards insgesamt fünfjährige didaktisch-therapeutische Arbeit mit dem Knaben gestattete es erstmals, die vieldiskutierten, bisher überwiegend spekulativ bearbeiteten anthropologischen Fragen um das Verhältnis von Natur und Gesellschaft einer experimentellen Kontrolle zu unterziehen. Itard übernahm in diesem Kampf um „Reedukation" den Part der Gesellschaft, „Victor" denjenigen der „Wildheit". Der vermutlich weitgehend von Menschen isoliert aufgewachsene Junge sollte „in das gesellschaftliche Leben" reintegriert werden, indem sein menschliches Empfindungsvermögen (Gesicht, Gehör, Schmerz etc.) „durch wirksame Reizmittel" geschult und der „Umfang seiner Ideen" erweitert wurden und indem er neue Bedürfnisse erwerben, soziale Beziehungen eingehen und moralischen Gefühlen zugänglich gemacht werden sollte. Man erkennt deutlich, wie stark Itards „Mémoires" vom Sensualismus seiner Zeit geprägt sind, und es musste deshalb für ihn eine tiefe Enttäuschung sein, dass sein Zögling trotz aller erfreulichen Fortschritte nicht sprechen und abstrakt denken gelernt hat. Die harte Entgegensetzung von Natur und Kultur verstellte dem gelehrten Arzt und seinen Zeitgenossen den Blick auf natürlich bedingte Grenzen der Bildsamkeit (erbliche Ausstattung, abnehmende Bildsamkeit, sensible Phasen).

Die Reiseberichte des 18. Jahrhunderts hatten zunächst vielfach abenteuerlichen, spekulativen Charakter; die Überlegenheit der „zivilisierten" Europäer sah sich in der Kultur primitiver Völker, von Kannibalen und Monstern, bestätigt oder schlug zuweilen um in eine romantisierende, ersehnte Idylle oder in den bewunderten Exotismus fremder, naturwüchsiger, angeblich glücklicher und unverdorbener Völker. Durch systematisches, kontrolliertes Vorgehen gelang es allmählich, den spekulativen, abenteuerlichen und exotistischen Zug dieser Frühphase der anthropologischen Forschung zu überwinden und das anthropologische und ethnologische Interesse zu einer „Wissenschaft vom Menschen" mit naturwissenschaftlich-beschreibender Ausrichtung zu entwickeln. Dies war die Leistung intellektueller Gruppen wie beispielsweise der „idéologues" und der „Société des Observateurs de l'homme" (Gesellschaft der Beobachter des Menschen) in Frankreich, aber auch die Leistung zahlreicher einzelner Forscher – unter ihnen seien genannt: Leibniz' Klassifikation der Sprachen (1710), Lafitaus „Moeurs des sauvages Amériquains" (1724), Linnés anthropologische

Klassifikation des homo sapiens in Ferus, Americanus, Europaeus, Asiaticus, Afer und Monstrosus (ab 1735), Kants rassenkundliche und rassentheoretische Aufsätze (ab 1775) und Blumbachs „De generis humani varietate nativa" (1788).

Die naturwissenschaftlich-empirische Richtung der Anthropologie hat die pädagogische Wissenschaftsgeschichte immer wieder beeinflusst; nachhaltig zu Beginn dieses Jahrhunderts mit Ernst Meumanns (1862-1915) „experimenteller Pädagogik" und mit Martinus Jan Langevelds (geb. 1905) „Anthropologie des Kindes" und später mit Heinrich Roths „empirischer Anthropologie".

Spekulativ orientierte Anthropologie

Bestimmenderen Einfluss auf die Pädagogik übte seit der Aufklärung jene Richtung aus, die man als *spekulativ-romantisierende,* oder, in einer etwas zurückhaltenderen Formulierung, als *philosophische Anthropologie* bezeichnen könnte. Diese geistesgeschichtliche Linie, die sich mit der erstgenannten zuweilen vermischte, führt über Rousseau, Pestalozzi und die Reformpädagogik (s. Kap. 8) bis in unsere Zeit. Charakteristisch für sie ist die kulturkritische Annahme eines ursprünglichen, an sich guten „Naturzustands", der einem Zustand des Verderbens weicht *(Dekadenzthese)*. Die Quelle des Verderbens ist die Zivilisation und die sie kennzeichnenden Zwänge; ihre Opfer sind die einzelnen Menschen, vor allem die schwächsten unter ihnen, insbesondere die Kinder. Unterschwellig lässt sich – wie in der Völkerkunde – auch die Gegenrichtung beobachten: Die Angst der Erwachsenen vor der wilden, überbordenden, Ordnungen und Autoritäten bedrohenden Kreativität und Spontaneität von Kindern und Jugendlichen, die es zu zähmen und zu zivilisieren gilt.

Der Fall des „Wilden von Aveyron" löste im Kreis der anthropologisch interessierten Intellektuellen lebhaftes Interesse aus, das sich in zahlreichen Schriften und Stellungnahmen der Pariser Gelehrten niederschlug. Sowohl in Itards Berichten als auch in der weiteren öffentlichen Diskussion finden sich zahlreiche Beispiele für den gleichzeitigen Einfluss sowohl der naturwissenschaftlich-beschreibenden als auch der spekulativ-romantisierenden Richtung in der Anthropologie.

In der folgenden Einschätzung eines anonym gebliebenen Gelehrten, der sich durch einen naturwissenschaftlich-empirischen Standpunkt auszeichnet, wird die Lage des Aveyroner Naturmenschen sehr skeptisch und der gesellschaftliche Zustand (bzw. die Erziehung in und durch die Gesellschaft) entschieden positiv gesehen:

> Wir betrachten dieses Individuum als Opfer einer Privation (eines Entzugs; Zusatz von P. M.), die nicht weniger folgenschwer war als die seiner Organe; das heisst, es mangelte an den äusseren Umständen, die seine Entwicklung hätten fördern können; wenn man, was noch ungewiss ist, eines Tages beweisen kann, dass er immer in den Wäldern gelebt hat, dass er weder schwachsinnig noch taub ist, dann ziehen wir nur aus dieser Erfahrung eine einzige Folgerung und sehen in ihr nur einen neuen Beweis jener grossen Wahrheit, dass der Mensch für die Gesellschaft geschaffen ist, und finden nur einen weiteren Grund, uns rückhaltlos dem Wohl der Gesellschaft zu widmen, der wir alles verdanken, was wir sind. (Zit. in: Moravia 1989, 108)

Demgegenüber äussert sich Jules-Joseph Virey, ein anderer Gelehrter, am Schluss seiner 1801 veröffentlichten Schrift über die Lebensaussichten des in den „gesellschaftlichen Zustand" versetzten jungen „Naturmenschen" höchst pessimistisch und gesellschaftskritisch:

> Geh, junger Unglücklicher, über diese unglückselige Erde, geh und verliere in den Fesseln der Zivilisation deine ursprüngliche und einfache Rauheit. Du lebtest im Zeichen der alten Wälder; ... du stilltest deinen Durst im Kristall der Quellen; du warst mit dem Los deiner Armut zufrieden, ausserhalb der Grenzen deiner einfachen Begierden wunschlos und von deiner Lebensweise befriedigt, welche die einzige war, die du kanntest, und die Früchte der Erde waren dein einziger Besitz. Jetzt besitzt du nur noch etwas dank der Wohltätigkeit des Menschen; dem bist du ausgeliefert, ohne Eigentum, ohne Macht, und von der Freiheit gelangst du in die Abhängigkeit. ... Du kanntest nur das eine Bedürfnis, dich zu ernähren; wieviele neue Bedürfnisse, die du nicht befriedigen kannst, werden über dich kommen, ohne dir jemals Ruhe zu gewähren? Wieviele Begierden werden unter deinen Schritten aufkeimen und wachsen, zusammen mit dem Baum deiner Erkenntnisse, zusammen mit deinen gesellschaftlichen Beziehungen? Wie wirst du deine absolute Unabhängigkeit in den politischen Ketten, in unseren zivilen Institutionen verlieren! Wieviele Tränen wirst du vergiessen müssen! (Ebd., S. 115)

Vireys romantisierendes Pathos vom verlorenen Glück des Naturzustands geht auf den Einfluss Rousseaus zurück, der durch seine naturverbundene Lebensweise, sein unkonventionelles Auftreten, seine einprägsame Musik und seine gesellschaftskritischen Schriften die Pariser Gesellschaft in seinen Bann geschlagen und letztlich gegen sich aufgebracht hatte. Die folgende Lebensskizze will dies illustrieren.

4.2 Rousseau als Inspirator der spekulativ orientierten Anthropologie

1712 wird Jean-Jacques Rousseau in der Calvinstadt Genf als Sohn eines Uhrmachers und einer Uhrmacherstochter, die nach seiner Geburt dem Kindbettfieber erliegt, geboren. Mit dem Vater teilt er eine gemeinsame Lesepassion und die Trauer um die verstorbene Gattin und Mutter. Im Privatunterricht und in der Lehre als Gerichtsschreiber mangelt es ihm an Konzentration und Ausdauer; umso lieber gibt er sich seinen Phantasien, dem Lesen, Wandern und Reisen hin. 1740 wirkt er während eines ganzen Jahres als Hauslehrer und Erzieher in Lyon, aber – im Unterschied etwa zu Pestalozzi und Herbart – wertet er seine praktischen Erfahrungen nicht sorgfältig aus, sondern resümiert seine Lektüre (John Locke) in einer Schrift, die er „Projet pour l'Éducation" betitelt.

Während der folgenden zweiundzwanzig Jahre lebt Rousseau mit Unterbrüchen in oder nahe von Paris. Seinen Lebensunterhalt bestreitet er mit Musikunterricht und erntet Erfolge mit seiner Oper „Der Dorfwahrsager", einem in wenigen Wochen hingeworfenen Schäferspiel um ein verliebtes Hirtenpaar. Zur Premiere des Stücks erscheint der Genfer, der sich als „campagnare" (Junge vom Land) bezeichnet und aufführt in Gegenwart des Königs „im gleichen nachlässigen Aufzug wie gewöhnlich mit starkem Bart und ziemlich schlecht gekämmter Perücke" (Rousseau 1978a, 372). Der Audienz des Monarchen bleibt er fern, weil er es vermeiden will, durch die Belohnung einer Pension in gesellschaftliche Abhängigkeiten zu geraten. Andere Episoden beweisen, dass sich der unkonventionelle, vielseitig begabte Musiker und Literat durchaus den gesellschaftlichen Gepflogenheiten anzupassen wusste. So folgte er einer verbreiteten Sitte, als er die eigenen fünf

Kinder, die er mit einer langjährigen, aus verarmten Verhältnissen stammenden Freundin zeugte, ins Waisenhaus gab und völlig aus den Augen verlor.

Zwischen 1750 und 1762 erscheinen seine wichtigsten Schriften, unter ihnen die beiden „Discours" und der „Gesellschaftsvertrag" (s. Kap. 3). Mit seinen kritischen „Briefen über die Musik" seiner Zeit isoliert er sich gesellschaftlich und zieht sich aufs Land, in eine Ermitage, zurück. Die Pariser Gesellschaft belacht ihn, doch schreibt er hier seine schockierend offenen „Bekenntnisse" und seinen gefühlvollen Roman „La nouvelle Héloïse". Der Roman „Emil" trägt ihm wegen seiner kirchenkritischen Äusserungen und seines theologisch abweichenden Standpunkts (Deismus, Pantheismus) die entschlossene Kritik der Geistlichkeit ein, und der „Gesellschaftsvertrag" fordert die Herrschenden heraus, weil er den politischen Wandel für unvermeidlich ansieht und für die Volkssouveränität einsteht. Seine Bücher werden konfisziert und verbrannt; Paris muss er verlassen, seine Vaterstadt Genf ächtet ihn ebenfalls. Die letzten Lebensjahre verbringt Rousseau an der Seite seiner Lebensgefährtin Thérèse Le Vasseur, die er nach dreiundzwanzig Jahren Freundschaft 1768 heiratet. Rousseaus Altersjahre sind geprägt von körperlichen Leiden, gesellschaftlicher Verfolgung und dem Leiden an Verfolgungswahn. 1778 stirbt Rousseau in Ermenonville.

Mit seinem Schrifttum wurde Rousseau zum Anreger mächtiger, bleibender Literaturgattungen und geistesgeschichtlicher Motive – in Stichworte gefasst: Kulturkritik, Naturromantik, subjektive Literatur. Wie viele andere auch – wir erinnern an das Kapitel 3 – ist Pestalozzi, der seinen Sohn bezeichnenderweise Jean-Jacques getauft hat, seinem Vorbild sowohl in geistiger Hinsicht wie auch in seiner konkreten Lebensgestaltung gefolgt; der Lebenslauf beider Denker und Literaten zeigt auffällige Ähnlichkeiten (vgl. die Hinweise im Quellenteil).

Der folgende Abschnitt will in Pestalozzis Anthropologie einführen, die er hauptsächlich in zwei Schriften darlegt, in der „Abendstunde eines Einsiedlers" (1780) und in der 1797 veröffentlichten Schrift „Meine Nachforschungen über den Gang der Natur in der Entwicklung des Menschengeschlechts". Zugleich sollen die Nähe und Differenz zu Rousseaus Auffassung und damit Pestalozzis eigene politische und pädagogische Anthropologie sichtbar werden. Die Lektüre von Peter Stadlers Pestalozzi-Porträt von 1990 bietet dazu als Hintergrund ein Minimum an zeitgeschichtlichen und biographischen Kenntnissen.

4.3 Pestalozzi als Fortbildner von Rousseaus Anthropologie

Kritisch und zugleich selbstkritisch schreibt Johann Heinrich Pestalozzi (1746-1827) zwei Jahre vor seinem Tod im „Schwanengesang", einer Schrift, in der er auf sein Leben Rückschau hält und die „Idee der Elementarbildung" nochmals zu erläutern sucht, wie sehr Rousseau ihn und die Jugendlichen seiner Zeit beeinflusst, ja verführt hat:

> Auch bei mir war die Erscheinung Rousseaus der Anfangspunkt der Belebung der bösen Folgen, die die nahende Weltverwirrung (gemeint ist die Französische Revolution und ihre Folgen; Zus. von P. M.) auf die Unschuld des Hochflugs zugunsten der Erneuerung der altvaterländischen Schweizergesinnungen beinahe auf die ganze edlere Jugend meines Vaterlands hatte. Sowie der „Emil" erschien, war mein im höchsten Grad unpraktischer Traumsinn von diesem ebenso im höchsten Grad unpraktischen Traumbuch enthusiastisch ergriffen. Ich verglich die Erziehung, die ich im Winkel meiner mütterlichen Wohnstube und auch in der Schulstube, die ich besuchte, genoss, mit dem, was Rousseau für die Erziehung seines Emils ansprach und forderte. Die Hauserziehung sowie die öffentliche Erziehung aller Welt und aller Stände erschien mir unbedingt als eine verkrüppelte Gestalt, die in Rousseaus hohen Ideen ein allgemeines Heilmittel gegen die Erbärmlichkeit ihres wirklichen Zustands finden könne und zu suchen habe. (R VIII, 440)

Pestalozzi bezeugt in diesem autobiographischen Zitat, dass sein Denken von Rousseau seinen Ausgangspunkt genommen hat. Das Zitat belegt auch seinen Willen, zu seinem spiritus rector in Distanz zu treten. Prägend auf ihn wirkten das kulturkritische Verhältnis zur bestehenden Gesellschaft und ihren Institutionen. Aus dieser Position heraus erwuchs eine entwicklungsgeschichtliche und eine idealistische Anschlussfrage, die Pestalozzi ebenfalls mit Rousseau und der weiteren Aufklärungsdiskussion teilt: Wie ist es zur heutigen, „verkrüppelten Gestalt" von Gesellschaft gekommen und wie kann dieser Zustand überwunden werden. Die Antwort auf die erste Frage geben die beiden Kulturphilosophen in einer entwicklungsgeschichtlichen Deutung der als dreistufig angenommenen Menschheitsgeschichte, die man nicht historisch verstehen darf, sondern idealtypisch und anthropologisch interpretieren muss: Die drei bzw. vier Stufen der Menschheitsgeschichte sollen das Wesen Mensch in seinen drei Schichten erklären. – Unverkennbar und von Pestalozzi selbst angesprochen (R V, 384f.) macht sich in diesem anthropologischen Entwurf das christliche Erbe von Paradies, Vertreibung aus dem Paradies, Gesetz des Alten Bundes und Erneuerung durch die befreiende Kraft der Erlösung und – wie wir noch sehen werden – der Dualismus von Leib und Geist geltend (dies ein nachgeschobenes Argument für die theologische Prägung der Pädagogik, s. Kap. 2).

Entwicklungsgeschichte als spekulatives Mittel zur Darstellung der Anthropologie[1]

Pestalozzi unterscheidet drei Hauptetappen der Menschheits- und Individualgeschichte: Einen Naturzustand, einen gesellschaftlichen Zustand und einen sittlichen Zustand, wobei er den ersten wie Rousseau zusätzlich in zwei Phasen unterteilt.

Im *ursprünglichen „Naturzustand"* ist der Mensch nach Pestalozzi ein reines Kind der Natur, das jenseits von Gut und Böse seinen Instinkten und Trieben gemäss mit seinesgleichen friedlich zusammenlebt. Er lebt als „bon sauvage" in „tierischer Harmlosigkeit und Harmonie"; unschuldig und unverdorben geht er auf Raub aus und tut, was ihm behagt. Er lässt sich also von der Natur leiten, er ist *„Werk der Natur".* Im Entwurf Pestalozzis ist dieser unschuldige, wohlwollende Naturzustand äusserst labil und nur von kurzer Dauer, denn sobald der Naturmensch seine Bedürfnisse nicht mehr mit Leichtigkeit befriedigen kann, wendet er sich gegen seine Mitmenschen und bekämpft diese bis aufs Blut. Diese Kennzeichnung nimmt Bezug auf ein einflussreiches Werk, nämlich Thomas Hobbes (1588-1679) „Leviathan or the Matter, Form and Authority of Government" von 1651,

---

[1] Die drei folgenden Abschnitte halten sich eng an die Sekundärlit. Buol 1976, Hager 1976, Holmsten 1972 u. Liedtke 1976.

das zwischen einem Naturzustand des Kampfs aller gegen alle und einem Schutz gewährenden, vertraglichen Gesellschaftszustand unterscheidet.

Im *verdorbenen Naturzustand* verhält sich der Mensch laut Pestalozzi rechtlos, egoistisch und willkürlich; seine tierische Unschuld wandelt sich in den Stand tierischer Verdorbenheit, der Bestialität. Der Zürcher unterscheidet also die beiden Phasen des Naturzustands mit Blick auf die Sittlichkeit, und er glaubt sie auch in der Individualentwicklung zu erkennen. Demgegenüber sind bei Rousseau beide Phasen durch moralische Unschuld gekennzeichnet; das Verderben des Menschen entsteht nach ihm erst durch die Vergesellschaftung, d. h. beim Wechsel vom Naturzustand in den gesellschaftlichen Zustand. Die Differenz der Phasen ergibt sich beim Genfer mit Blick auf die Kultur: Der „bon sauvage" lebt in völliger kulturloser Isolierung in den Wäldern. Die zweite Phase steht für die beginnende Vergesellschaftung des Menschen unter gleichzeitigem Beginn kultureller Tätigkeiten. Die Phase der „société naissante" ist gekennzeichnet durch eine ideale Synthese von Natur und Kultur, einem Gleichgewicht zwischen Vernunft und Phantasie, Selbstliebe und Mitleid. Wir sehen: Rousseau romantisiert und idealisiert den gesamten Naturstand, er ist Deist und Pantheist; der erste Satz im Roman „Emil" lautet: „Alles ist gut, was aus den Händen des Schöpfers kommt; alles entartet unter den Händen des Menschen." (Rousseau 1978b, 9) Pestalozzi denkt weniger kulturanthropologisch und ist auch kein Vertreter der *Naturreligion*, er lebt eine innige Frömmigkeit und denkt traditionell christlich-theologisch: Der Mensch hat eine Veranlagung zur Sünde; diese taucht in seinem kindlichen Leben schon früh und plötzlich auf und dauert an. Doch Pestalozzis Überzeugung ist in diesem Punkt schwankend. Zuweilen neigt er der Rousseauschen Auffassung zu, dass der Mensch ursprünglich von Natur aus gut sei und dass es darum gehe, diesen ursprünglichen Zustand menschlicher Güte wiederherzustellen.

Auf den Naturzustand des Menschen lässt Pestalozzi den gesellschaftlichen und den sittlichen Zustand folgen. Bei Rousseau sind es zwei Phasen des gesellschaftlichen Zustands. Die erste entspricht der zweiten Phase des Naturzustands bei Pestalozzi – des Kriegs aller gegen alle. Kriege und Naturkatastrophen führen zu einem engeren gesellschaftlichen Zusammenschluss mit Arbeitsteilung und Privateigentum. Folge dieser Kennzeichen des moralischen Verfalls ist die zunehmende materielle Abhängigkeit der Menschen voneinander sowie die soziale Ungleichheit. Selbst für die Reichen und Starken enthält dieser frühe gesellschaftliche Zustand ein Moment der Unsicherheit. Um diese auszuschalten, schliessen sie einen „Gesellschaftsvertrag". Dieses Stichwort kennzeichnet bei Rousseau den Übergang von der ersten zur zweiten Phase der Vergesellschaftung und bei Pestalozzi den Wechsel vom verdorbenen Naturzustand zum „*gesellschaftlichen Zustand*".

Als „*Werk der Gesellschaft*" (Pestalozzi) bleibt der Mensch unselbständig. Er lässt sich leiten und verleiten vom Kollektiv und den Exponenten der Gesellschaft. Der im gesellschaftlichen Zustand erreichte „Friede" ist nur die Fortsetzung des Kriegs aller gegen alle mit gesetzlichen Mitteln. Die Ungleichheit und Unfreiheit bezüglich Macht und Besitz werden nicht etwa beseitigt, sondern gesetzlich legitimiert und durch die Einschaltung einer Staatsmacht geschützt. Wissen und Kultur können sich zwar entwickeln, aber die äussere Ruhe und Ordnung werden durch die gesellschaftliche Verstümmelung der ursprünglichen Naturkräfte des Menschen erkauft.

Einschub: Rousseaus politische und pädagogische Antwort auf die gesellschaftliche Entartung – Vergleich mit Pestalozzi

An diesem Punkt angelangt – nach Einschätzung der beiden Denker ist es die Gegenwart ihrer Zeit – stellt sich die Frage, wie dieser kritisierte Zustand überwunden werden kann. Rousseau und Pestalozzi geben darauf je eine politische und eine pädagogische Antwort. In seinem „Contrat social" schlägt Rousseau, der Bürger der Stadtrepublik Genf, vor, den geltenden gesellschaftlichen Vertrag durch einen idealen Gesellschaftsvertrag abzulösen. Die höhere Gerechtigkeit dieses Vertrags soll durch Wiederherstellung der ursprünglichen Gleichheit und Freiheit der Menschen und die gleichzeitige Garantie des Eigentums erreicht werden, indem jedes Gesellschaftsmitglied aufgrund der Volkssouveränität (!) seinen persönlichen Willen in den gemeinsamen Willen („volonté commune" oder „générale") einbringen kann. Die Identität von persönlicher und bürgerlicher Freiheit erlaubt es, dass sich der

Einzelne mit dem Staat und seiner unumschränkten Macht über ihn voll identifizieren kann. In Rousseaus politischem Lösungsvorschlag wird die Sittlichkeit des Individuums durch eine idealere Verfassung, also gesellschaftlich, befördert.

Rousseau musste zur Einsicht gelangen, dass an eine Realisierung seiner politischen Ideen im absolutistischen Frankreich schwerlich zu denken war. Im Sinne einer erzieherischen Lösung des von ihm exponierten Kulturproblems verfasste er den Roman „Emile". Emil entgeht dem verderbenden Einfluss der Kultur, weil er von ihr abgeschirmt in ländlicher Abgeschiedenheit aufwachsen kann, einzig in Begleitung eines für ihn verantwortlichen Erziehers, dem Rousseau (1978b, 73) die Erziehungsmaxime erteilt: „Tut das Gegenteil vom Üblichen und ihr werdet fast immer das Richtige tun." Dies bedeutet, dass die Erziehung während der Kindheit eine „Nicht-Erziehung", eine *„éducation négative"* sein soll:

> Die erste Erziehung muss ... rein negativ sein. Sie darf das Kind nicht in der Tugend und in der Wahrheit unterweisen, sondern sie muss das Herz vor Laster und den Verstand vor Irrtümern bewahren. Wenn es euch gelingt, nichts zu tun und zu verhindern, dass etwas getan werde, den Zögling gesund und stark bis ins zwölfte Lebensjahr zu bringen, selbst wenn er links und rechts nicht unterscheiden kann, so würde sich nun sein Geist von der ersten Lektion an der Vernunft öffnen. Nichts würde den Erfolg euer Bemühungen verhindern, da er ohne Vorurteile und Gewohnheiten ist. Bald wäre er unter euern Händen der weiseste Mensch. Ihr habt mit Nichtstun begonnen und endet mit einem Erziehungswunder. (Ebd., S. 73-74)

„Das Ziel der Erziehung" hat sich in Übereinstimmung mit dem „Ziel der Natur" zu setzen. Rousseau unterscheidet drei Arten einer *„natürlichen Erziehung"*: (a) Erziehung der Natur als der inneren Entwicklung der Organe und Fähigkeiten des Menschen (selbständige Entfaltung von Kräften, Wachstum), (b) Erziehung durch die Menschen, welche uns den rechten Gebrauch von unseren Organen und Fähigkeiten zu machen lehren (Unterricht) und (c) Erziehung durch die Dinge aufgrund unseres Umgangs mit Dingen der Aussenwelt (selbsttätiger Erwerb von Erfahrung). Die *„moralische Erziehung"* (Erkenntnis der Gerechtigkeit, des moralisch Schönen und von ewigen Wahrheiten sowie die Übernahme sozialer Verpflichtungen) verlegt Rousseau in die Phase der Jugend (ab 15. Lebensjahr).

Pestalozzis politische Folgerung aus Rousseaus Gesellschaftskritik hat sich im Verlaufe seines Lebens unter dem Eindruck der epochalen Veränderungen – Ancien régime, Französische Revolution, Helvetik, Zeitalter Napoleons, dessen Ende – mehrfach gewandelt. Diesen Wandel nachzuzeichnen, müssen wir uns an dieser Stelle aus Platzgründen versagen. Wir wenden uns statt dessen Pestalozzis drittem anthropologischen Zustand zu, um seine Entwicklungsgeschichte und ihren Vergleich mit Rousseau zu einem Abschluss zu bringen und danach seine pädagogische Lösung darzulegen.

Der Mensch im „sittlichen Zustand", als „Werk seiner selbst"

Pestalozzi teilt Rousseaus Überzeugung nicht, wonach eine ideale Verfassung Garantie dafür böte, dass sich auch die Sittlichkeit gesamthaft und die des Einzelnen heben würde. In seiner Sicht bleibt der Staat mit seinen rechtlichen Institutionen ein Instrument der Macht. Er dient mehr äussern Zwecken, wie der Aussenpolitik, der Ordnungsgewalt im Innern oder der materiellen Wohlfahrt. Die Erneuerung des sittlichen Lebens erhofft sich Pestalozzi von der individuellen Existenz, vom sittlichen Willen seiner unverwechselbaren individuellen Persönlichkeit. „Allein von dieser radikal unabhängigen und durch tierische Natur und gesellschaftlichen Zustand in keiner Weise determinierten Sphäre aus ist eine Durchdringung des Staates mit Sittlichkeit möglich." (Hager 1975, 30) Unverkennbar ist an dieser Stelle der Anschluss an Kants Ethik der sittlichen Autonomie, die den *anthropologischen Dualismus* von Geist und Natur zur Voraussetzung hat. Im sittlichen Zustand ist der Mensch fähig, sich frei von seinen natürlichen Instinkten und Trieben und unabhängig von gesellschaftlichen Konventionen an seinem persönlichen Gewissen zu orientieren und selbständig Stellung zu nehmen.

4.4 Zur Wirkungsgeschichte Pestalozzis

An den Namen „Pestalozzi" knüpfen sich (bis heute) gemeinhin zwei Assoziationen: Die eine bezieht sich auf seine Person und identifiziert sie mit einem Pädagogen von selbstloser, naiver Güte und weltfremder, idealistischer Zuneigung zu Kindern; die andere nimmt Bezug auf die schlanke, griffige *Formel „Kopf-Herz-Hand"*, die für Ganzheitlichkeit im allgemeinen und speziell für Kindorientierung in der Pädagogik steht. Dass diese Assoziationen wenig mit der historischen Gestalt des Zürcher Pädagogen und ebensowenig mit seiner in einem bestimmten wissenschaftsgeschichtlichen Kontext entstandenen Theorie zu tun haben, kann man anhand von biographischen Zeugnissen und Pestalozzis Schriften rasch feststellen (vgl. auch Herbarts Bericht von einem Schulbesuch bei Pestalozzi in Kap. 6). Schwieriger ist es, den Weg von der historischen Wirklichkeit bis zu ihrer heutigen Karikatur nachzuvollziehen. Als Stationen der *Mythologisierung der Person Pestalozzis* wären zu beachten: Der rasch schwindende Einfluss seiner kaum realisierbaren und vielfach kritisierten Methoden im ersten Viertel des 19. Jahrhunderts; der Erfolg des liberalen Umbruchs in der Schweiz und der pragmatischen Schulpädagogiken im zweiten Jahrhundertviertel, die den Pestalozzianismus weiter zurückdrängten; Diesterwegs popularisierender Rückgriff auf die Person und methodischen Prinzipien Pestalozzis bei Anlass seines 100. Geburtstags (irrtümlich schon 1845 gefeiert, richtigerweise nochmals 1846); die Pestalozzi-Rezeption unter dem Einfluss des Neukantianismus und des Patriotismus im ausgehenden 19. Jahrhundert und schliesslich die Rückbesinnung auf die soziale Schichten, Konfessionen und Landesteile integrierende Gestalt des „Schweizers" Pestalozzi in der Zeit zwischen 1927 und 1946, als die Stichdaten für Gedächtnisfeiern und für die Zeit der sozialen Unrast, der Wirtschaftskrise, der äusseren Bedrohung und der geistigen Landesverteidigung. Obschon sich die politische, bildungspolitische und wissenschaftsgeschichtliche Lage gegenüber früher grundlegend verändert hat, findet der Pestalozzi-Mythos bis heute seine Anhänger. So tradiert beispielsweise Michel Soëtard in seiner umfangreichen, 1987 publizierten „Bildbiographie" schon im Titel die jeder historischen Forschung widersprechende Legende, Pestalozzi sei der „Schöpfer der modernen Volksschule" gewesen.

Ohne jeden Anspruch auf getreue Wiedergabe der tatsächlich verschlungenen Entstehung und Fortbildung von Pestalozzis pädagogischen Ideen, die nie zu einem eindeutigen System und Abschluss gelangt sind, entwickle ich einige seiner Gedanken in einer willkürlichen Raffung, die zu nicht mehr als einem ersten überblicksmässigen Einstieg verhelfen kann.

4.5 Pestalozzi als Pädagoge

„Elementarmethode" als Kern von Pestalozzis pädagogischem Denken

Die Ausgangsfrage lautet, wie die Erziehung geartet sein muss, damit sie zur Überwindung der von Rousseau behaupteten gesellschaftlichen Übel beitragen kann. In einen einzigen Begriff zusammengefasst heisst die Antwort Pestalozzis: *Prinzip der „Naturgemässheit"*. Im Anschluss an Rousseaus drei Erziehungsarten erfordert das Prinzip der Naturgemässheit (a) die Ausrichtung der Erziehung auf Gesetze, nach denen sich die Anlagen entfalten und die *„Kräfte"* (Elemente) wachsen können, (b) die Rücksicht der Erziehung auf die *„Individuallage"* des Zöglings und (c) das selbständige Lernen aus Erfahrung nach dem *Prinzip der „Anschauung"*.

Bevor wir uns den einzelnen Deutungen von Naturgemässheit zuwenden, machen wir auf einen grundlegenden Zusammenhang aufmerksam. Wenn wir heute von „Methode" und „Unterrichtsmethoden" oder von methodischen Prinzipien des „Elementaren", des „Individualisierens" und der „Veranschaulichung" sprechen, verstehen wir darunter etwas Instrumentelles, Technisches, Variierbares; im heutigen Verständnis von Didaktik gibt es eine Vielfalt relativ willkürlich einsetzbarer Methoden und didaktischer Prinzipien. Im historischen Verständnis von Pestalozzi gibt es nur *eine einzige* und *richtige* Methode. Ihr eignet nichts Willkürliches an, denn sie richtet sich nach den unwandelbaren, ewigen Gesetzen der Natur. Natur aber ist in der Aufklärung ein Ersatz für Gott. Wer von und zur Natur spricht, spricht von und zu Gott, von seiner göttlichen Ordnung. Pestalozzis „Elementarbildung" – er bezeichnet sie auch als „Elementarmethode" oder schlicht als „Methode" – ist also gleichzeitig psychologisch *und* göttlich, empirisch *und* metaphysisch zu begreifen. Die Entdeckung der Elementarmethode bedeutet für Pestalozzi die Enträtselung der göttlichen Ordnung. Die Verbreitung seiner Methode ist für ihn nur eine Frage der Zeit. Mit beschwörenden Worten und grossem Sendungsbewusstsein verfolgt Pestalozzi dieses Ziel, denn: „Es rettet Europa nichts als die Anerkennung der reinen Elemente, von denen die physische, intellektuelle und sittliche Bildung meines Geschlechts ausgehen muss." (Pestalozzi, zit. nach Delekat 1968, 269)

Die Idee der Elementarbildung: harmonische Ausbildung der Kräfte

> Die Idee der Elementarbildung ... ist nichts anderes als die Idee der Naturgemässheit in der Entfaltung und Ausbildung der Anlagen und Kräfte des Menschengeschlechts. Ihr Gang ruht auf ewigen, unabänderlichen Gesetzen, die im Wesen jeder einzelnen menschlichen Kraft selbst liegen und in jeder derselben mit einem unauslöschlichen Trieb zu ihrer Entfaltung verbunden sind. Sie braucht zur Belebung ihres Wesens an sich keine Handbietung der Kunst. Sie geniesst im Innern eines jeden Menschen, der sie sucht, göttliche Handbietung. (Pestalozzi, zit. nach Delekat 1968, 246)

Es ist nur konsequent, wenn Pestalozzi seine Elementarbücher, Lehrmittel mit Übungen zum Training der „Elemente", nicht mit didaktischen Kommentaren versieht, sondern ganz auf die Wirkung dieser mechanisch vollzogenen Übungen vertraut und auch den Wert von Lehrerbildung und ausgebildeten Lehrern sowie die Bedeutung der Klassengrösse, die einhundert Schüler erreichen kann, gering bemisst.

Was aber sind diese „reinen Elemente"? Die Suche nach ihnen ist Pestalozzi deshalb so schwer gefallen, weil er sie weder in der Natur noch in den Kulturschöpfungen seiner Zeit unmittelbar vorfand. Er verband mit ihnen die Vorstellung von „Apriori der Bildung", ähnlich den Kantischen Apriori des Erkennens. Es handelt sich um eine Art Urelemente des Menschseins, von Denken, Fühlen und Tun, die die Voraussetzung von jedem Wissenserwerb, von Urteilen und von körperlicher Bewegung bilden. Elementarbildung verstand Pestalozzi als Menschenbildung und diese als die dem Menschen gemässe und mögliche Anschauung der Natur bzw. Gottes.

Noch in der „Abendstunde" (1780) und in der Erziehung seines eigenen Sohnes vertraut Pestalozzi ganz der Rousseauschen Konzeption, die Kinder in den Wald und auf die Wiesen zu führen und sie im übrigen der Anschauung der Dinge zu überlassen. Die Niederschrift der „Nachforschungen" (1797) zeigt in der Frage des Wachsenlassens einen Bruch mit Rousseau: Die Kinder benötigen zum Aufbau elementarer Anschauungen unterrichtlicher Anleitung, denn die äussere Natur würde im kindlichen Geist nur einen „Wirrwarr" von Anschauungen bewirken, da sie sich ihm nicht seiner „Fassungskraft" und den Bedürfnissen des ersten Unterrichts entsprechend präsentiert.

In „Wie Gertrud ihre Kinder lehrt" (1801) bringt Pestalozzi seine Elementarmethode ausführlich zur Darstellung. Er unterscheidet drei elementare Bildungsmittel, die allen Anschauungen zugrunde liegen: Die Erkenntnis von *Zahl, Form* und *Wort (Schall)*. Jede Anschauung strukturieren wir zunächst nach der Zahl der Gegenstände, nach ihrem Aussehen und nach ihrer sprachlichen Bezeichnung. Aus diesen drei Elementen ergibt sich der Fächerkanon unseres Wissens: Der Schall ist das gemeinsame Element der Tonlehre (Bildung der Sprachorgane), der Wortlehre (Vermittlung von Bezeichnungen) und der Sprachlehre (Ausbildung des klaren Ausdrucks). Die Tonlehre gliedert sich ihrerseits in die Lehre von den Sprachtönen und Gesangtönen. Das Elementarmittel der Form umfasst die Messkunst, die Zeichenkunst und die Schreibkunst. Das Element Zahl steht für die Rechenkunst. Pestalozzi und seine Mitarbeiter bemühten sich unentwegt, die Elementarmethode auch auf andere Fächer auszudehnen: auf die Musik, auf Fremdsprachen, auf Handarbeiten, auf Gymnastik. Zur elementarischen Bildung verfassten Pestalozzi und seine Mitarbeiter zahlreiche Lehrmittel, denen sie Namen wie „ABC der Anschauung", der Töne, der mathematischen Anschauung etc. oder „Buchstabierbuch" gaben. Im Klassenunterricht liess Pestalozzi die Übungen gemeinsam, „ganz mechanisch", im „Takt" und laut sprechen. Bei fehlender Disziplin artete dies natürlich in gedankenlose Schreierei aus, was den ersten Kritikern der Methode Argumente lieferte. Auch wollte nicht einleuchten, wie durch diese Methode die sittliche Erziehung gefördert werden kann.

In einem Neuansatz übernahm (!) Pestalozzi aus der laufenden Diskussion (vgl. Osterwalder 1992) die Formel „Kopf-Herz-Hand" und rückte damit seine Trilogie „Form-Zahl-Schall" in den Hintergrund. Diese Trilogie der Elemente vermochte nämlich weder die Einheitlichkeit des Menschen zu erklären noch die ontogenetische Einheitlichkeit aller Anschauungen, nämlich die Einheitlichkeit der Erfahrung, abzusichern. Die neue Formel geht auf ein Bibelwort des Paulus zurück, das den Menschen vor der Wiederkunft Christi als Ensemble von Geist, Seele und Leib charakterisiert: „Der Gott des Friedens selbst aber heilige euch durch und durch, und unversehrt möge euer Geist und Seele und Leib in untadeliger Weise bei der Wiederkunft unsres Herrn Jesus Christus bewahrt werden" (1. Thessalonicherbrief 5,23). Der Rückgriff auf diesen theologischen Term löste keineswegs das Problem, wie der Mensch als Einheit zu begreifen ist und wie diese Einheit unter den Bedingungen zunehmender und disparater Erfahrungen bewahrt werden kann (d. h. das Problem der menschlichen Subjektivität und Totalität), denn er steht ja gerade für gegensätzliche Wesensteile des Menschen. Pestalozzis „Lösung", die sich im pädagogischen Diskurs bis heute hat halten können, ist nicht argumentativ, sondern rhetorisch. Die schlanke Formel „Kopf-Herz-Hand" ist einprägsam, lässt sich wie ein Hut über alles stülpen und erscheint „selbst-verständlich": Sie bedarf scheinbar keiner weiteren Erklärung. Wer sie verwendet, ordnet sich dem pädagogischen Fachdiskurs zu und stellt damit seine Kompetenz unter Beweis. Unzweifelbar profitiert die dreiheitliche Formel sublim von der Autorität, die von der theologischen Trinitätslehre ausstrahlt.

Fragt man mit Osterwalder (1992) hartnäckig weiter, ob dem Slogan „Kopf-Herz-Hand" nicht doch eine analysierbare Bedeutung eignet, ergibt sich eine Übersetzbarkeit von den menschlichen Körperorganen in die psychischen Vollzüge des Denkens, Fühlens und Tuns, weiter in die psychischen Anlagen des Verstandes, des Gefühls und der Fertigkeit bzw. der geistigen, der emotionalen und der körperlichen Fähigkeiten und schliesslich in die ihnen entsprechenden erzieherischen Bemühungen der intellektuellen, der sittlichen und der physischen Elementarbildung, sei sie nun als Mittel oder als Ziel verstanden. Was ist nun damit theoretisch gewonnen? Die Antwort darauf, dass es keine weiteren Grundkräfte wie Intuition und Phantasie gibt? Oder dass es nicht doch weniger sind, beispielsweise nur Monaden wie bei Leibniz oder Vorstellungen wie bei Herbart oder Kognitionen wie bei Piaget? Und wie ist das Verhältnis dieser Grundkräfte zueinander?

Den letzten Mangel an präziser Ausführung hat Pestalozzi selbst schon erkannt. Zeitweise kommt er zu der Lösung, dass er die Herzensbildung über Kopf und Hand stellt oder dass er eine vierte Kraft, die *„einigende Gemeinkraft der Liebe"* postuliert oder dass er die drei Kräfte nebeneinander belässt und als erzieherisches Gebot eine *harmonische Ausbildung der Kräfte* verlangt.

Die Rücksicht auf die Individuallage

Im Zusammenhang mit der Bekämpfung der Armut kommt Pestalozzi 1775 zum Schluss, dass es falsch sei, die Armen zeitweise in karitative Armenanstalten zu verwahren. Statt dessen lautet seine leicht missverständliche Devise: „Der Arme muss zur Armut auferzogen werden" (R IV, 40). Damit verband er nicht etwa die zynische Absicht, die Armut zu erhalten. Vielmehr ging es in einer realistischen Einschätzung der Lage armer Kinder darum, „dass die Fertigkeiten bei ihnen ausgebildet werden, die an dem Orte ihres künftigen Lebens die wahrscheinlichste, sicherste Quelle ihres Unterhalts sein werden" (ebd., S. 41). Diese Einsicht nimmt den später geprägten Begriff der *„Individuallage"* vorweg.

Der Begriff der „Individuallage" bringt zum Ausdruck, dass die Erziehung und jede Schulbildung die realen Verhältnisse, in die ein Kind hineingeboren wird, in denen es aufwächst und sein Leben verbringen wird, berücksichtigen müssen. Die nächsten Verhältnisse, in denen der Mensch zunächst aufwächst, sind die häuslichen. Sie haben für die Entwicklung des Kindes Modellcharakter. Später wächst es in die weiteren Kreise des Lebens hinein (Dorf, Beruf, Gesellschaft). Diese von der Natur bestimmte Entwicklung wird in einer „naturgemässen Erziehung" dann berücksichtigt, wenn sie dem Prinzip der Nähe und der sich ausweitenden konzentrischen Kreise folgt.

„Individualbildung" heisst für Pestalozzi also nicht, dass das Kind bloss individuell – zum Zweck von Selbstverwirklichung – gefördert werden soll, damit es seine Anlagen solipsistisch (ichbezogen) entfalten kann. Bildung soll den Menschen zu der von der Natur bestimmten Lage erziehen, in der er für seine Mitmenschen Verantwortung übernehmen wird. Diese Lage ist je individuell. Das ist auf dem theoretischen Hintergrund der von Gottfried Wilhelm Leibniz (1646-1716) begründeten Monadenlehre zu sehen, nach der jede „Einheit" nach Lage und Bewusstseinsstufe je für sich allein, einzigartig und in einem individuellen Verhältnis zur Urmonade Gott sowie zur Lage der anderen Monade steht.

Das Prinzip der Anschauung

Während sich die Lehre von den drei Elementen auf die Gegenstände der Anschauung, also das Materiale der Erkenntnis bezieht, will das Anschauungsprinzip erklären, wie Anschauungen erworben werden. Das Prinzip der Anschauung ist das formale Herzstück von Pestalozzis Elementarbildung. Er erläutert sie in den Briefen vier, fünf und sechs von „Wie Gertrud ihre Kinder lehrt". Pestalozzi wendet sich scharf gegen die Wortschule seiner Zeit, die die Kinder mit Auswendiglernen knechtet, statt ihren Geist zu beleben. Seine Methode ist insofern naturgemäss, als sie der Natur des Menschen, das heisst seiner sinnlich-geistigen Verfassung entspricht. „Der Mechanismus der Menschennatur ist in seinem Wesen den nämlichen Gesetzen unterworfen, durch welche die physische Natur allgemein ihre Kräfte entfaltet." (R VI, 238). Wenn Übereinstimmung zwischen Natur und Kultur erlangt werden soll, muss man „dahin gelangen können, die mechanische Form allen Unterrichts den ewigen Gesetzen zu unterwerfen, nach welchen der menschliche Geist sich von sinnlichen Anschauungen zu deutlichen Begriffen erhebt" (ebd., S. 235). Pestalozzis „allgemeine psychologische Unterrichtsmethode" will

> das, was die Natur zerstreut, in grosser Entfernung und in verwirrenden Verhältnissen uns vorlegt, in einen engern Kreis und in regelmässigen Reihenfolgen zusammenstellt und unsern fünf Sinnen nach Verhältnissen näher bringt, welche unser Erinnerungsvermögen erleichtern und unsere Sinne selbst dahin erheben, uns die Gegenstände der Welt täglich zahlreicher, dauerhafter und richtiger vorzustellen. (R VI, 237-238)

Nach diesen grundsätzlichen Feststellungen führt der Verfasser von „Wie Gertrud ihre Kinder lehrt" eine Reihe von Lerngesetzen auf, von denen die vier ersten hier gerafft wiedergegeben werden:

1. Anschauungen ordnen, das Einfache vollenden, erst dann zum Verwikkelten fortschreiten
2. Sich die Dinge im Geist in ebendem Zusammenhang vorstellen, den die Natur darbietet
3. Verstärkung und Verdeutlichung der Eindrücke durch vielfältige sinnliche Veranschaulichung
4. Kausal- und Mittel-Zweck-Zusammenhänge beachten

Pestalozzis „Naturgesetze" des Lernens wie auch andere seiner pädagogischen Ideen waren zu ihrer Zeit keineswegs neu oder durch ihn präziser formuliert und sorgfältiger begründet worden. Als aber die Hochstilisierung seiner Person zur pädagogischen Leitfigur einmal in Gang gekommen war, war es ein leichtes, auf sein Werk zurückzugreifen, um die eigene Position unter Berufung auf ihn und irgendeine Textstelle zu legitimieren. Das Bedürfnis und die Strategie, den eigenen Standpunkt durch historischen Rückgriff auf Pestalozzi mit Autorität auszustatten und damit zu stärken, ist verbreitet und bis heute zu beobachten.

Hinweise zur Vertiefung

Bildnis und Biographie von Pestalozzi: Aus: Peter Stadler: Heinrich Pestalozzi, in: Grosse Schweizer und Schweizerinnen. Erbe als Auftrag. Hundert Porträts. Hrsg. E. Jaeckle u. E. Stäuble. Stäfa 1990, 221-232.

Bildmaterial zu Rousseau und Pestalozzi: Holmsten 1972, Liedtke 1968, Soëtard 1987 und 1989.

Texte und Textauswahl zu Pestalozzi: Brühlmeier-Ausgabe 1977 und 1979, Buol 1976, Klafki 1992, Rotapfel-Ausgabe (antiquarisch erhältlich).

Glossar

Anthropologie: (aus griech. *anthropos* „Mensch", und *logos* „Lehre"), die Wissenschaft vom Menschen; s. a. Glossar zu Kapitel 1.

Deismus: (aus lat. *deus* „Gott"), religiöser Glaube an Gott als Urgrund der Welt; Gott ist zwar Schöpfer der Welt, greift aber danach nicht mehr in die Welt ein, weder durch Wunder noch durch die Sendung seines Sohnes.

Dualismus: (aus lat. *duo* „zwei"), Lehre vom Nebeneinanderbestehen zweier, nicht aufeinander rückführbarer Zustände, Prinzipien oder Denkweisen; Geist und Materie (metaphysisch), Gott und Teufel (religiös), Gutes und Böses (ethisch), Sinneserkenntnis und Verstand (erkenntnistheoretisch), res cogitans (Denken) und res extensa (Ausdehnung) (nach Descartes, anthropologisch).

Metaphysik: (vom griech. *meta ta physika* „nach" bzw. „hinter dem Physischen"), Titel der Schriften des Aristoteles, die sich mit dem hinter den konkreten, sichtbaren Naturdingen befindlichen Sein befassen. Wissenschaft vom Seienden, das alle Erscheinungen in ihrem inneren Zusammenhang erklären will. Teilgebiete sind die Lehre vom Sein (Ontologie), vom Wesen der Welt (Kosmologie), vom Menschen (philosophische Anthropologie, Existenzphilosophie) und vom Wesen Gottes (Theologie).

Monade, Monadenlehre: (vom griech. *monas* „Einheit"), eine von Leibniz begründete Metaphysik, die alle Erscheinungen auf „Monaden" zurückführt. Monaden sind einfache, körperliche, geistige, mehr oder weniger bewusste Substanzen, welche Vorstellungen produzieren. Gott ist die Urmonade, alle andern Monaden sind ihre Ausstrahlungen. Monaden sind in innerer Entwicklung befindlich, selbsttätig und unveränderlich („fensterlos"). Zueinander stehen sie in einer „prästabilierten Harmonie".

Monismus: (vom griech. *monas* „Einheit"), Einheitslehre, wonach die Wirklichkeit einheitlich und von einer Grundbeschaffenheit sei. Monismus der Gottsubstanz (Pantheismus), Monismus der Materie (Materialismus), Monismus des Geistes (Idealismus, Spiritualismus) etc.

Neukantianismus: Bezeichnung für viele und vielartige auf den Namen Kants bzw. seines Idealismus lautende philosophische Strömungen des 19. Jahrhunderts (seit 1860); entstanden aus der Kritik an der spekulativen Metaphysik und an der ungenügenden Begründung der Einzelwissenschaften.

Phänomenologie: (aus griech. *phainomenon* das „Erscheinende", und *logos* „Lehre"), Lehre von den Erscheinungen. Bei E. Husserl ist es die Lehre von der Wesensschau, vom wesensschauenden Bewusstsein; Realität ist nach ihm bewusst erlebte Erscheinung.

Sensualismus: (vom lat. *sensus* „Gefühl", „Empfindung", „Sinn"), erkenntnistheoretische bzw. psychologische Richtung, die alle Erkenntnis aus Sinneswahrnehmungen ableitet bzw. alle Erscheinungen des Seelenlebens als mehr oder weniger zusammengesetzte Komplexe von Empfindungen auffasst, die entweder auf innere oder äussere Reize zurückgehen. Vertreter sind im 18. Jahrhundert u. a. Locke, Condillac und Hume.

Solipsismus: (vom lat., neulat. *solus* „allein", „alleinstehend", „einsam"), erkenntnistheoretischer Standpunkt, der nur das eigene Ich mit seinen Bewusstseinsinhalten als das einzig Wirkliche gelten lässt und alle anderen Ichs mit der ganzen Aussenwelt nur als dessen Vorstellungen annimmt.

Literatur

Bollnow, O. F.: Die anthropologische Betrachtung in der Pädagogik. Essen 1975³.

-: Anthropologische Pädagogik. Bern 1983³.

Buol, C.: Heinrich Pestalozzi. Ausgewählte Texte für Lehrerbildung, Erziehungspraxis und Sozialarbeit. Basel 1976.

Delekat, F.: Johann Heinrich Pestalozzi. Mensch, Philosoph, Politiker, Erzieher. Heidelberg 1968³.

Fuchs, M.: Das Bild vom Kind in den Hauptwerken Johann Heinrich Pestalozzis. Diplomarbeit Universität Bern, Abt. Allgemeine Pädagogik. Lyss 1991.

Hager, F.-P.: Pestalozzi und Rousseau. Pestalozzi als Vollender und als Gegner Rousseaus. Bern 1975.

Holmsten, G.: Jean-Jacques Rousseau in Selbstzeugnissen und Bilddokumenten. Reinbek bei Hamburg 1972.

Klafki, W.: Pestalozzi über seine Anstalt in Stans. Weinheim 1992⁶.

Landmann, M.: Der Mensch als Schöpfer und Geschöpf der Kultur. Geschichts- und Sozialanthropologie. München 1961.

Langeveld, M. J.: Studien zur Anthropologie des Kindes. Tübingen 1956.

Lattmann, U. P.: Werden und Lernen des Menschen. Lebenssinn und Lebensgestaltung in anthropologisch-pädagogischer Sicht. Bern 1986.

Liedtke, M.: Pestalozzi. In Selbstzeugnissen und Bilddokumenten. Reinbek bei Hamburg 1968.

Malson, L.: Die wilden Kinder. Frankfurt a. M. 1974².

Moravia, S.: Beobachtende Vernunft. Philosophie und Anthropologie in der Aufklärung. Frankfurt a. M. 1989.

Mühlmann, W. E.: Geschichte der Anthropologie. Bonn 1948, Frankfurt a. M. 1968².

Oelkers, J.: Diesterweg und Pestalozzi: Rezeptionsgeschichtliche Bemerkungen zu einem schwierigen Verhältnis. In: Fichtner, B.; Menck, P. (Hrsg.): Pädagogik der modernen Schule. Weinheim 1992, S. 259-282.

Osterwalder, F.: „Kopf Herz Hand" – Slogan oder Argument? In: Pädagogisches Argumentieren. Weinheim 1992, S. 191-219.

-: Pestalozzi – Wirkungsgeschichte im 19. Jahrhundert. Habilitationsschrift Universität Bern. Bern (Manuskript 1993).

Pestalozzi, H.: Werke in acht Bänden. Gedenkausgabe zu seinem zweihundertsten Geburtstage. Hrsg. von P. Baumgartner. Zürich 1945ff. (Rotapfel-Ausgabe, zit. als R I-VIII)

Pestalozzi, J. H.: Auswahl aus seinen Schriften. Hrsg. u. komm. von A. Brühlmeier. Bern Bd. 1: 1977, Bd. 2 u. 3: 1979. (= UTB; 647, 755, 756)

Roth, H.: Pädagogische Anthropologie. Bd. I: Bildsamkeit und Bestimmung, Bd. II: Entwicklung und Erziehung. Grundlagen einer Entwicklungspädagogik. Berlin 1971³, 1971.

Rousseau, J.-J.: Preisschriften und Erziehungsplan. Hrsg. von H. Röhrs. Bad Heilbrunn 1976².

-: Die Bekenntnisse; Die Träumereien des einsamen Spaziergängers. München 1978a.

-: Emil oder Über die Erziehung. Paderborn 1978b⁴. (Erstaufl. 1762)

Soëtard, M.: Johann Heinrich Pestalozzi. Sozialreformer, Erzieher, Schöper der modernen Volksschule. Eine Bildbiographie. Zürich 1987.

-: Jean-Jacques Rousseau. Philosoph, Pädagoge. Zerstörer der alten Ordnung. Eine Bildbiographie. Zürich 1989.

Stadler, P.: Pestalozzi. Geschichtliche Biographie. Bd. 1:Von der alten Ordnung zur Revolution (1746-1797). Zürich 1988.

-: Heinrich Pestalozzi. In: Grosse Schweizer und Schweizerinnen. Erbe als Auftrag. Hundert Porträts. Hrsg. E. Jaeckle u. E. Stäuble. Stäfa 1990, S. 221-232.

-: Pestalozzi. Geschichtliche Biographie. Bd. 2: Von der Umwälzung zur Restauration: Ruhm und Rückschläge (1798-1827). Zürich 1993.

5. Idealisierung – Erziehung und Bildung im Spannungsfeld von Ideal und Wirklichkeit
U. P. Lattmann

Die Ideale der Aufklärung – Freiheit und Befreiung aus (weltlichen und kirchlichen) Abhängigkeitsverhältnissen, Toleranz, Humanität, Gleichheit aller, Bildung für alle – zeigten ihre Früchte für das „breite Volk" vor allem im Kampf gegen Armut und Hunger und in diesem Zusammenhang auch in der Förderung der Volksbildung und in deren Institutionalisierung im Laufe der ersten Hälfte des 19. Jahrhunderts (s. Kap. 7). Zuvor aber trug ein Teil dieser Ideale und Konzepte zu einer Geistesströmung und -haltung bei, die in der Kunst und Bildung in der sogenannten *deutschen Klassik* und in der Philosophie des *Idealismus* ihren Ausdruck fand. Eines der Grundmuster des Geisteslebens dieser Zeitspanne von ca. 1770-1830 war die Idealisierung des Menschen und der menschlichen Möglichkeiten. In diesem Glauben an den Menschen und dessen Vervollkommnungsmöglichkeit fanden grundlegende Ideen und Postulate früherer Epochen, vor allem der Aufklärung, ihre Fortsetzung.

5.1 Bilden und Erziehen im Spannungsfeld von „Geist und Geld"

Der idealisierende Grundzug der Klassik zeigte sich insbesondere im Bildungsdenken: Bilden und Erziehen hiess *Entfaltung aller rationalen und schöpferischen Kräfte* eines Menschen und der Menschheit bis zur voll ausgebildeten, harmonischen Individualität bzw. Menschheit, eingebunden in einer dem Humanitätsideal verpflichteten Gemeinschaft. Das *Humanitätsideal* orientierte sich am antiken (griechisch-römischen) bzw. *neuhumanistischen Ideal* einer auf (innere und äussere) Harmonie und Schönheit ausgerichteten Bildung und Erziehung des Geistes und des Leibes. Diese Zielperspektive verlieh dem Bildungsdenken zur Zeit der Klassik eine *idealisierende Dimension*, die zeitweise bis ins Utopische (im Sinne des Nicht-Verwirklichbaren) gesteigert wurde. Die Idealisierung der Bildung und Erziehung in dieser Zeit zeigte sich auch in der Annahme, das Ziel der Vollkommenheit sei dank der *Bildungs- und Erziehungsfähigkeit* des Menschen realisierbar. Die Steigerung ins Utopische führte auch oft zu einer Verabsolutierung des einen und zur Ausblendung des andern Pols im Spannungsfeld von Ideal und Wirklichkeit, in das Bildung und Erziehung stets eingebunden sind. So wurden Bildungs- und Erziehungsvorstellungen entwickelt, in denen Bilden und Erziehen zum Teil idealisiert und als von der Realität abgehobene Prozesse betrachtet wurden.

Bilden und Erziehen spielen sich aber stets im *Spannungsfeld von Ideal und Wirklichkeit* ab. Diese pädagogische Grundantinomie lässt sich an Beispielen aus jeder Zeitepoche und auf verschiedenen Ebenen aufzeigen. Gerade am Beispiel der Bildungsideale der – deutschen – Klassik können die Pole dieses Spannungsfeldes exemplarisch aufgezeigt werden.

Diesem Bildungsideal entsprechend soll der einzelne Mensch sich durch die Entfaltung aller Kräfte, durch die Bändigung seiner Triebe und Leidenschaften und durch allseitige und lebenslange Bildung (Kunst, Natur, Reisen und Wissenschaft) bei gleichzeitiger Lebenszugewandtheit „emporläutern", verinnerlichen zu einer Idealgestalt. In ihr soll die Idee einer idealisierten, humanen, vollkommenen Menschheit zum Ausdruck kommen. Friedrich Schiller (1759-1805) kleidete diese Bildungsvorstellung in den Vers:

> Keiner sei gleich dem andern, doch gleich sei jeder dem Höchsten!
> Wie das zu machen? Es sei jeder vollendet in sich.

Bildung soll so zu innerer und äusserer Freiheit führen, den einzelnen wie die Menschheit. Dieses idealistische Bildungsstreben, das sich nur dem Ideal des vollkommenen Menschen verpflichtet fühlt, war – wenn überhaupt – auch in der Zeit der Klassik nur einem auserwählten Kreis von Menschen möglich. In der Zeit des Realismus hat Wilhelm Raabe (1831-1910), der „kläräugige Träumer und tiefgütige Kenner des grausamen Lebens" (Alker), dieser idealisierten Bildungsvorstellung den andern Pol des Spannungsfeldes gegenübergestellt. In seinem Roman „Gutmanns Reisen" (1890/91) greift er das Motto „Bildung macht frei" aus der Zeit der Aufklärung und der Klassik auf und schreibt:

> Wenn Bildung frei macht, so will der Deutsche seine Bildung dazu auch so billig als möglich haben. Und Meyer von Hildburghausen ist der erste gewesen, der da sprach: „Recht hat das Vaterland! Frei werde es durch billige Bildung!"

Das weite Feld zwischen den menschlichen Unzulänglichkeiten, Gebrechlichkeiten und Verstrickungen und den idealisierten Möglichkeiten, zwischen Himmel und Erde bzw. Hölle, Tugend und Laster hat schon Jeremias Gotthelf in seinem Roman „Geld und Geist oder die Versöhnung" (1843) ausgeleuchtet. Gerade auch in diesem Werk von Gotthelf – wie auch insbesondere in seinen „pädagogischen" Romanen „Leiden und Freuden eines Schulmeisters" und in den zwei Uli-Romanen – wird deutlich, dass menschliche Lebensgestaltung, die diesen Namen verdient, ohne Ideale nicht denkbar ist, dass die Triebnatur des Menschen „durch den Geist geadelt werden" (Walter Muschg) muss, wenn sie nicht zerstörend wirken soll.

Dieses Spannungsfeld zwischen den menschlichen Bedingtheiten (die conditio humana) und den Idealen wird in der klassischen Literatur und der Pädagogik des Neuhumanismus durchaus thematisiert, allerdings von einem idealistischen Standpunkt aus und in einer idealisierten Perspektive im Sinne des *Glaubens an die diesseitige Vervollkommnung des Menschen bzw. der Menschheit*. Bildung und Erziehung stehen so einerseits im Dienste dieser Vervollkommnung. Andererseits kann die Vorstellung, dass das „Klassische" das Mustergültige, das Vorbildliche, das Ideale, das überzeitlich Gültige sei, zu einem Bildungsverständnis führen, in dem Bildung ausschliesslich um ihrer selbst willen angestrebt wird, ästhetisierter Selbstzweck, ohne ethische Verpflichtung. Wenn Bildung und Erziehung weder einseitig materialistisch und funktionalistisch (etwa nach dem Motto: „Was bekomme ich für so und so viel Bildung?" oder „Wissen ist Macht") noch ästhetisiert und als Selbstzweck verstanden werden soll, muss sie sich im Spannungsfeld zwischen den Polen Ideal und Wirklichkeit bzw. – um die Chiffre von Gotthelf aufzugreifen – zwischen den Polen „Geist und Geld" ansiedeln.

5.2 Zum Bildungsverständnis der Klassik

Aspekte zur Zeit- und Geistesgeschichte

Die Zeit der deutschen Klassik zwischen ungefähr 1770 und 1830 wird oft auch als „*Goethezeit*" bezeichnet. Damit wird hauptsächlich der geistesgeschichtliche Gesichtspunkt der Epoche in den Mittelpunkt gerückt. In politischer und sozialer Hinsicht umspannt der Zeitraum die Jahre der Französischen Revolution und das „Europa Napoleons". Der in der Aufklärungszeit begonnene Aufstieg des Bürgertums setzte sich fort. Gleichzeitig förderten die Parolen der Französischen Revolution das demokratische Denken, das zu einem weiteren Abbau der Standesschranken und – zunächst – politischer Herrschaftsstrukturen führte. Das Deutsche Reich löste sich infolge der Abdankung des Kaisers (1806) auf und nach dem Zusammenbruch Gross-Preussens begannen im „neuen" Preussen wegweisende Reformen – z. T. nach französischem Vorbild – in der Verwaltung, in der Gesellschaftsordnung (u. a. Aufhebung der Erbuntertänigkeit der Bauern, Einführung der Gewerbefreiheit und der städtischen Selbstverwaltung, Judenemanzipation), im Heer (Volksheer, allgemeine Wehrpflicht) und in der Bildung (erste Universität in Berlin im Jahre 1810, freie Forschung und Lehre, Ausbau des höheren Bildungswesens und erste Ansätze zur Elementarbildung). In Wien entstand ein eigentlicher Mittelpunkt des geistigen, vor allem des musikalischen Lebens durch das Wirken von Joseph Haydn (1732-1809), Wolfgang Amadeus Mozart (1756-1791), Ludwig van Beethoven (1770-1827) und Franz Schubert (1797-1828). Von Weimar und Leipzig aus prägten Johann Gottfried Herder (1744-1803), Friedrich Schiller (1759-1805) und Johann Wolfgang Goethe (1749-1832) das literarische Geistesleben und – über dieses – das Bildungsdenken der Zeit.

In politischer und gesellschaftlich-sozialer Hinsicht standen den humanistisch-idealisierenden und teilweise revolutionären Bestrebungen auch unterdrückende und reaktionäre Kräfte gegenüber. Vor allem nach 1815 (Wiener Kongress) versuchte die Restauration (1815-1830) liberale Kräfte zu unterdrücken und das Volk in geistig-politischer Unmündigkeit zu lassen (Reaktion).

Das klassische bzw. neuhumanistische Bildungsideal

Das Bildungsverständnis der Klassik könnte man als fokussiertes Spiegelbild des grundsätzlichen Verständnisses des Lebens, des Menschen und der Kunst dieser Epoche bezeichnen. Albert Reble nennt in seiner „Geschichte der Pädagogik" (1967, 168 f.) als Kern dieses Verständnisses den *Gedanken einer inneren, „allgemein-menschlichen und allseitig harmonischen Bildung"*. Diesen Kerngedanken präzisiert er durch fünf Merkmale (176):

1. Im Gegensatz zur von der Aufklärung bevorzugten Verstandesbildung: Entfaltung aller Kräfte, auch Gemüt und Phantasie,
2. individualisierendes Motiv: Herausformung einer individuellen Gestalt,
3. Ziel ist: innere Harmonie der Kräfte (kein Gleichmass, wohl aber Schönheit der inneren Gestalt),
4. zugleich harmonisches Verhältnis mit der Welt und mit der Gemeinschaft,
5. Vorbild für innere Ausgewogenheit ist die Antike." Jeder sei auf eigene Art ein Grieche, aber er sei's!" (Goethe)

Leitlinie der deutschen Klassik war die *Idee der Humanität*, wie sie nach der damaligen Ansicht zur Zeit der griechischen und römischen Hochklassik ausgebildet wurde. Dies führte auch zur Bezeichnung *Neuhumanismus* dieser Epoche. Neben der Rückwendung auf die athenische Kultur und der geistigen Verbundenheit der Exponenten mit dem Hellenentum wollte der Neuhumanismus aber auch echte kulturelle Neuschöpfungen hervorbringen. Die Merkmale des neuhumanistischen Geistes zeigen, dass er sich weniger als eine Geisteshaltung des Volkes, sondern vielmehr als jene einer kleinen Bildungsschicht verstand. Trotzdem lag dem Bildungsdenken die Vorstellung einer Verbundenheit aller Menschen zugrunde, sozusagen als utopisches Leitbild. Diese Vorstellung war beeinflusst durch den aus der Antike bzw. der philosophischen Schule der Stoa stammenden Glauben von der Wesensgleichheit der menschlichen Vernunft mit der allgemeinen Weltvernunft. Dies führte z. B. in Herders Geschichtsphilosophie zur Vorstellung, dass sich die Menschheit auf ein letztes und einheitliches Ziel der Vollkommenheit hin entwickle. Dabei sah Herder die Höhe der jeweiligen Entwicklungsstufe immer in direkter Abhängigkeit vom Grad der Vervollkommnung des einzelnen. Die universale Entwicklung verläuft parallel mit der individuellen, und je ausgesprochener das Individuum seine inneren Anlagen zur Entfaltung bringt, desto mehr trägt es bei zur Höherentwicklung seines Geschlechtes. Die Menschheitsgeschichte ist die immer vollkommenere Darstellung der Humanität in der Entwicklung der Völker und des Einzelmenschen, und dieser, als Ebenbild Gottes, dazu veranlagt und berufen, im individuellen Dasein das höchste Ziel, die Vollendung, vorauszunehmen. (Woodtli 1959, 59)

In der Perspektive des Ideals einer vollkommenen Harmonie und Humanität von Einzelmensch und Menschheit, das über die „klassische" Bildung zu erstreben ist, wird die *idealisierende Dimension von Bildung und Erziehung* sichtbar. Der Pädagoge Theodor Litt (1880-1962) hat in einer feinsinnigen Studie unter dem Titel „Das Bildungsideal der deutschen Klassik und die moderne Arbeitswelt" (1959) dieses klassische Bildungsverständnis analysiert. Er geht von der Feststellung aus, dass das Verständnis von Bildung, wie es in den Werken der Exponenten der klassisch-idealistischen Humanitätsidee (z. B. Herder, Goethe, Schiller, Wilhelm v. Humboldt) niedergelegt ist, einseitig ist und – vielleicht noch stärker – zu einseitigen Interpretationen (ver)führt. Litt zeigt vor allem auf, dass die „ausschliessliche Zuwendung zum Menschen", unter Ausklammerung der „Sachwelt", der klassischen Bildungsidee ihr charakteristisches Gepräge verleiht. Wenn Bildung aber die realen Bedingungen des Menschseins – d. h. die menschliche Unvollkommenheit, die Bedingungen des sozialen und ökonomischen Umfeldes – ausblendet, wird sie „anthropozentrisch" (auf den – idealen – Menschen zentriert), letztlich wirklichkeitsfremd und elitär. Dabei arbeitet Litt heraus, dass bereits zu Beginn der „Goethezeit" bzw. der Klassik die Vorboten und Wegbahner der kommenden industriellen Gesellschaft – z. B. erfand James Watt 1769 die Dampfmaschine; s. auch Kap. 7 – und damit die bald zu dominieren beginnende „Sachwelt" sichtbar werden. Idealisierung der Bildung hinsichtlich des klassischen Humanitätsideals und die sich anbahnende Leitkraft der von Technik und Industrie geformten Sachwelt sind für Litt die beiden „einander widerstreitenden Strebungen und Bewegungen" dieser Zeitspanne.

Für Litt kann sich die klassisch-idealistische Bildungs- und Humanitätsidee nur dann fruchtbar auswirken, wenn sie der *Widersprüchlich-*

keit des Menschen und des Lebens gerecht wird, wenn sie eingebunden wird in das grosse Spannungsfeld von Ideal und Wirklichkeit:

> Stellen wir der „Harmonie" des mit den Augen der Humanitätsbewegung gesehenen Menschen die „Antinomie" des im Sinne unseres Realismus verstandenen Menschen gegenüber, dann leuchtet es auch ein, weshalb es Bedenken hervorrufen muss, wenn die Grundbegriffe der klassischen Humanitätsbewegung auch heute noch weithin das pädagogische Gespräch beherrschen. Sie müssen, wo immer sie auch nur halbwegs ernst genommen werden, den Blick auf die Antinomik verstellen, die unverkürzt und unbeschönigt gesehen werden muss, wenn die Erziehung auch nur das Grundsätzliche an der ihr gestellten Aufgabe erfassen soll. Wer seine pädagogischen Gedanken noch immer unter den Leitbegriffen „Bildungsgut", „Bildungswert", „Bildungsziel" meint ordnen zu sollen, der beweist dadurch, dass sein Sehnsuchtsblick auch heute noch an dem Kunstwerk der zur Harmonie durchgedrungenen Persönlichkeit haftet und dass er es versäumt hat, sich von den strukturellen Grundmotiven menschlichen Seins Rechenschaft zu geben, die das Durchdringen zu solcher Harmonie selbst demjenigen verwehren, in dem die individuellen Voraussetzungen der Selbstvollendung ungewöhnlich günstig gelagert sind. Es bleibt die Eigenart, ja, es bleibt das Privileg unseres Zeitalters, dass es allenthalben bis zu den Grenzen menschlicher Möglichkeiten vorgestossen ist und so die Unvollendbarkeit alles dessen, was „Mensch" zu heissen verdient, ins grellste Licht rückt. (Litt 1959, 114 f.)

Zum institutionellen Aspekt

Die klassisch-idealistische Bildungsvorstellung hat sich nicht „nur" innerhalb der Philosophie, Kunst und Literatur bzw. in den literarischen Erzeugnissen der Exponenten der Epoche niedergeschlagen. Vor allem im Bereich des *höheren Bildungswesens* (Gymnasium, Universität) waren die (neu)humanistischen Bildungsideale auch wegweisend für die Schulstrukturen und Lehrpläne (vgl. z. B. die Bezeichnungen „humanistisches" bzw. „neuhumanistisches Gymnasium"). Im deutschen Sprachraum wurden das Bildungsdenken und grosse Teile des Bildungswesens grundlegend beeinflusst durch Bildungskonzepte, wie sie von der preussischen Bildungsverwaltung unter der Leitung des Bildungsfachmannes und Sprachforschers Wilhelm von Humboldt (1767-1835) entwickelt, angeregt und teilweise realisiert wurden. Als wegweisende Leitvorstellung galt auch für Humboldt die reine Menschenbildung, unter weitgehender Ausblendung der sozialen Bedingungen und der Arbeits- und Berufswelt.

Die „Pädagogische Provinz"

Eine besondere und über die Jahrhunderte wirkende Ausgestaltung erfuhr die klassisch-idealistische Bildungsvorstellung im *Bildungsroman*, der mit Goethes „Wilhelm Meister" einen literarisch-künstlerischen Höhepunkt erreichte.

Im Bildungsroman entfaltete sich Goethes Ausspruch, „alles, was uns begegnet, lässt Spuren zurück, alles trägt unmerklich zu unserer Bildung bei", zu einem alle Dimensionen der Lebensgeschichte umfassenden Gemälde. Der Bildungsroman steht als literarische Gattung in naher Verwandtschaft zum Entwicklungs- und Erziehungsroman (vgl. Stucki 1950). Stichwortartig könnte man sagen, dass im Erziehungsroman die Durchführung und Darstellung eines pädagogischen Programmes zur Erreichung eines bestimmten Erziehungszieles im Vordergrund steht. Im Entwicklungsroman geht es demgegenüber vorwiegend um die „innere" Charakterbildung des Helden in der Auseinandersetzung mit den Ereignissen des Lebensschicksals. Der Bildungsroman beinhaltet Elemente beider Formen. Im Mittelpunkt steht aber im Bildungsroman der „Einfluss der objektiven Kulturgüter und der personalen Umwelt auf die seelische Reifung und damit die Entfaltung und harmonische Ausbildung der geistigen Anlagen (Charakter, Willen) zur Gesamtpersönlichkeit" (Wilpert 1964, 73). Das Individuum – der Held – erfüllt sozusagen seinen „inneren" Auftrag: „Mich selbst, ganz wie ich bin, auszubilden, das war dunkel von Jugend auf mein Wunsch und meine Absicht", lässt Goethe seinen Wilhelm Meister sagen.

Die *idealistisch-utopische Dimension* des klassischen Bildungsverständnisses wird besonders deutlich in der von Goethe im zweiten Buch in Wilhelm Meisters Wanderjahren geschilderten idealen Erziehungsstätte. In dieser „Pädagogischen Provinz" findet Wilhelm eine Lebens- und Erziehungsgemeinschaft, in der sämtliches Tun und Lassen im Dienste der Erziehung steht. Dieser idealen Erziehungs- und

Bildungsgemeinschaft liegen Maximen wie die folgende zugrunde (Wilhelm Meisters Wanderjahre, erstes Buch, Kap. 12; 1973, 678 f.):

> Allem Leben, allem Tun, aller Kunst muss das Handwerk vorausgehen, welches nur in der Beschränkung erworben wird. Eines recht wissen und ausüben gibt höhere Bildung als Halbheit im Hundertfältigen. Da, wo ich Sie hinweise, hat man alle Tätigkeiten gesondert; geprüft werden die Zöglinge auf jedem Schritt; dabei erkennt man, wo seine Natur eigentlich hinstrebt, ob er sich gleich mit zerstreuten Wünschen bald da bald dort hinwendet. Weise Männer lassen den Knaben unter der Hand dasjenige finden, was ihm gemäss ist, sie verkürzen die Umwege, durch welche der Mensch von seiner Bestimmung, nur allzugefällig, abirren mag.
> ....
> Manchmal sieht unser Schicksal aus wie ein Fruchtbaum im Winter. Wer sollte bei dem traurigen Ansehn desselben wohl denken, dass diese starren Äste, diese zackigen Zweige im nächsten Frühjahr wieder grünen, blühen, sodann Früchte tragen könnten; doch wir hoffen's, wir wissen's.

Einige Jahre bevor Goethes Roman erschien, hatte schon der Schweizer Pädagoge *Philipp Emanuel von Fellenberg* (1771-1844), beeinflusst von Pestalozzis Erziehungsvorstellungen, im Jahre 1801 in Hofwil bei Bern eine Armenanstalt gegründet, die er zu einer Erziehungs- und Schulgemeinschaft ausbaute. Seinen „Erziehungsstaat" bezeichnete er als „Pädagogische Provinz" (Schmid 1952, 127 ff.). In dieser idealistischen Erziehungsgemeinschaft galt als Grundsatz der Erziehungskunst, „dass jeder Moment des Lebens der Zöglinge durch wohlgeordnete Betätigung der verschiedenartigen Kräfte ... solchermassen in Anspruch genommen werde, dass das Üble weder Raum noch Zeit darin finde" (zit. nach Schmid 1952, 128). Goethe liess sich vermutlich von Fellenbergs Konzept für „seine" Pädagogische Provinz im Wilhelm Meister beeinflussen.

Die Auseinandersetzung mit dem Bildungs- und Erziehungsverständnis der Klassik zeigt auch, dass *Bilden und Erziehen grundsätzlich zielorientiert (final)* sind, hier im Sinne von Idealen, Bildungswerten und erzieherischen Zielgehalten. Das Klassische als das – überzeitlich gedachte – „Schöne, Gute und Edle" ist eine mögliche Ausformung dieser Zielorientierung. Solche Zielorientierungen sind immer auch mit einer *Wertung* verbunden. So beinhaltet auch das „Klassische" eine Wertung, d. h.: Das Klassische kann erst zu einem „klassischen Bildungsinhalt" werden durch eine entsprechende Bewertung. In diesem Sinne kann diese Auseinandersetzung auch zeigen, dass „jede Zeit und jedes Bildungsideal sich aus dem Ringen um die eigenen Probleme heraus um seine eigene Klassik bemühen" müsste (Klafki 1964, 447).

5.3 Exkurs: Utopie und Bildung

Der Mensch – das utopische Wesen

Es ist an dieser Stelle verlockend, sich der Frage zu stellen, ob die idealistische und utopische Dimension sozusagen notwendigerweise ein Element von Bildung und Erziehung sei, wesensgemäss zu ihnen gehöre (vgl. Lattmann 1993). Dies vielleicht auch deswegen, weil dem Menschen grundsätzlich auch eine utopische Dimension eigen ist. So schrieb der Philosoph José Ortega y Gasset am Ende seines Buches „Vom Menschen als utopischem Wesen" (1951, 200): So

> erkennen wir in der Philosophie den Grundzug wieder, den sie als menschliche Tätigkeit hat: sie ist Utopie. Alles, was der Mensch unternimmt, ist utopisch, und es hat keinen Sinn, seine volle Verwirklichung zu fordern – wie es auch keinen Sinn hat, wenn man nach Norden wandert, unbedingt den absoluten Norden erreichen zu wollen, der doch gar nicht existiert.

Utopie (v. griechisch „topos", der Ort, der Raum, das Land und „ou", nein oder nicht) heisst ein „Nirgendwo" oder ein „Nirgendland" oder ganz allgemein etwas, das es nirgends gibt. Utopisch bedeutet dem Worte nach „ortlos". Utopie bzw. utopisch kann so auch verstanden werden als Wunschort, Wunschraum, Wunschzeit. Utopien sind immer gedachte Idealitäten. Das Verständnis von Utopie wird im Philosophielexikon von Hügli und Lübcke (1991, 592 f.) u. a. folgendermassen präzisiert:

> 1. Utopie ist die Vision einer Gesellschaft, die im Prinzip verwirklicht werden kann, auch wenn wir nicht die Mittel zu ihrer Verwirklichung kennen oder über sie verfügen. In dieser Form wird der Utopie oft vorgeworfen, unrealistisch und realitätsferne Phantasterei zu sein.
> ...

2. Das utopische Ideal erhält den Charakter einer konkreten Utopie, wenn es auf der Grundlage einer Analyse der bestehenden Gesellschaft und ihrer Tendenzen entwickelt wird, so dass Utopie nicht nur ein neues Ziel anweist, sondern sich auch der Aufgabe unterzieht, die Mittel zur Verwirklichung dieses Ziels zu analysieren.
...
3. Im Gegensatz dazu kann Utopie auch als eine regulative Idee aufgefasst werden, d. h. als ein Prinzip, das lediglich Handlungen regelt, deren Verwirklichung aber nicht im vollen Umfang erwartet wird.

Utopien in der Geschichte der Menschheit

Ein Blick in die Geschichte der Menschheit und des Denkens zeigt, dass der Mensch offensichtlich von jeher die Fähigkeit und Neigung hatte, jenseits der real existierenden Lebensmöglichkeiten Utopien einer *besseren bzw. vollkommenen Gesellschaft* zu entwickeln. Schon am Beginn unserer abendländischen Kultur finden wir eine überwältigende Utopie: Platons Werk „Politeia", der Staat. *Platon* (427-347 v. Chr.) beschreibt darin ein ideales Staatswesen. Dieser platonische Staat baut auf der menschlichen Vernunft auf, in ihm herrschen Gerechtigkeit, Freiheit und Friede. Platon wusste natürlich, dass sich dieser Idealstaat mit den Menschen seiner Zeit nicht verwirklichen lässt. Aber, das Idealbild soll wegweisend sein, nicht zuletzt für die Bildung. So nehmen darin Ausführungen über die entsprechende (ideale) Erziehung einen breiten Raum ein. Das Idealbild soll die Mängel der realen Situation deutlich machen und als fernes Idealbild anspornen, die Gegenwart zu verbessern.

Ein klassisches Beispiel in der Tradition utopischen Denkens ist das Werk „Utopia" des Philosophen, Juristen und Staatsmannes *Thomas Morus* (1478-1535) aus dem Jahre 1515. Schon der Untertitel weist auf die Linie des utopischen Programmes: „Vom besten Zustand des Gemeinwesens; und von einer neuentdeckten Insel, namens Utopia". Darin stellt er der damals bestehenden (englischen) Gesellschaft eine Idealgesellschaft gegenüber, der er den Namen Utopia gab. Auch in der Folgezeit finden wir Darstellungen von Utopien und utopischen Gesellschaftsformen in der politischen, belletristischen und philosophischen Literatur (vgl. z. B. die Sammlung von utopischen Texten aus allen Jahrhunderten für den Unterricht von W. Biesterfeld, 1985).

Aus dem „Geist der Utopie" (1918) heraus kann auch ein Teil des Wirkens des Philosophen *Ernst Bloch* (1885-1977) gedeutet werden, der neben dem philosophischen Denken auch das theologische und pädagogische Denken – und die Praxis – unserer Zeit massgeblich beeinflusst hat. In seinem umfassenden Werk „Das Prinzip Hoffnung" (1954-59) gestaltet Bloch sein Bekenntnis zur utopischen Hoffnung zu einer „Philosophie des Noch-Nicht".

Utopisches Denken, utopische Wunschträume und Wunschwelten haben offensichtlich eine grosse Anziehungskraft für das menschliche Denken und Empfinden. Sie rühren wohl an die im Menschen stets latent vorhandene *(Ur)sehnsucht nach Vollkommenheit* (vgl. Kap. 2), nach einer vollkommenen Gesellschaft. Hier wird aber auch die Paradoxie von Utopien, vor allem von gesellschaftspolitischen Utopien, sichtbar: Wenn Utopien im Sinne einer vollkommenen Gesellschaft realisiert werden und diese dann auch von Dauer sein soll, muss der Entwicklungsprozess nach Erreichung dieses vollkommenen Zustandes stillstehen, muss ein weiterer Wandel mit allen Mitteln zu verhindern versucht werden. Hier ist der Punkt, wo Utopien in ihrer ursprünglichen Zielsetzung in ihr Gegenteil umschlagen, reaktionär werden. Hier wird die totalitäre Dimension von utopischen Gesellschaftsformen (vgl. dazu auch Kap. 9), ihre letztlich (absolut) normative Grundlage sichtbar. Die utopische Vision einer Gesellschaft in vollkommener Freiheit und Gerechtigkeit birgt in sich die Feinde der „offenen Gesellschaft", wie der Philosoph Karl Raimund Popper (1902-1995) in seinem Buch „Die offene Gesellschaft und ihre Feinde" (1957/58) aufgrund der Analyse der utopischen Gesellschaftsentwürfe von Platon, Hegel und Marx darlegt (vgl. auch Dahrendorf 1967, insbesondere S. 242 ff.; s. auch Abschnitt „Wirkungsgeschichte" von Kap. 3). Aber auch – oder gerade – in unserer Zeit, in der „die Akzeptanz für Utopien geschwunden, der Traum vom täglichen Brot für alle (...) nicht mehr auf der Höhe des postmodernen Bewusstseins" ist (Sölle 1993, 21), sind utopische Vorstellungen einer gerechteren, freiheitlicheren, solidarischen und humanen Gesellschaft, ist die „Rettung der Utopie" (Sölle) notwendig (vgl. auch Sölle 1983 [1968] vor allem S. 93 ff.). In einer Gesellschaft, in der keine utopischen Hoffnungen mehr möglich sind, keine utopischen „Zukunftschancen, Wünsche, Projekte und Ideen" mehr vorstellbar und erlebbar sind, „bleibt nur eine negative Utopie übrig – der Hobbessche Urmythos vom Kampf aller gegen alle" (Enzensberger 1994, 35f.).

Diese Hinweise mögen die eingangs formulierte Aussage verdeutlichen, dass Utopie und utopisches Denken zum Menschen gehören, sozusagen eine *anthropologische Dimension* darstellen. Das würde dann aber auch bedeuten, dass menschliches Leben, menschliches Denken und Handeln in diese Antinomie, in die Pole zwischen Utopie und Wirklichkeit, eingespannt sind. Der „Ort" des Menschen, der menschlichen Lebensgestaltung würde dann „auf der Grenze zwischen Wirklichkeit und Phantasie" (Tillich 1987; vgl. auch Ernst 1982) liegen. So haben Utopien, das utopische Denken und die utopischen Fähigkeiten des Menschen etwas *Faszinierendes, Zukunftsweisendes*, aber auch etwas *Zwiespältiges* in sich, man muss ihnen gegenüber skeptisch sein, und doch benötigen wir sie. Der Psychologe, Kulturphilosoph und Dichter Manès Sperber hat diese Ambivalenz in einem 1976 erschienenen Essay treffend formuliert (1981, 691):

> Ich bin ein Gegner der Utopien, weil sie versprechen, was sie nie erfüllen können. Dennoch bleibe ich in der Nähe der Utopisten, weil ihr Elan manchmal dazu verhilft, allmählich jene Änderungen zu bewerkstelligen, die für alle das Leben trotz seiner unabänderlichen Endlichkeit sinnvoll, ja sinnschöpfend gestalten mögen.

Utopie und Bildung

Die utopische Dimension menschlichen Denkens, Empfindens und Verhaltens ist auch eine wesentliche Dimension im *Bildungs- und Erziehungsdenken*. In den utopischen Menschheits- und Gesellschaftsentwürfen sind Bildung und Erziehung die grundlegende Voraussetzung, damit dieser utopische Prozess überhaupt möglich wird. Es ist denkbar, dass diese utopische Dimension von Bildung und Erziehung zum theologischen Erbe der Pädagogik gehört, wie dies in Kapitel 2 dargelegt worden ist. Michael Fuchs (1995, 103 f.) spricht von einer „impliziten religiösen Denkstruktur der Pädagogik", die der Verwurzelung der – säkularisierten – Pädagogik in der jüdisch-christlichen Tradition und Ethik einerseits und der grundsätzlichen Zukunftsorientierung pädagogischen Denkens und Handelns andererseits entspringt. So werden „bei der Gestaltung von pädagogischer Zukunft (...) ethisch anzustrebende Zielpunkte unter weitgehender Ausblendung von Realität imaginiert". Dadurch wird die Antinomie von Imagination und Realität ein Kernelement pädagogischer Konzepte und Semantik. Fuchs illustriert dieses Spannungsfeld am Beispiel von Johann Heinrich Pestalozzis Roman „Lienhard und Gertrud". Er erhellt damit die These, dass Utopie und Wirklichkeit, Imagination und Deskription (als Beschreibung der Wirklichkeit) „zwei Seiten derselben pädagogischen Medaille" sind. Die Pädagogik allerdings favorisiert

> die Imagination klar. Dies ist so, weil Pädagogik sich am Erreichen positiver Ziele, wie immer letztere auch gefällt sein mögen, orientiert und von der Vorstellung des Gelingens – nicht des Scheiterns – erzieherischer Prozesse ausgeht (Oelkers 1985, 18), aus motivationalen Gründen wohl ausgehen muss. (Fuchs 1995, 111)

So gesehen ist das Utopische nicht nur eine Dimension utopischer Menschheitsentwürfe. Vielmehr bildet das Utopische eine Dimension von Bildung und Erziehung schlechthin. Dies zeigt sich beispielsweise auch in der Arbeit von Eugen Sorg (1989), der unter *pädagogischen Gesichtspunkten* mehrere neuzeitliche Sozialutopien untersucht hat. Für unsere Zeit wegweisende Impulse, gerade auch im Erziehungs- und Bildungsbereich, sind von einigen Denkern ausgegangen, die sich mit der utopischen Dimension unseres Menschseins beschäftigt haben, so z. B. von Martin Buber mit seinem Werk „Pfade in Utopia" (1985), in dem er sich auseinandersetzt mit der „Urhoffnung aller Geschichte", die „auf eine echte, somit durchaus gemeinschaftshaltige Gemeinschaft des Menschengeschlechts" zielt (ebd., S 251). Kontrapunktisch mutet der Titel des Buches „Pfade aus Utopia" des Soziologen Ralf Dahrendorf (1967) an. Sein leitendes Interesse ist es, aus fiktiven und spekulativen Gestaltungsentwürfen über die menschliche Gesellschaft zurückzuführen in die Wirklichkeit. Auch wenn Dahrendorf sich von völlig anderen Interessen leiten lässt und von einem anderen Standpunkt aus argumentiert, dürfte sich seine Bewertung utopischer Gesellschaften als „monolithische, homogene Gebilde, freischwebend nicht nur in der Zeit, sondern auch im Raum, abgesondert von der Aussenwelt" (ebd., S. 246) in diesem Punkt durchaus mit Vorstellungen Bubers treffen, nur: Was Dahrendorfs Plädoyer für das Bewusstwerden und Bemeistern von Konflikten ist, ist für Buber der Appell und die Ermutigung für das Aushalten des „Dazwischen".

5.4 Aspekte zur Wirkungsgeschichte

Die bisherigen Darlegungen zeigen, dass die Dimension der „Idealisierung von Erziehung und Bildung" im Bildungsdenken und im Leben der Menschen sich immer und in verschiedenem Gewande zeigt. So liesse sich auch unter dem Aspekt der Wirkungsgeschichte des klassischen Bildungsdenkens z. B. der ganze Bereich der *institutionalisierten Bildung*, insbesondere der gymnasialen Bildung (vgl. z. B. Vonlanthen, Lattmann, Egger 1978), untersuchen. Aber auch in den *Präambeln* zu gesetzlichen Grundlagen im Bildungs- und Erziehungswesen (z. B. in Schulgesetzen), in Lehrplänen und Bildungsprogrammen lässt sich der Einfluss dieser klassischen Bildungsvorstellungen, z. T. bis zu konkreten Formulierungen, bis in die heutige Zeit nachweisen.

Die Wirkungsgeschichte des klassischen bzw. des (neu)humanistischen Bildungsideals wird auch in der *Literatur* deutlich, insbesondere im Bildungs- bzw. Entwicklungsroman. Hingewiesen sei nur auf einige der bekannteren Werke, etwa auf Mörikes „Maler Nolten", Gottfried Kellers „Der grüne Heinrich", Hermann Hesses „Glasperlenspiel" und Thomas Manns „Zauberberg".

In *wissenschaftlich-pädagogischer Hinsicht* hat sich vor allem die geisteswissenschaftliche Pädagogik seit Wilhelm Dilthey (1833-1911) mit den Bildungsvorstellungen der Klassik auseinandergesetzt und sie – in z. T. kritischer Weiterentwicklung – für die jeweilige Zeit bzw. Pädagogik fruchtbar zu machen versucht (vgl. auch Kap. 10). Gerade in der Lehrerinnen- und Lehrerbildung war dieser Einfluss in der Nachkriegszeit vor allem in Pädagogik und Didaktik bis vor wenigen Jahren wegweisend (sichtbar z. B. in Konzepten wie „Das Klassische und Exemplarische", „Kategoriale Bildung", „Pädagogischer Bezug" usw.; beispielhaft sind etwa auch die Auswirkungen für die „Bildungsphilosophie und Erziehungspraxis" des Denkens und Wirkens von Eduard Spranger [1882-1963; vgl. z. B. Bucher u. a. 1983]). Anknüpfungen,

Brückenschlag, kritische Distanzierung und konstruktive Weiterentwicklung in bezug auf das klassische Bildungsdenken werden z. B. auch im Denken des Maarburger Erziehungswissenschafters Wolfgang Klafki – um nur einen der einflussreichsten Vertreter der (ursprünglich) geisteswissenschaftlich orientierten Pädagogik und Didaktik zu nennen – sichtbar. Dies kann anhand einiger ausgewählter Textstellen aus den sieben Thesen im Zusammenhang mit der Entwicklung eines *zeitgemässen Bildungsbegriffes* illustriert werden, mit denen Klafki schon 1963 den Standort der „neueren Bildungstheorie" skizzierte (Klafki 1967, 94 ff.):

Bildung kann heute nicht mehr individualistisch oder subjektivistisch verstanden, sondern muss von Anfang an als auf die Mitmenschlichkeit, die Sozialität (Gesellschaftlichkeit) und auf die politische Existenz des Menschen bezogen gedacht werden. (...) Personalität und Freiheit verwirklicht sich nur in dieser dialektischen Spannung von individueller „Einsamkeit" und mitmenschlich-sozial-politischer Verbundenheit, deren elementare Vorgestalten dem jungen Menschen in der Schule erfahrbar werden sollten.

Bildung meint im Kern immer eine „innere" Haltung und Geformtheit des Menschen ... Aber diese Aussage darf nicht im Sinne einer radikalen Scheidung der „Innerlichkeit" des Menschen von den vermeintlich nur „äusserlichen" Weltbezügen des Arbeitens, Produzierens, Organisierens, Verwaltens, Planens in der gesellschaftlich-politischen Existenz ausgelegt werden.
...
Bildung kann heute nicht mehr an harmonistischen Zielvorstellungen orientiert werden. Sie muss als eine Haltung verstanden und ermöglicht werden, die uns hilft, Lebensspannungen, nicht auf einen eindeutigen Nenner zu bringende Verhaltensweisen, die die verschiedenen Wirklichkeitsbezüge von uns fordern, zu bewältigen.
...
Bildung kann heute, soll sie weiterhin als ein Grundbegriff der Pädagogik sinnvoll sein, nicht mehr als sozialständische Kategorie verstanden werden, und die Differenzierungen der Bildungswege und Schularten dürfen weder bewusst noch unbewusst an dem Denkmodell einer ständisch gegliederten Gesellschaft orientiert werden.
...
Bildung kann ihren Wertungen und Inhalten nach nicht mehr allein in den Grenzen des Heimatlichen und der nationalen Kultur und Geschichte gewonnen werden, sie muss grundsätzlich auf einen „weltweiten Horizont" hin orientiert sein.
...

> „Bildung" verdient heute nur noch eine Haltung genannt zu werden, die sich selbst als dynamisch, wandlungsfähig, offen versteht. (...) Wandlungsfähigkeit als Moment der Bildung bedeutet nicht blinde Anpassungsbereitschaft, sondern Bereitschaft, auf neue Situationen produktiv zu antworten. Solche Bereitschaft setzt aber die Einsicht in die Begrenztheit des jeweils erreichten individuellen Status an Wissen, Können, Einsatzbereitschaft, Urteilsfähigkeit, Wertempfänglichkeit voraus.

In einem solchen Bildungskonzept wird nochmals deutlich, dass Bilden und Erziehen sich im Spannungsfeld von Idealen und Zielen und den menschlichen und zeitbedingten Realitäten und Gegebenheiten abspielen, dass sie in diese Antinomie eingebunden sind. Mit der „Didaktischen Analyse", die Klafki in den späten fünfziger Jahren vorlegte und stets weiterentwickelte, versuchte er, diese bildungstheoretischen Konzepte für die Unterrichtsarbeit fruchtbar zu machen (vgl. auch Lattmann 1971 und 1975). In seinen als klassisch zu bezeichnenden „Studien zur Bildungstheorie und Didaktik" (1967, 134 ff.) formulierte er, dass als Bildungsinhalte nur

> jene Unterrichtsinhalte bezeichnet werden sollten, wenn ihnen ein besonderes Wesensmerkmal eigen ist: Es charakterisiert einen Bildungsinhalt, dass er als einzelner Inhalt immer stellvertretend für viele Kulturinhalte steht; immer soll ein Bildungsinhalt Grundprobleme, Grundverhältnisse, Grundmöglichkeiten, allgemeine Prinzipien, Gesetze, Werte, Methoden sichtbar machen. Jene Momente nun, die solche Erschliessung des Allgemeinen im Besonderen oder am Besonderen bewirken, meint der Begriff des Bildungs*gehaltes*. Jeder besondere Bildungs*inhalt* birgt in sich also einen allgemeinen Bildungs*gehalt*.

Auch in den neuesten Darlegungen bemüht sich Klafki, das weite Spannungsfeld zwischen pädagogisch notwendigen Idealvorstellungen und der Analyse der zeitgeschichtlichen und gesellschaftlichen Bedingungen zu erschliessen und für die Bildung fruchtbar zu machen. So etwa, wenn er das „Pädagogische Verstehen" als zentrale Dimension im Lehrerinnen- und Lehrerberuf in einer demokratischen und humanen Schule thematisiert (Klafki 1991a) oder wenn er die Entwicklung von „epochaltypischen Schlüsselproblemen" als Kernelemente einer gegenwartsrelevanten und zukunftsorientierten Allgemeinbildung fordert (Klafki 1991b, 43-81).

Hinweise zur Vertiefung

Zugänge zum „Klassischen" (im Sinne des Schönen, Guten, Edlen; der Harmonie, des Gesetzmässigen usw.) ergeben sich von der klassischen Musik und der Literatur der Klassik sowie vom Klassizismus in der Architektur.

Reichhaltiges Bild- und Quellenmaterial enthalten:
Alt, R.: Bilderatlas- zur Schul- und Erziehungsgeschichte. Bd. 1: Von der Urgesellschaft bis zum Vorabend der bürgerlichen Revolution. Berlin 1960.
Schiffler, H., Winkeler R.: Tausend Jahre Schule. Eine Kulturgeschichte des Lernens in Bildern. Stuttgart 1985.
Weber-Kellermann, I.: Die Familie. Geschichte und Geschichten und Bilder. Frankfurt a. M. 1977².

Texte aus der Literatur und der Pädagogik finden sich in den Kapiteln „Das pädagogische Jahrhundert" und „Übergang ins 19. Jahrhundert" in Scheuerl, H. (Hrsg.): Die Pädagogik der Moderne. (Reihe „Lust an der Erkenntnis"). München 1992.

Textauszüge aus Goethes „Wilhelm Meisters Wanderjahre: Reble, A.: Geschichte der Pädagogik. Dokumentationsband II. Stuttgart 1971, 306-312.

Textauszüge aus den Schriften Humboldts: Reble, A.: Geschichte der Pädagogik. Dokumentationsband II. Stuttgart 1971, 297-305.

Herder Johann Gottfried: Humanität und Erziehung; besorgt von C. Menze. Paderborn 1968² (Schöninghs Sammlung pädagogischer Schriften).

Glossar

Antinomien, pädagogische: (v. griech. *anti*: „gegenüber", „anstatt", „gegen" und *nomos*: „Brauch", „Sitte"; „Ordnung"; „Grundsatz", „Regel"): Widergesetzlichkeiten, Gegensätze. Im Wesen der Erziehung begründete Gegensätzlichkeiten wie z. B. von Individuum und Gemeinschaft, Autorität und Freiheit, Führen und Wachsenlassen, Ideal und Wirklichkeit. Die Antinomien werden von der dialektischen Pädagogik als dem erzieherischen Geschehen innewohnende Spannungen betrachtet. (Nach Hehlmann W.: Wörterbuch der Pädagogik. Stuttgart 1967⁸).

Erbuntertänigkeit: Bezeichnung für den völlig abhängigen Zustand vom Grundherrn und dessen Erben der Bauern nach dem Dreissigjährigen Krieg (1618-1648).

Gewerbefreiheit: Im Zuge der Französischen Revolution wurde im 19. Jahrhundert in Europa der Zunftzwang aufgehoben und das Recht verankert, das es jedem ermöglichte, ein Geschäft zu eröffnen.

Humanismus: (v. lat. *humanus*: „menschlich", „den Menschen betreffend"): Geistige Bewegung, die, hauptsächlich von Italien (Florenz, Rom) ausgehend, vom 14. bis 16. Jahrhundert in Europa den Übergang vom Mittelalter zur Neuzeit herbeiführte. Ausgehend von einer intensiven Beschäftigung mit der Kunst der Antike, sahen die Humanisten den Sinn des Lebens in der Entfaltung eines vollkommenen Menschentums, das vom Schönen, Guten und Edlen bestimmt wird.

Ideal: (v. griech. *idea*: „Aussehen", „Beschaffenheit", „Art"): Wortschöpfung vermutlich aus der Mitte des 17. Jahrhunderts. Ideal kann höchster Zweck oder Wert bedeuten, etwas, das verwirklicht werden kann und soll, (im Sinne eines regulativen Ideals). Weitere Definitionen sind: etwas, das es nur im Bewusstsein (in der Vorstellung, im Gedanken oder in der Theorie gibt; etwas, das der realen (physischen und wahrnehmbaren) Wirklichkeit nicht angehört. (Nach: Philosophielexikon, Hügli und Lübcke 1991). Das Adjektiv *ideal* kann folgende Bedeutungen haben (nach Deutsches Universalwörterbuch): 1. den höchsten Vorstellungen entsprechend; von der Art, wie man sich etwas nicht besser (für bestimmte Zwecke) vorstellen kann; 2. nur in der Vorstellung so vorhanden; einer bestimmten Idee entsprechend; 3. ideell, geistig; vom Ideellen, Geistigen bestimmt.

Klassik: (v. lat. *classicus*: „zur ersten bzw. höchsten Steuerklasse gehörig", „die ersten Bürgerklassen betreffend"; im 2. Jahrhundert erscheint „scriptor classicus" als klassischer Schriftsteller, der vor allem in sprachlicher Hinsicht mustergültig, Vorbild ist; von daher im übertragenen Sinne Bedeutung von materiell und geistig ersten Ranges, hervorragend, mustergültig): Bezeichnung für Kultur und Kunst der griechisch-römischen Antike. Später Bezeichnung einer Epoche, in der durch das griechisch-römische Vorbild eine harmonische Ausgewogenheit, eine weitgehende Aufhebung der Gegensätze angestrebt wird und die deshalb überzeitlich vollkommene Werke in Kultur und Kunst erreicht hat. In diesem Sinne Epoche kultureller Höchstleistungen. Zeiten der Klassik sind z. B. in Italien die Wende vom 15./16. Jahrhundert oder von Dante bis Tasso, in Spanien die Zeit Calderons und Cervantes', in England das elisabethanische Zeitalter (Shakespeare), in Frankreich das Zeitalter Ludwigs des XIV. (17. Jahrhundert), in Deutschland die „Goethezeit" (s. Text).

Neuhumanismus: Bildungs- und Geistesbewegung, die um 1750 entstand und etwa mit der Zeit der deutschen Aufklärung und Klassik zusammenfällt. Sie betonte in neuer Hinwendung zum klassischen Altertum und zu den Bildungsidealen des Humanismus den Bildungsgehalt der antiken Kulturgüter.

Reaktion: Bezeichnung für das Festhalten an veralteten Anschauungen und Einrichtungen. Als reaktionär werden rückwärtsgewandte, reform- und fortschrittsfeindliche, unterdrückende Haltungen und Aktivitäten bezeichnet.

Utopie: s. Erläuterung in Abschnitt 5.4.

Literatur

Biesterfeld, W. (Hrsg.): Utopie. Stuttgart 1985.

Bloch, E.: Das Prinzip Hoffnung. 3 Bde., Berlin 1954-59.

Buber, M.: Pfade in Utopia. Über Gemeinschaft und deren Verwirklichung. Heidelberg 1985³.

Bucher, T.; Jost, L.; Lattmann, U. P. (Hrsg.): Eduard Spranger – Zur Bildungsphilosophie und Erziehungspraxis. Zürich (SLZ) 1983.

Dahrendorf, R.: Pfade aus Utopia. Arbeiten zur Theorie und Methode der Soziologie. München 1967.

Enzensberger, H. M.: Aussichten auf den Bürgerkrieg. Frankfurt a. M. 1994⁴.

Ernst, H.: Utopie und Wirklichkeit mit Blick auf den Utopiebegriff bei Paul Tillich. Würzburg 1982.

Fuchs, M.: Kindsein und Familie vor 200 Jahren. Imagination und Wirklichkeit, gezeigt am Beispiel J. H. Pestalozzis Volksroman „Lienhard und Gertrud". In: Religionspädagogische Beiträge Nr. 35/1995, 103-112.

Goethe, J. W. von: Werke, Band IV. München 1973.

Hügli, A.; Lübcke P. (Hrsg.): Philosophielexikon. Hamburg 1991.

Klafki, W.: Das pädagogische Problem des Elementaren und die Theorie der Kategorialen Bildung. Weinheim 1964³/⁴.

-: Studien zur Bildungstheorie und Didaktik. Weinheim 1967⁸/⁹.

- (1991a): Pädagogisches Verstehen – eine vernachlässigte Aufgabe der Lehrerinnen- und Lehrerbildung. Manuskript eines Vortrages vom Februar 1991 an der Höheren Pädagogischen Lehranstalt des Kantons Aargau.

- (1991b): Neue Studien zur Bildungstheorie und Didaktik. Zeitgemässe Allgemeinbildung und kritisch-konstruktive Didaktik. Weinheim 1991².

Lattmann, U. P.: Lernziele und Unterrichtsvorbereitung. Basel 1971.

-: Unterrichtsvorbereitung. Hitzkirch 1975³.

-: Der Bildungsutopie eine Chance. In: Fenkart, P. und R. (Hrsg.): Halbzeit. Zürich 1993, 138-142.

Litt T.: Das Bildungsideal der deutschen Klassik und die moderne Arbeitswelt (1959). Bochum o. J.

Oelkers, J.: Die Herausforderung der Wirklichkeit durch das Subjekt. Literarische Reflexion in pädagogischer Absicht. Weinheim 1985.

Ortega y Gasset, J.: Vom Menschen als utopischem Wesen. Stuttgart 1951.

Popper, K. R.: Die offene Gesellschaft und ihre Feinde. Bern 1957/58.

Reble, A.: Geschichte der Pädagogik. Stuttgart 1967.

Schmid, P.: Fellenberg. In: Lexikon der Pädagogik. Bern 1952, Bd. 3, 127-133.

Sölle, D.: Atheistisch an Gott glauben. (1968) München 1983.

-: Mutanfälle. Texte zum Umdenken. Hamburg 1993².

Sorg, E.: Sozialutopie und Pädagogik. Zürich 1989.

Sperber, M.: Essays zur täglichen Weltgeschichte. Wien 1981.

Stucki, H.: Bildungsroman. In: Lexikon der Pädagogik. Bern 1950, Bd. 1, 203-208.

Tillich, P.: Auf der Grenze. München 1987.

Vonlanthen, A.; Lattmann, U. P.; Egger, E.: Maturität und Gymnasium. Bern 1978.

Wilpert, G. v.: Sachwörterbuch der Literatur. Stuttgart 1964⁴.

Woodtli, O.: Bildung und Zeitgeist. Berlin 1959.

6. Systematisierung – Pädagogik als eigenständige Wissenschaft
P. Metz

Die Idee der *Pädagogik als einer eigenständigen Wissenschaft* knüpft sich an den Namen des Philosophen und Pädagogen Johann Friedrich Herbart (1776-1841). Diese Verknüpfung hat ihre Berechtigung, ist aber weder historisch noch systematisch vollauf richtig. Zu beachten wären insbesondere die Beiträge Ernst Christian Trapps (1780) und Friedrich E. D. Schleiermachers (1813, 1826). Herbart hat die Pädagogik in dem Sinne als autonome Wissenschaft begründet, als er ihre grundlegenden Voraussetzungen – Bildsamkeit und Bestimmung – begrifflich fasst und dieses Forschungsgebiet von da aus systematisch aufbaut. Indem er aber die Pädagogik auf Ethik, die das Ziel, und auf Psychologie, die den Weg angeben soll, zurückführt, fragt sich, wo die behauptete Autonomie bleibt. Faktisch hat aber Herbart Recht bekommen: Pädagogik hat sich als eine relativ eigenständige Wissenschaft – mit „einheimischen Begriffen", gebietsspezifischen Fragestellungen und eigener Forschungstradition – im Kreis der Geistes- und Sozialwissenschaften etablieren können. Dasselbe gilt für entsprechende Institutionen – Forschungsinstitute und Bildungswesen – und den Berufsstand der Pädagoginnen und Pädagogen (vgl. Kap. 7).

6.1 Herbart als Klassiker der Pädagogik

Herbart ist ein *Klassiker der Pädagogik*: Sein Werk ist mustergültig, wirkt prägend und herausfordernd – bis heute. Mustergültig ist die Art, wie es sein Schöpfer als einer der ersten verstand, Pädagogik wissenschaftlich zu begründen. Sein scharfsichtiger Geist erkannte in den philosophischen Systemen seiner Zeit, Kants und Fichtes, und in den pädagogischen Hauptwerken Lockes, Rousseaus, der Philanthropen sowie Pestalozzis die fruchtbaren Ansätze, die es zu nutzen, und auch die Widersprüche, denen es zu entgehen galt. Aus dieser Problemlage heraus schuf er eine allgemeine, systematische Pädagogik, die auf Grundfragen des Fachgebiets – im philosophischen, pädagogischen und politischen Horizont seiner Zeit – Antworten gab und dazu prägende Begriffe kreierte. So zum Beispiel stellte er an die massgeblichen Werke seiner Zeit die Frage, ob Erziehung überhaupt denkbar sei, wenn man wie Hegel von der Vorausbestimmtheit der Menschheit oder wie Kant von der transzendentalen Freiheit des Menschen und damit auch des zu Erziehenden ausgehe. Beides verwarf er und kam zum Schluss, dass der „Grundbegriff der Pädagogik ... die Bildsamkeit des Zöglings" (Herbart, S. W. 10, S. 69) sein müsse. Ebenso fragt sich, ob der Erziehende alles dem Zufall überlassen wollen könne. Bestimmt nicht, sagte Herbart; er muss sein Tun vielmehr im Blick auf die Bestimmung des zu Erziehenden planen und ausführen wollen. Wie aber kann die Pädagogik das Mass der Bildsamkeit und den Inhalt des Erziehungsziels allgemein bestimmen? Herbarts Antwort lautete: „Pädagogik als Wissenschaft hängt ab von der praktischen Philosophie und Psychologie. Jene zeigt das Ziel, diese den Weg und die Gefahren." (Ebd.) Von da aus entwickelte Herbart sein pädagogisches System, geboren aus dem

> Bedürfniss ..., das Ganze eines so unermesslich vielheitlichten, und doch in allen seinen Theilen innigst verbundenen Geschäfts, wie die Erziehung es ist, in *Einen* Gedanken fassen zu können, aus welchem Einheit des *Plans* und *concentrirte Kraft* hervorgehe. (Herbart, S. W. 2, S. 26)

Herbart nannte seine „ordentlich" konstruierte Pädagogik auch einen „Französischen Garten" mit „zwey-, drey- und viergliedrigen Eintheilungen" (ebd., S. 144; s. Fig. 1, Quelle unter Hinweisen zur Vertiefung). Der Doppelname des einen Erziehungsziels, „Charakterstärke der Sittlichkeit", verweist schon auf die zwei begründenden Wissenschaften, Ethik und Psychologie. Die Mittel der Erziehung gliederte Herbart dreifach: (a) Die „Regierung" stellt durch äussere Leitung Ordnung her, (b) die „Zucht" will durch unmittelbares Einwirken, wie Beispiel und Aufmunterung, auf den Zögling sittlich bildend wirken, und (c) der „erziehende Unterricht" strebt dasselbe an, nämlich „Charakterstärke der Sittlichkeit", und zwar auf dem Weg von „Vertiefung" in (unterrichtliche) Inhalte und „Besinnung" auf deren Zusammenhang, also mittelbar. Dieser Weg zerfällt seinerseits in vier Phasen.

Figur 1: **System der Erziehungswissenschaft (Pädagogik)**

6.2 Leben und Werk im Zusammenhang

Johann Friedrich Herbart wurde am 24. Mai 1776 in Oldenburg geboren. Er blieb das einzige Kind eines Juristen und Regierungssekretärs, der sich ganz seinem amtlichen Wirkungskreis hingab und als „schweigsam, trocken und phlegmatisch" (zitiert nach Kinkel 1903, 8) beschrieben wird, und einer äusserst lebhaften, intelligenten und willensstarken Frau. Sie trug den Hauptanteil an der Erziehung Herbarts. Schwer litt Herbart unter dem Zerwürfnis seiner Eltern, die von so verschiedener Art waren und sich um 1800 völlig trennten. Bis 1788 erhielt Herbart Hauslehrerunterricht, der seinen vielfachen Begabungen entsprach, der aber eigentlich in Herbarts schwacher körperlicher Konstitution begründet war. Im Klavier- und Cellounterricht äusserte sich seine besondere Musikalität. Von 1788 bis 1793 besuchte Herbart das Gymnasium in Oldenburg. Sein Interesse galt den Fächern der Physik und Philosophie. Begleitet von seiner Mutter zog Herbart 1794 nach Jena an die Universität. Hier sollte er nach dem Willen seines Vaters die Rechtswissenschaften studieren. Doch Jena war damals eine Hochburg der Kantischen Philosophie; nach langem Ringen erreichte Herbart von seinen Eltern die Erlaubnis, anstelle von Jurisprudenz Philosophie studieren zu dürfen. Johann Gottlieb Fichte (1762-1814) wurde sein Lehrer, von dessen Wissenschaftslehre und Ethik er sich noch während seiner Studienzeit distanzierte; er näherte sich der griechischen Philosophie des Parmenides, um die Frage nach dem absoluten Sein und dem empirisch Veränderlichen lösen zu können. In der Studienzeit gewann Herbart einen persönlichen Freundeskreis und kam auch in Kontakt mit Schiller, dessen „Würde der Frauen" er vertonte und dessen Schrift „über die ästhetische Erziehung des Menschen" ihn stark beeinflusste. Der Konflikt seiner Eltern, die Distanznahme von Fichte und die Aussicht auf seelisches und körperliches Genesen in einem guten Klima begünstigten Herbarts Entschluss, Jena zu verlassen und nach Bern zu ziehen, wo ihm eine Hauslehrerstelle angeboten worden war.

Herbart in der Schweiz (1797-1800) und in Bremen (1800-1802)

Auf seiner Fahrt nach Bern begegnete Herbart in Zürich ein erstesmal zufällig Pestalozzi. Die *Hauslehrerzeit in Bern* führte ihn endgültig zur

Pädagogik als einem seiner Forschungsschwerpunkte. Teils in Interlaken, teils auf einem nahen Gut in Bern und teils in Bern selbst unterrichtete er die drei Söhne der patrizischen Familie von Steiger und unternahm mit ihnen auch eine erlebnisreiche Wanderung in die Alpen. In der Familie fand er gute Aufnahme. Dem Landvogt Herr von Steiger erstattete er zweimonatlich „Bericht über alle seine Bemühungen, Pläne, Erfolge und Misserfolge. In diesen Rapporten entdeckt man ... Keime zu seinen späteren Theorien ..." (Lexikon der Pädagogik 1952, 205)

Erfahrung und Teilnahme (s. Fig. 1) werden durch die Zufälle und Schicksale des Lebens gebildet, wie zum Beispiel durch den Einmarsch der Franzosen, der einen der Söhne zum Dienst ruft. Im Unterricht wird diese zufällige Erziehung zielgerichtet ergänzt. Erziehender Unterricht geht aber nicht auf die Vermittlung einer Moral aus – dafür zeigt sich Ludwig, der eine Sohn, anfangs ganz uneinsichtig –, sondern bildet zuerst sachliche und soziale Interessen (s. Fig. 1) vielseitig weiter, an die sich erst die Gefühle des moralischen Urteils und die Formulierung von Maximen anschliessen. Herbarts tägliche Erziehungsarbeit, die er in den Berichten theoretisch zu klären und zu korrigieren versucht, lassen ihn entdecken, dass sich „zwischen die Theorie und die Praxis ganz unwillkührlich ein Mittelglied ein[schiebt], ein gewisser *Tact* nämlich, eine schnelle Beurtheilung und Entscheidung" (Herbart, S. W. 1, S. 285), ohne die der langsame Theoretiker in den ungestümen Forderungen des erzieherischen Augenblicks unterginge. Der pädagogische Takt selbst soll aber „durch Nachdenken, Nachforschung, durch Wissenschaft" vorbereitet werden, damit der Praktiker „zum richtigen Aufnehmen, Auffassen, Empfinden und Beurtheilen der Erscheinungen" gerüstet ist. (Ebd., S. 286)

Die Verstimmtheit seiner eigenen Eltern, die politischen Umwälzungen nach dem Einmarsch der französischen Truppen und der Wunsch, eigenes Forschen voranzutreiben, veranlassten Herbart, seine Hauslehrerstelle aufzugeben und für zwei Jahre zu Freunden nach Bremen zu ziehen. Erst gegen Ende seines Schweizer Aufenthalts besuchte Herbart *Pestalozzi* mehrere Male in Burgdorf. Über einen seiner Besuche schrieb er 1802 an drei an Erziehung interessierte Frauen:

> Sie wissen, ich sah ihn in seiner Schulstube. Lassen Sie mich die Erinnerung noch einmal anfrischen. Ein Dutzend Kinder von 5 bis 8 Jahren wurden zu einer ungewöhnlichen Stunde am Abend zur Schule gerufen; ich fürchtete, sie misslaunig zu finden, und das Experiment, zu dessen Anblick ich gekommen war, verunglücken zu sehn. Aber die Kinder kamen ohne Spur von Widerwillen; eine lebendige Thätigkeit dauerte gleichmässig fort bis zu Ende. Ich hörte das Geräusch des Zugleichsprechens der ganzen Schule; – nein nicht das Geräusch; es war ein Einklang der Worte, höchst vernehmlich, wie ein taktmässiger Chor, und auch so gewaltig wie ein Chor, ..., dass ich beinahe Mühe hatte, aus dem Zuschauer und Beobachter nicht auch eins von den lernenden Kindern zu werden. Ich ging hinter ihnen herum, zu horchen, ob nicht etwa eines schwiege oder nachlässig spräche; ich fand keines. Die Aussprache dieser Kinder that meinem Ohre wohl, obgleich ihr Lehrer selbst das unverständlichste Organ von der Welt hat; durch ihre schweizerische Eltern konnte ihre Zunge wohl auch nicht gebildet sein. Aber die Erklärung liegt nahe; das taktmässige Zugleichsprechen bringt ein reines Artikulieren von selbst mit sich ... Die allgemeine und dauernde Aufmerksamkeit war mir auch kein Rätsel; jedes Kind beschäftigte zugleich Mund und Hände; keinem war Unthätigkeit und Stillschweigen aufgelegt ...; die natürliche Lebhaftigkeit verlangte keinen Ausweg, wie der Strom des Zusammenlernens keinen gestattete. Ich freute mich über den sinnreichen Gebrauch der durchsichtigen Hornblättchen mit eingeritzten Buchstaben, die während des Auswendiglernens sich beständig in den Händen der Kinder bewegten ... (Herbart, S. W. 1, S. 140/141)

Ausgehend von seinen Erfahrungen in Bern und Burgdorf und der kritischen Lektüre von Pestalozzis frühen Schriften entwickelt Herbart in den nächsten Jahren seine eigene Pädagogik. Die folgenden Abschnitte greifen aus dem Gesamtzusammenhang zwei Konzepte heraus, deren Entstehung in diese Zeit fällt und auf die spätere Pädagogengenerationen immer wieder zurückgegriffen haben: das Konzept der „formalen Stufen" und das des „pädagogischen Takts".

6.3 Die Lehre von den „formalen Stufen"

In erster Linie sind Herbarts formale Stufen eine *anthropologisch-pädagogische Denkform*. Um ihre Relevanz zu verstehen, erinnere ich an den Gesamtzusammenhang der Herbartschen Pädagogik. (Siehe Fig. 1) Die Ordnung sichernde Regierung erzieht nicht eigentlich, denn Erziehung heisst Einwirkung auf das sittliche Verhalten. Zucht erzieht unmittelbar, ihre Wirkung ist jedoch nicht dauernd, denn eine bleibende Wirkung setzt die Bildung des Gedankenkreises, d. h. der Vorstellungen voraus. Allein Unterricht, Herbarts drittes Erziehungsmittel, wirkt dauernd, indem er Vorstellungen erzeugt. Demnach muss eine Erziehung, wenn sie in sittlicher Hinsicht ein bleibendes Resultat zeitigen will, beim Unterricht ansetzen; sie muss „Erziehung *durch Unterricht*" (Herbart, S. W. 2, S. 11) sein. Herbarts „*erziehender Unterricht*" will mehr als Wissenserwerb; er bezweckt das spezifisch Menschliche, des Menschen Sittlichkeit. Herbart bezeichnet diesen Zweck als „Charakterstärke der Sittlichkeit". In ihr werden die fünf sittlichen Ideen fester, handlungsbestimmender Teil der Person und ihres Vorstellungslebens. Herbart selbst formuliert diesen Zusammenhang wie folgt:

> Welche Künste und Geschicklichkeiten ein junger Mensch um des blossen Vortheils willen von irgend einem *Lehr-Meister* lernen möge, ist dem Erzieher an sich eben so gleichgültig, als welche Farbe er zum Kleide wähle. Aber wie sein Gedankenkreis sich bestimme, das ist dem Erzieher Alles; denn aus Gedanken werden Empfindungen, und daraus Grundsätze und Handlungsweisen. Mit dieser Verkettung Alles und Jedes in Beziehung zu denken, was man dem Zögling darreichen, was man in sein Gemüth niederlegen könnte; zu untersuchen, wie man es aneinander fügen, also wie man es auf einander folgen lassen müsse, und wie es wieder zur Stütze werden könne für das künftig Folgende: dies giebt eine unendliche Zahl von Aufgaben ... dem Erzieher ... (Ebd. S. 10)

„Erziehender Unterricht" darf weder bloss unterhaltend, spielerisch und interessant sein, wie es der Philanthrope Johann Bernhard Basedow (1724-1790) erstrebte, sonst wirkt er zerstreuend, noch langweilen, sonst erlahmt das Denken. Vielmehr soll er Interessen gleichschwebend, also ohne Einseitigkeiten, und vielseitig bilden, damit es nicht bei oberflächlichem Allgemeinwissen bleibt. „Langweilig zu sein ist die ärgste Sünde des Unterrichts", schreibt Herbart in seiner „Allgemeinen Pädagogik" (ebd., S. 48). Die Person soll sich lernend weder von der Welt isolieren, noch sich an sie verlieren. Im Wechsel von *Vertiefung* in den Gegenstand und *Besinnung* auf sich selbst bewahrt die werdende Person ihre Einheit und gewinnt Vielseitigkeit und Stärke.

Im Kern der *Herbartschen Bildungslehre* liegt eine dynamische Polarität von liebender Hingabe an die Welt und werdender Person. Diese Polarität vergleicht Herbart mit dem Rhythmus von Ein- und Ausatmen. Die Vertiefung, wie auch die Besinnung, kann ruhend oder fortschreitend sein, so dass sich vier Stufen ergeben. (Siehe Fig. 1) Durch Verweilen beim Einzelnen gewinnt man *Klarheit*. Zum Verbinden der einzelnen Gedanken führt die *Assoziation*. Das *System* schafft ganzheitliche Ordnung und Überblick. Das bewegliche Durchschreiten des Systems nennt Herbart *Methode*. Diesen vier Stufen entsprechen in methodischer Hinsicht die vier Unterrichtsformen des Zeigens, Verknüpfens, Lehrens und Philosophierens. Da aber im Kern der Stufen die Erklärung des geistigen Lebens als eines polaren Prozesses liegt, wäre es völlig verfehlt, ihre Bedeutung auf einzelne Unterrichtsstunden einzuschränken. Herbart sucht seinen Grundgedanken vielmehr auch entwicklungspsychologisch, kulturgeschichtlich und für den Lehrplan fruchtbar zu machen, indem das Schwergewicht im Verlauf der individuellen und menschheitsgeschichtlichen Entwicklung von der ersten bis zur vierten Stufe wechselt.

Vertiefen und Besinnen und ihre Stufung in Klarheit, Assoziation, System und Methode sind noch in ihrem *lernpsychologischen Gewicht* zu betrachten. In der Klarheitsstufe werden die einzelnen Vorstellungen gesondert und klar aufgefasst. Die Assoziation verknüpft und vergleicht diese einzelnen Vorstellungen miteinander, und das System bringt sie in eine bestimmte Ordnung, in einen geordneten Überblick. Die Methode wendet das System der Vorstellungen an und kontrolliert es.

Was aber sind *Vorstellungen* und wie werden sie gebildet? Nach Herbart sind die Vorstellungen nicht Abbilder der Aussenwelt und nicht reine Ideen der Innenwelt, sondern die Selbsterhaltungen der unsterblichen *Seele* im Zusammensein mit anderen Wesenheiten. Die Seele gliedert sich nach ihm nicht in einzelne Kräfte, nicht in ein vorstellendes, wollendes und fühlendes Wesen, sondern sie ist eins und reagiert damit, Vorstellungen herzustellen, die fühlenden, strebenden Charakter haben, um ihr Wesen gegenüber anderen Wesen zu erhalten. Ereignet sich etwas (s. Fig. 2 unter den Hinweisen zur Vertiefung) vor unsern Augen, dann reagiert die Seele darauf mit bereits vorhandenen

Vorstellungen, die ins Bewusstsein steigen und sich das Wahrgenommene einverleiben; wir erkennen es. Ist das wahrgenommene Ereignis sehr verschieden von den vorhandenen Vorstellungen, dann drängt es sehr stark in unseren Gesichtskreis ein und erschwert das rasche Aufnehmen, es bedingt Lernen. Erst allmählich gelingt es, das Ereignis zu klären, mit bestehenden Vorstellungen zu verknüpfen und zu einer neuen Vorstellung zusammenzufassen. Diesen gesamten Prozess des Erkennens und Lernens nennt Herbart „*Apperzeption*".

Diese psychologische Theorie erklärt uns auch den Sinn der Lehre von den formalen Stufen. Der Prozess des Erkennens und Lernens von Vorstellungen kann dank ihr psychologisch verstanden und deshalb auch gesteuert werden; der Gedankenkreis des Kindes ist determinierbar. Das Neue wird leichter und besser aufgefasst, wenn alte, erwartende Vorstellungen bereitstehen, wenn also das Interesse für das Neue schon geweckt ist, und wenn es möglichst klar aufgefasst wird. Es wird auch besser behalten, wenn es mit alten Vorstellungen verglichen und zu ganzen Systemen verknüpft wird. Und schliesslich drängt das Neue umso eher zur Anwendung in gleichen und neuen Situationen, als es selbst stärker ist im Vergleich zu den neuen, zudrängenden Eindrücken.

6.4 Herbarts Lehre vom „pädagogischen Takt"

Wenn die Ethik das Ziel der Erziehung und die Psychologie den Weg und die Hindernisse aufweist, ja wenn es der Vorstellungspsychologie gar gelingen soll, den Gedankenkreis des Zöglings zu bestimmen, wozu braucht es dann zusätzlich zur Lehre von den formalen Stufen noch eine zweite Lehre, welche die Vermittlung zwischen Theorie und Praxis sichern soll? (Oelkers 1989a, 67 ff.) Dies ist tatsächlich nicht einsichtig; trotzdem finden wir beide Konzepte in Herbarts Werk, und sie sind beide in einem Abstand von höchstens vier Jahren entstanden. Auch die Herbartianer haben auf beide zurückgegriffen; die Lehre von den formalen Stufen bildet für sie einen Ausbildungsinhalt und die Lehre vom pädagogischen Takt ein Ausbildungskonzept.

Das Problem erwächst Herbart aus dem Anspruch, Pädagogik wissenschaftlich zu begründen. Wer das will, tut es ja nicht bloss, um die Wirklichkeit zu erfassen, sondern auch, um diese nach ihren Einsichten zu gestalten. Pädagogik als Wissenschaft führte so zur „theoretischen Kritik an der tradierten Erziehungspraxis ..., operierte aber mit Alternativen, die ihrerseits nicht auf ihre Praxisfähigkeit getestet wurden" (Adl-Amini u. a. 1979a, 103). Der Praktiker neigt dann dazu, die Theorie als nutzlos wieder aufzugeben und verfällt seinem „Schlendrian", seiner eingebildeten Manier und seiner verengenden Routine; ihm fehlen Kritik und Kontrolle seines Tuns. Aber auch der Theoretiker scheitert an der Praxis, denn die Theorie beschränkt sich auf allgemeine Aussagen und übergeht „alles das Detail, alle die individuellen Umstände, in welchen der Practiker sich jedesmal befinden wird ... In der Schule der Wissenschaft wird daher für die Praxis immer zugleich zu viel und zu wenig gelernt" (Herbart, S. W. 1, S. 284). In seinem Bemühen, die allgemeinen Grundsätze seiner Wissenschaft auf den konkreten Fall anzuwenden, verpasst der Theoretiker in seiner Langsamkeit den günstigen Moment zum Handeln. Deshalb

> schiebt sich ... bey jedem noch so guten Theoretiker, wenn er seine Theorie ausübt, ... zwischen die Theorie und die Praxis ganz unwillkührlich ein Mittelglied ein, ein gewisser *Tact* nämlich, eine schnelle Beurtheilung und Entscheidung, die nicht, wie der Schlendrian, ewig gleichförmig verfährt, aber auch nicht, wie eine vollkommen durchgeführte Theorie wenigstens *sollte*, sich rühmen darf, bey strenger Consequenz und in völliger Besonnenheit an die Regel, zugleich die wahre Forderung des individuellen Falles ganz und gar zu treffen. Eben weil zu solcher Besonnenheit, zu vollkommener Anwendung der wissenschaftlichen Lehrsätze, ein übermenschliches Wesen erfordert werden würde: entsteht unvermeidlich in dem Menschen, wie er ist, aus jeder fortgesetzten Uebung eine Handlungsweise, welche zunächst von seinem Gefühl ... abhängt ... Die grosse Frage nun, an der es hängt, ob jemand ein guter oder schlechter Erzieher seyn werde, ist einzig diese: *wie* sich jener Tact bey ihm ausbilde? Ob getreu oder ungetreu den Gesetzen, welche die Wissenschaft in ihrer weiten Allgemeinheit ausspricht? (Herbart, S. W. 1, S. 285-286)

Herbarts Antwort auf diese Frage lautet: Zwar bildet sich das Gefühl des pädagogischen Takts erst in und während der Praxis selbst, aber es kann „durch Überlegung, durch Nachdenken, Nachforschung, durch Wissenschaft" (ebd., S. 286) vorbereitet werden, – aber nicht so, dass der theoretisch gebildete Praktiker sich auf alle Einzelfälle vorbereiten würde, sondern so, dass er „sein Gemüth, seinen Kopf und sein Herz, zum richtigen Aufnehmen, Auffassen, Empfinden und Beurtheilen der Erscheinungen, die seiner warten" (ebd.) im voraus in die richtige Stimmung versetze. Auf diese Weise verbindet sich nach Herbart Theorie und Praxis.

Das Problem der Herbartschen Konstruktion besteht darin, dass sie die Richtigkeit der Theorie voraussetzen muss. Wird die Erziehungswissenschaft wie bei Herbart metaphysisch oder wie in anderen Fällen rein weltanschaulich fundiert, dann mag die Herbartsche Lösung vielleicht befriedigen. Gehen wir heute aber davon aus, dass sich unterschiedliche pädagogische Systeme konkurrieren und sich selbst weiterentwickeln, ja dass allgemeine und systematische Pädagogik fragwürdig geworden sind (z. B. Huschke 1984; Schütz 1984), weil sich aus induktiv gewonnenen Erkenntnissen keine Systeme, höchstens Systementwürfe machen lassen, dann kommen wir mit Herbarts und ähnlichen Lösungen nicht mehr zu Rande.

6.5   Dozent in Göttingen und Königsberg

1802 ging Herbart an die Universität Göttingen und bereitete sich auf Promotion und Habilitation vor, für die nur ein mündliches Examen erforderlich war. Seine Privatdozentenzeit eröffnete er mit einer Vorlesung über Pädagogik. 1805 berief ihn die Universität Göttingen auf den Lehrstuhl für Philosophie. In kurzen Abständen erschienen einige Hauptwerke Herbarts: 1806 die „Allgemeine Pädagogik" und 1808 die „Hauptpuncte der Metaphysik", das Herzstück des Herbartschen philosophischen Systems, sowie die „Allgemeine practische Philosophie". Noch im gleichen Jahr folgte Herbart einem Ruf nach Königsberg an den Lehrstuhl Kants, der viermal besser bezahlt war, an dem aber auch die Lehrfreiheit eher gewährleistet schien als in dem von den Truppen Napoleons besetzten Göttingen. In Königsberg ging Herbart an die Ausarbeitung seiner Psychologie: 1816 verfasste er das „Lehrbuch der Psychologie" und 1824/1825 die „Psychologie als Wissenschaft. Neu gegründet auf Erfahrung, Metaphysik und Mathematik". Der entscheidende Gedanke ist der, dass die Seele nicht von verschiedenen Kräften besetzt ist, deren Zahl und Entwicklung sich nicht fassen lässt, sondern allein von Vorstellungen, die sich in mathematisch fassbarer Weise gegenseitig hemmen, weil das Bewusstsein begrenzt ist und neue oder aus dem Unbewussten aufsteigende alte Vorstellungen diejenigen verdrängen, die sich gerade im Bewusstsein befinden.

In Königsberg heiratete Herbart Mary Drake, eine feinsinnige englische Kaufmannstochter. Der Ehe waren keine Kinder beschieden. Die Herbarts nahmen aber ein Pflegekind auf und beherbergten zeitweise Seminaristen. Auch in der Königsberger Zeit erfolgte die Einrichtung eines Seminars, das den Studenten der Pädagogik ermöglichen sollte, ihr theoretisches Wissen durch praktische Übungen zu ergänzen.

Als Herbart 1833 nicht die von ihm erwartete Berufung auf den Lehrstuhl Hegels in Berlin zuteil wurde, folgte er einem erneuten Ruf an die Universität Göttingen. „Hier traf er einen Entscheid, der ihm in weitesten Kreisen nie verziehen wurde. Herbart war 1837 Dekan der philosophischen Fakultät, als der König von Hannover ... diktatorisch die Verfassung aufhob. Zugleich forderte er von allen Staatsfunktionären schriftliche Huldigungseide. Sieben Professoren weigerten sich, diese einzusenden, da sie auf die Verfassung vereidigt seien. Sie wurden sofort entlassen ... Herbart fügte sich nicht nur; er trat diesen Männern sogar entgegen, da der ‚Schritt der Kühnheit' geeignet sei, die Ruhe der Arbeit, deren eine Universität vor allem bedürfe, zu gefährden. ... Seine Freunde erklärten seine Haltung aus einer zu engen Einstellung auf die Universitätsarbeit und zugleich aus Herbarts Neigung, jede Beschäftigung bestimmten Kreisen zuzuordnen." (Lexikon der Pädagogik 1952, 206)

1835 erschien in einer ersten Version der „Umriss pädagogischer Vorlesungen", welcher den Studenten als Leitfaden zur Vorlesung diente und die mehr als dreissig Jahre zurückliegende „Allgemeine Pädagogik" in einer neuen und mit der Psychologie verbundenen Anlage präsentierte. Während die „Allgemeine Pädagogik" der Gliederung der Erziehungsmittel in Regierung, Zucht und Unterricht folgt, ersetzte sie Herbart allerdings nur in der ersten Ausgabe durch eine solche nach Lebensalter. Kurz nach seinem 65. Geburtstag starb Herbart am 14. August 1841. In seinem Nachlass fand sich die überarbeitete Ausgabe des „Umrisses", die zur Disposition der „Allgemeinen Pädagogik" zurückkehrte.

6.6 Wirkungsgeschichte des Herbartianismus

Das Wirken der Herbartianer in Deutschland und der Schweiz

Herbart musste erfahren, dass sein Werk zu seiner Zeit nur *wenig Beachtung* fand. Neben den grossen spekulativen Systemen von Georg W. F. Hegel (1770-1831) und Friedrich W. Schelling (1775-1854) vermochte sich sein Ansatz, der sich nicht allein auf die damals anerkannten Wissenschaften der Metaphysik und Mathematik, sondern auch auf Empirie stützte, nicht durchzusetzen. (Weiss 1928, 228) Weiter äusserte sich Herbart, als ehemaliger Hauslehrer, recht skeptisch über Schul- und Lehrpläne, die „für ganze Länder und Provinzen entworfen werden" (Herbart, S. W. 2, S. 83), weil sie wenig Rücksicht auf die individuellen Verhältnisse, Wünsche und Interessen der Lehrer nähmen. Das *„eigentlich Bildende"* sei nicht Sache des Staates, sondern vermöchten „allein die Talente, die Treue, der Fleiss, das Genie, die Virtuosität der *Einzelnen* [Lehrer zu] erringen, – *durch ihre freye Bewegung* [zu] *erschaffen*, und *durch ihr Beispiel* [zu] *verbreiten*" (ebd., S. 84). Wer aber so sprach, gewann nicht die vielbeachtete Position einer Autorität für staatliche Bildungspolitik.

Nach dem Zusammenbruch der spekulativen Philosophien, nach Deutschlands gescheiterter liberaler Revolution von 1848 und in einer Zeit restriktiverer Bildungspolitik erblickten die Professoren Karl Volkmar Stoy (1815-1885) in Jena und Tuiskon Ziller (1817-1882) in Leipzig in Herbarts „realistischer" Philosophie und Pädagogik eine Chance, die pädagogische Forschung auf wissenschaftliche Grundlagen zu stellen und die Lehrerbildung theoriegeleitet und praxisorientiert zu gestalten. Die Erneuerung von Forschung und Lehrerbildung erachteten sie als Grundlage zu einer *Reform* des Volksschulwesens, die den

Erwartungen der damaligen Zeit in vielem entsprach: christlich in bezug auf das Erziehungsziel, kulturspezifisch in bezug auf die Lehrinhalte, schulgerecht in bezug auf das pädagogische Interesse und theoretisch und empirisch abgestützt. Zu diesem Zweck brachten die Herbartianer die Ideen Herbarts in der zweiten Hälfte des 19. Jahrhunderts zum einen in eine verständlichere Form, zum andern entwickelten sie sie auch weiter. Dabei gingen sie derart methodisch vor, dass der Erfolg nicht ausbleiben konnte. Jena und Leipzig arrivierten zu *pädagogischen Zentren,* die von einer steigenden Zahl deutscher und ausländischer Studenten, Lehrer und Pfarrer aufgesucht wurden, die sich in Vorlesungen weiterbilden und in den angeschlossenen Übungsschulen praktisch instruieren lassen wollten. Stoys Pädagogisches Seminar zum Beispiel absolvierten zwischen 1848 und 1884 693 Studierende und Praktikanten, davon 15 aus der Schweiz, dasjenige Zillers zwischen 1862 und 1883 367 Interessierte, unter denen wir 16 Schweizer finden, und im Seminar von Wilhelm Rein (1847-1929), dem Schüler Stoys und Zillers, hatten sich bis 1911 mehr als 2000 Studierende und Lehrer aus ganz Europa, davon 43 aus der Schweiz, aus- und weitergebildet. Die Herbartianer publizierten zudem eine grosse Zahl von Einzel- und eine ganze Reihe von Zeitschriften, in denen sie ihre Pädagogik erläuterten und begründeten und ihre unterrichtlichen Vorschläge zum Lehrplan, zu Schulfächern und zu einzelnen Unterrichtsthemen verbreiteten. Über viele Jahre hinweg dominierten sie die pädagogische Forschung zumal des deutschsprachigen Raums und beeinflussten die Schulpraxis nachhaltig. Zu keiner Zeit war ihre profilierte und attraktive Pädagogik unbestritten, immer existierten auch konkurrierende Auffassungen. Aber erst im letzten Jahrzehnt des 19. und in den ersten beiden Jahrzehnten des 20. Jahrhunderts vollzogen sich gesellschaftliche und wissenschaftliche Wandlungen, die die Dominanz des Herbartianismus in der Pädagogik brachen. (Vgl. Kap. 7 u. 8)

Die Kritik an den herbartianischen Gedanken über Erziehung und Unterricht führte wohl zu ihrer *Abwertung* und zur allgemeinen *Abwendung* von ihnen, beseitigte sie aber nicht, sondern verarbeitete sie zu neuen psychologischen und pädagogischen Erkenntnissen. Diese These lässt sich durch die fünf folgenden Beispiele belegen: (a) Die experimentelle Pädagogik lehnte Herbarts Metaphysik ab, führte ihren empirischen Akzent jedoch fort und verstärkte ihn. (b) Herbarts Psychologie war davon ausgegangen, dass unser seelisches Leben nicht von verschiedenen Kräften wie Wahrnehmung, Verstand und Gefühl, sondern allein von Vorstellungen bestimmt sei und dass diese entweder im Bewusstsein seien, wo sie uns erlauben, die Welt zu erkennen (sie zu assimilieren) und uns von ihr neue Vorstellungen zu bilden (zu akkomodieren), oder unter die „Schwelle" des Bewusstseins ins Unbewusste sinkten, wo sie ruhen, bis sie reaktiviert werden. Während die Nachfolger Herbarts vor allem Interesse daran zeigten, bewusste Vorstellungen durch Lehren zu vermitteln, d. h. Lernen zu steuern, wandte sich Sigmund Freud (1856-1939) der Dynamik des Unbewussten zu. (c) Herbarts Theorie von der Assimilation und Akkomodation der Vorstellungen, von ihm selbst „Apperzeption" genannt, erscheint wieder in Jean Piagets (1896-1980) Psychologie, wobei der Genfer Psychologe nicht von Vorstellungen ausging, sondern von sog. „Schemata". Unter den *Reformpädagogen* waren es vornehmlich die Vertreter der Arbeitsschule (vgl. Kap. 8), im speziellen (d) Georg Kerschensteiner (1854-1932) und (e) Hugo Gaudig (1860-1923), die sich von Herbart und den Herbartianern distanzierten, in ihren Reformen aber unversehens in Abhängigkeit von der kritisierten „Form" gerieten und dies vor allem in drei Punkten: a) Auch sie setzten ein einziges, höchstes Erziehungsziel und bezeichneten es als „Charakter" und „sittliche Persönlichkeit". Sie übernahmen aber nicht Herbarts fünf sittliche Ideen. Während sich Kerschensteiner in seiner frühen Phase von Herbart und den Herbartianern noch wenig löste und das Ziel der Erziehung im Dienst an der Versittlichung der Gesellschaft sah, schloss er sich später Eduard Sprangers (1882-1963) kulturpädagogischer Ansicht an, wonach Bildung eine Aktualisierung objektiver Kulturgüter bezweckt. Demgegenüber standen für Gaudig die Kulturgüter mehr im Dienst der werdenden Persönlichkeit. b) Den Prozess des Lernens unterteilten die beiden Reformpädagogen in deutlicher Anlehnung an die Herbartianer in vier bzw. fünf Stufen (s. Prange 1986, 108). Sie forderten aber, dass die Aneignung des Neuen durch die Schüler selbst, selbsttätig, durch handwerkliche und geistige Arbeit vollzogen werde, und nicht rein rezeptiv durch die vermittelnde Darbietung des Lehrers erfolge. c) Auch die Arbeitsschulpädagogen legten Wert auf Bildung durch Zucht. Dafür sollte aber nicht der Lehrer besorgt sein; sie erwachse vielmehr aus der Lernarbeit selbst, denn Arbeit, deren Produkte der Schüler ja laufend vor Augen hat, erzieht zu Sorgfalt, Genauigkeit, Zuverlässigkeit und Selbständigkeit.

Wenn wir, was die „Epoche" der Reformpädagogik anbelangt, aus historischer Distanz zwischen Anschluss einerseits und Kritik an Herbart und den Herbartianern andererseits unterscheiden können, dann entspricht dies nicht der Sicht der in der ersten Hälfte unseres Jahrhunderts wirkenden Pädagogen und Psychologen. Sie selbst verstanden sich, wenn sie überhaupt auf Herbart und die Herbartianer noch zu sprechen kamen, als ihre Gegner, von deren Pädagogik und Psychologie sie sich gerade absetzen wollten, denn sie beurteilten sie als veraltet und intellektualistisch und ihre Unterrichtsmethode als lehrerzentriert und formalistisch. Auch identifizierten sie sie mit ihren eigenen Schulerlebnissen und machten sie für die als ungenügend empfundenen Schulverhältnisse ihrer Zeit verantwortlich. Gaudig zum Beispiel schreibt in seinen „Didaktischen Präludien" 1909 (S. 1):

> Die Formalstufenzeit der deutschen Volksschule ist kein Ruhmesblatt ihrer Geschichte. Dass sich das Denken ungezählter Lehrer in diese Fesseln hat schlagen lassen, dass dies Schema die schaffende Formkraft bei vielen gelähmt hat, ist eine traurige Wahrheit.

Die Weiterentwicklung und Kritik der formalen Stufen

Ziller war ein gründlicher Kenner Herbarts. Aber es wird nicht überraschen, dass er, der Jurist und Politiker, der in der Pädagogik einen Ausweg suchte, um aus dem 1848er Dilemma von gerechtfertigten, aber gewalttätig verfochtenen demokratischen Ansprüchen einerseits und konservativer Repression andererseits herauszukommen, die Akzente neu setzte. Den Weg zu einer Gesellschaftsreform sah er in einer *Schulreform* auf Herbartscher Grundlage mit einer religiösen Ausrichtung, die er mit Ernst und Eifer vorantrieb.

Im Falle der *formalen Stufen* legte Ziller auf die methodische und psychologische Seite Nachdruck. Herbarts Psychologie entnahm er den Begriff der Apperzeption, nach dem das zu Erkennende mittels des bereits Erkannten aufgefasst wird, und übertrug ihn auf den ganzen Umfang der vier Stufen. Analyse und Synthese sind die methodischen Massnahmen, um die Apperzeption zu optimieren. Die Analyse belebt und klärt das Vorwissen, und die Synthese leitet das Auffassen des Neuen an. Beide nehmen in der Stufe der Klarheit den grössten Umfang ein, kommen aber auch in den anderen Stufen vor, ebenso wie die Methode in Form einer Wiederholung in der Klarheitsstufe mitenthalten sein kann. Auf den Stufen der Assoziation und des Systems wird das Allgemeingültige, z. B. der Begriff oder die Regel, durch vergleichende Abstraktion und Verknüpfungen aus dem klar aufgefassten Einzelnen gewonnen. Die Methode macht die Erkenntnis durch Anwendung beweglich und durch Übung sicher.

Im Gegensatz zu Herbart schränkt Ziller den *Anwendungsbereich* der vier formalen Stufen auf seine unterrichtlichen Gesinnungsstoffe und deren Kontext ein. Herbarts Einschränkung bezieht sich einzig auf das Alter; sie folgt aus der mathematischen Betrachtung: System und Methode sind erst dem reiferen Schüler oder dem Erwachsenen zugänglich. Das Herzstück der Zillerschen Pädagogik bilden die *kulturhistorischen Stufen*, welche jedem einzelnen Schuljahr einen die Schulfächer konzentrierenden Stoff zuordnen. Diese Stoffe sind der Bibel und der profanen Geschichte entnommen und sollen die Gesinnung der Schüler auf das Ideal einer christlichen Persönlichkeit hin bilden. Dagegen nehmen die formalen Stufen im Werk Zillers und in der Praxis seiner akademischen Übungsschule einen geringeren Raum ein. Ihre Relevanz liegt in einer *unterrichtlichen Strukturierungshilfe* (s. die Unterrichtsbeispiele unter den Hinweisen zur Vertiefung). Art und Umfang einer nach den vier Stufen zu strukturierenden Unterrichtseinheit richten sich nach den Auffassungsmöglichkeiten, d. h. der Apperzeptionskraft der Schüler.

Die Nachfolger Zillers, allen voran die Deutschen Wilhelm Rein und Karl Just (geb. 1849), der Österreicher Theodor Vogt (1836-1906) und der Schweizer Theodor Heinrich Wiget (1850-1933), wirkten in einer stark veränderten bildungspolitischen Lage. *Vereinheitlichung* der Verkehrsformen und -mittel und Verbreitung *wissenschaftlicher Techniken* galten in Bereichen wie Post- und Transportwesen ebenso als Fortschritt wie etwa in der Pädagogik. Der Kulturstufentheorie haftete eine Reihe von Mängeln an, wie zum Beispiel die Kulturspezifität, die Abgrenzung der Epochen oder das Angewiesensein auf Jahrgangsklassen, so dass ihnen eine allgemeine Anerkennung versagt blieb. Umso stärker konzentrierten sich die Kräfte der Zillerschüler und der von ihnen beeinflussten Bildungskreise darauf, die formalen Stufen einheitlich auszugestalten und zu verbreiten. Die Klarheitsstufe führten sie endgültig als zwei Stufen, nämlich als Analyse und Synthese, und stellten ihr eine Zielsetzung voraus. In einer Flut von Schriften mit mehreren Auflagen und Übersetzungen und in ungezählten Präparationen wurden sie dargestellt und in der Lehrerbildung und -fortbildung eifrig vermittelt. Dass diese im Vergleich zu Ziller oder gar Herbart sehr veränderten, vor allem auf Popularisierung ausgerichteten Ansprüche zu einem *Wandel* im Denken über die formalen Stufen führten, wird niemanden überraschen. Diesem Wandel haben auch die massgeblichen Schüler Zillers zum Teil Vorschub geleistet, zum Teil aber auch entgegenzuwirken versucht. Am „Ende" dieser Problemgeschichte, etwa Anfang dieses Jahrhunderts, empfanden viele die Formalstufen, wie sie mehr und mehr genannt wurden, als blosses Unterrichtsschema, gegen das sie den Vorwurf des *Schematismus* erhoben und das sie im Namen einer freien Unterrichtsgestaltung bekämpften.

Die *reformpädagogische Kritik* an den formalen Stufen lässt sich in fünf Begriffe fassen. Die zur toten Technik verkommenen Stufen widersprachen einer methodisch freien Lehrkunst, wie sie zum Beispiel die Kunsterziehungsbewegung vertrat (Vorwurf des Schematismus). Gaudig kritisierte die „traurige Wahrheit", dass die Formalstufen das Denken ungezählter Lehrer in Fesseln schlugen und ihre schaffende Formkraft lähmten. Tatsächlich verlangte man von den Seminaristen und Lehrern, stets alle Stufen (Formalismus) in einer nicht umkehrbaren Abfolge (Eindimensionalität) zu durchlaufen. Die verbreitete Optik, man müsse in jeder Lektion alle fünf Stufen durchexerzieren, bildete einen offenkundigen Auswuchs (Lektionismus), der dem ursprünglichen Zillerschen Anliegen spottete, die Apperzeptionskraft der Schüler zu berücksichtigen und ihr Interesse zu fördern. Auf den Anspruch einer allgemeingültigen, für alle Stoffe geeigneten unterrichtlichen Artikulation (Universalismus) und auf die Stufigkeit verzichtete freilich auch die Arbeitsschulbewegung nicht. (Vgl. Scheffler 1977, 200) Sie sah im Arbeitsvorgang das formale, allgemeingültige pädagogische

Grundgesetz enthalten. Schon die Herbartianer Just und Rein hatten sich bemüht, die stofflichen Einschränkungen Zillers dadurch zu lockern und den „Mangel" der Allgemeingültigkeit zu beseitigen, dass sie die fünf Stufen je nach Inhalt auf drei, nämlich auf Anschauung, Abstraktion und Anwendung, verminderten. Mit diesem Kunstgriff und mit der Eindeutschung der Stufenbezeichnungen zu Vorbereitung, Darbietung, Verknüpfung, Zusammenfassung und Anwendung erreichten sie drei wichtige Nebeneffekte. Sie vermieden die den Lehrern weniger zugänglichen Fachbegriffe Herbarts und Zillers, näherten sich terminologisch dem erneut aufkommenden Denken Kants und Pestalozzis und erleichterten damit die Verbreitung ihrer Formalstufentheorie.

Im Anschluss an die bis in die Gegenwart reichenden Stufenlehren und die an ihnen geübte Kritik fragt sich, welches der *gute Sinn einer Stufenlehre* sei und wie wir die fünf kritischen Punkte (s. im Abschnitt oben) beachten und insbesondere den Gefahren des Schematismus entgehen könnten. Ich betrachte das Lernen als ein komplexes Phänomen, das es kaum erlaubt, es in widerspruchsfreier und endgültiger Weise theoretisch zu fassen. Ebenso einem wissenschaftsgeschichtlichen Wandel wie die Lerntheorien scheinen mir die sozialen Bedürfnisse zu unterliegen, denen das Lernen dient und aus dem diese zum Teil auch hervorgehen. Als geschichtliche, d. h. tradierende Wesen können wir Menschen, wie in allen Lebensbereichen so auch in der Schule, nicht auf wissenschaftlich reflektierte und praktisch bewährte Kunstformen verzichten. Ich sehe in den formalen Stufen eine „Technik" im ursprünglichen Sinne des Wortes, nämlich eine Kunstform, eine bewährte allgemeine Methode des Unterrichtens, wie etwa eine Aquarelltechnik in der Malerei oder ein Diagnoseverfahren in der Medizin. Die Wissenschaft dient dem Zweck, die Fragen der Begründung und Bewährung von Handlungsweisen aus der Abhängigkeit von individueller Manier und unreflektierter Tradition herauszulösen und zu kontrollieren. Änderungen in den Bedürfnissen und wissenschaftlichen Ansätzen bedingen aber auch eine Neukonzeption der Kunstformen. Was ihre Anwendung betrifft, kann die Wissenschaft nicht verhindern, dass allgemeine Methoden zur blind ablaufenden Routine degenerieren. Anders ausgedrückt: Sie kann nicht garantieren, dass die Methoden pädagogisch taktvoll und sachlich beweglich, d. h. in einer dem Einzelfall angemessenen besonderen Form, angewendet werden.

Der Einfluss der Herbart-Zillerschen Pädagogik in der Schweiz

Die pädagogischen Institutionen und Diskussionen in der Schweiz wurden zu keiner Zeit vom Herbartianismus dominiert. Auch kann nicht von einer schweizerischen Bewegung gesprochen werden. Aufgrund mehrerer einflussreicher Personen und Institutionen gewann er aber in einzelnen Kantonen vorherrschende Geltung. Von ihnen aus wurde die Diskussion über Lehrpläne, Lehrmittel und Lehrmethoden in der gesamten Schweiz angeregt. Viele zeitgenössische Berichte bezeugen, dass man die Anregungen der Herbartianer und die daraus entstandenen Polemiken in der Pädagogenzunft mit Interesse und Gewinn verfolgt hat. Vielleicht müsste man den Erfolg der Herbartianer in der Schweiz weniger an der Einführung ihrer Konzepte messen, als am schwieriger erfassbaren *Beitrag, den Lehrerberuf zu professionalisieren* und das Standesbewusstsein durch eine genuin pädagogische Diskussion zu heben, die sie anregten und weiterführten. (Vgl. Kap. 7) Schwerpunkte ihrer Stellungnahmen und Publikationen lagen im Kampf gegen die katechetische Lehrmethode und in deren Ersatz durch die pädagogisch, psychologisch und methodisch (besser) begründeten Formalstufen sowie im Streit um den Enzyklopädismus der herkömmlichen Lehrmittel und Lehrpläne. Sie wollten sie durch ihren kind- und entwicklungsgemässeren kulturstufigen Lehrplan und die darauf abgestützten Lehrmittel ersetzen.

Vier Lehrerbildner wirkten massgeblich im Sinne des Herbartianismus und für dessen Verbreitung in der Schweiz: François Guex (1861-1918) und Ernest Briod (1875-1954) in Lausanne sowie Theodor Wiget und Paul Conrad (1857-1939) in Chur. Diese beiden Städte waren die *Zentren des Herbartianismus* in der Schweiz, weil von ihnen überkantonale Einflüsse ausgingen und weil sie sich je von einem der deutschen Zentren anregen liessen: Lausanne von Jena und Chur von Leipzig. Eine Mittelstellung nahm der Kanton Bern ein, wo beide Varianten der pädagogischen Schule Herbarts, die Stoysche und die Zillersche, rezipiert wurden und wo in Ernst Schneider (1878-1958) herbartianisches und reformpädagogisches Gedankengut in derselben Person zum Ausdruck kam. Eine recht intensive Rezeption herbartianischer

Ideen erfolgte in den drei evangelischen Lehrerbildungsstätten Bern-Muristalden, Schiers und Zürich-Unterstrass, unter Heinrich Baumgartner (1846-1904) in der katholischen Lehranstalt St. Michael in Zug und vermittelt durch Msgr. Michel-Eugène Dévaud (1876-1942) im Kanton Freiburg.

Auch in der Schweiz besass der Herbartianismus nie eine unbestrittene Position. Er wollte und musste sie sich erkämpfen, sie verteidigen. Schliesslich wurde er teils kampflos beiseite gelegt, teils durch entschiedene Angriffe niedergerungen. Das Aufkommen und der Niedergang des Herbartianismus waren von der internationalen pädagogischen Diskussion abhängig. Die politische Kammerung und kulturelle Vielfalt der Schweiz sind wohl die Gründe, die eine gesamtschweizerische oder gar dominierende Einflussnahme des Herbartianismus in der Schweiz verhinderten. Zudem förderte die Diskussion rasch die oben erwähnten Schwachstellen der herbartianischen Pädagogik zu Tage; führende schweizerische Pädagogen äusserten sich ausführlich und eindeutig ablehnend zum Herbartianismus, so etwa Hans Rudolf Rüegg (1824-1893) und Anton Philipp Largiadèr (1831-1903).

Hinweise zur Vertiefung

Figur 1: System der Erziehungswissenschaft (Pädagogik) nach Herbart: Quelle: Esterhues, in: Herbart 1964, 148; ähnlich auch in Herbart, J. Fr.: Allgemeine Pädagogik. Hrsg. von H. Holstein. Bochum 1965, 19.

Figur 2: Lernen als Apperzeption neuer Vorstellungen: Quelle: Heilmann 1922, 102; erneut abgedr. in: Alt 1965, 422.

Vorschläge zur Gliederung des Unterrichts in Phasen seit Herbart: Quelle: Scheffler 1977, 200; Prange 1986, 108.

Bildmaterial zu Herbart und den Herbartianern: Asmus 1968, 1970; Beyer 1903.

Textauszug aus Herbarts „Erster Vorlesung über Pädagogik" von 1802: Aus: Benner 1986, 55-58. Weitere Texte von Herbart in derselben Ausgabe.

Textauszug aus Herbarts „Umriss pädagogischer Vorlesungen" von 1835: Herbart, J. F.: Sämtliche Werke. Bd. 10. Aalen 1989, 68 ff.

Unterrichtsbeispiele gemäss den formalen Stufen: Dietrich 1980; Praxis der schweizerischen Volks- und Mittelschule 1 (1881) S. 191-195; Schwerth 1955.

Glossar

Akkomodation (bei Piaget): In Anlehnung an den biologischen Vorgang der Anpassung des Organismus an äussere Gegebenheiten bedeutet A. bei Piaget den Prozess der Anpassung kognitiver Strukturen (Schemata) an äussere Gegebenheiten (Informationen).

Apperzeption (bei Herbart): Lernen, d. i. nach Herbart die Verschmelzung einer jüngeren Vorstellung oder Vorstellungsgruppe mit einer ältern.

Arbeitsschule: (auch Produktionsschule), zusammenfassende Bezeichnung für Schulmodelle, die sich als Alternative zur sog. Lern- und Buchschule verstehen. Bildung soll nach dieser Auffassung durch selbsttätige manuelle und geistige Arbeit angestrebt werden. Der Begriff wird vorwiegend auf die Epoche der Reformpädagogik (1890 bis 1933) bezogen. Siehe Kap. 8.

Assimilation (bei Piaget): In Anlehnung an den biologischen Vorgang der Stoffaufnahme bedeutet A. bei Piaget den aktiven Prozess der geistigen Einverleibung von Informationen aus der Umwelt in die kognitiven Strukturen (Schemata) des Organismus.

Enzyklopädismus: einseitige Betonung und extreme Ausweitung des Stoffprinzips in Erziehung und Unterricht.

Formalstufen(theorie): gestufter Weg, der bei der Durcharbeitung eines Unterrichtsstoffes von begrenztem Umfang (Unterrichtseinheit) zu durchlaufen ist, damit er nicht bloss gedächtnismässig angeeignet wird, sondern auch bildend wirkt. Stufen nach Herbart: Klarheit, Assoziation, System und Methode. Zu späteren Varianten siehe Prange 1986.

Herbartianismus/Herbartianer: Bezeichnung für jene Philosophen, Pädagogen und Psychologen, deren Schrifttum in der Nachfolge Herbarts steht, sowie für die Lehrerorganisationen und Schulreformen, die sich relativ eng an Herbart und an den Herbartianern orientierten. Bestandsstücke ihrer Bewegung sind u. a. die kulturhistorischen Stufen, die Konzentration, die formalen Stufen und Herbarts Apperzeption.

Kulturstufentheorie: Prinzip der unterrichtlichen Stoffanordnung (Lehrplan), basierend auf der Annahme, die kindliche Geistesentwicklung wiederhole abgekürzt die Entwicklung der Menschheitsgeschichte (Parallelismus von Ontogenese und Phylogenese). Für die Vorschulzeit und für jedes Schuljahr formuliert Ziller diesem Prinzip folgend einen stufenentsprechenden Gesinnungsstoff: Fabeln, Märchen, Robinson, Patriarchen etc.

Kunsterziehung: Erziehung zum Erkennen und Nacherleben von Kunstwerken und Förderung eigener gestalterischer Arbeit. Der Begriff wird vorwiegend auf die Epoche der Reformpädagogik (1890 bis 1933) bezogen. Siehe Kap. 8.

Philanthropismus: siehe das Glossar zu Kapitel 3.

Vorstellung/Vorstellungspsychologie (bei Herbart): Herbart führt alle seelischen, geistigen Vorgänge (Gefühle, Wille, Vorstellungen, Wahrnehmungen, Denken, Phantasie) auf „Vorstellungen" zurück und erklärt diese (metaphysisch) als Reaktionen der Seele (ein Reale, vergleichbar einem Atom) auf „störende" Reize (andere Reale). Das psychische Geschehen ist wie die Physik von Gesetzen geprägt; dabei entstehen neue Vorstellungen durch Apperzeption, ältere steigen ins Bewusstsein, wenn sie dazu angeregt werden, und andere werden ins Unbewusste verdrängt, weil das Bewusstsein durch eine Schwelle und Enge gekennzeichnet ist.

Literatur

Adl-Amini, B.; Oelkers, J.; Neumann, D.: Pädagogische Theorie und erzieherische Praxis. Bern 1979a.

-: Didaktik in der Unterrichtspraxis. Grundlegung und Auswirkung der Theorie der Formalstufen in Erziehung und Unterricht. Bern 1979b.

Alt, R.: Bilderatlas zur Schul- und Erziehungsgeschichte. Bd. 2. Berlin 1965.

Asmus, W.: Johann Friedrich Herbart. Eine pädagogische Biographie. Bd. 1: Der Denker. Heidelberg 1968; Bd. 2: Der Lehrer. Heidelberg 1970.

Bellerate, B. M.: J. F. Herbart und die Begründung der wissenschaftlichen Pädagogik in Deutschland. Hannover 1979.

Benner, D.: Johann Friedrich Herbart. Systematische Pädagogik. Eingel., ausgew. u. interpretiert von D. Benner. Stuttgart 1986.

Beyer, O. W.: Deutsche Schulwelt des neunzehnten Jahrhunderts in Wort und Bild. Leipzig 1903.

Dietrich, Th. (Hrsg.): Unterrichtsbeispiele von Herbart bis zur Gegenwart. Bad Heilbrunn 1980.

L'Educateur. Revue Pédagogique. Lausanne 1 ff. (1865 ff.).

Gaudig, H.: Didaktische Präludien. Leipzig 1909.

Heilmann, K.: Handbuch der Pädagogik. Bd. 1. Berlin 1922^{22}.

Herbart, J. F. Sämtliche Werke. Hrsg. von K. Kehrbach u. O. Flügel. In 19 Bd. Aalen 1989 (2. Neudr.; zitiert als Herbart, S. W. 1-19).

-: Umriss pädagogischer Vorlesungen (1835). Besorgt von J. Esterhues. Paderborn 1964^{2}.

-: Allgemeine Pädagogik. Hrsg. von H. Holstein. Bochum 1965.

Huschke, R.: Über die Zukunft der Allgemeinen Pädagogik. In: Zeitschrift für Pädagogik 30 (1984) S. 31-48.

Jahresbericht des Bündnerischen Lehrervereins 1-59 (1883-1941).

Kinkel, W.: Johann Friedrich Herbart, sein Leben und seine Philosophie. Giessen 1903.

Lexikon der Pädagogik. Bd. 3. Bern 1952.

Metz, P.: Von Herbarts Lebensprozess zu Aeblis vier Funktionen im Lernprozess. In: Beiträge zur Lehrerbildung 5 (1987) H. 3, S. 166-178.

-: Herbartianismus als Paradigma für Professionalisierung und Schulreform. Bern 1992a (=Explorationen; 4).

-: Inspiration und Rezeption der Pädagogik Herbarts in Bern. In: Schulpraxis 82 (18.9.1992[b]) H. 3, S. 4-9.

-: Interpretative Zugänge zu Herbarts „pädagogischem Takt". In: Zeitschrift für Pädagogik 41 (1995) Nr. 4, S. 615-630.

Nicolin, F. (Hrsg.): Pädagogik als Wissenschaft. Darmstadt 1969.

Oelkers, J.: Die grosse Aspiration. Zur Herausbildung der Erziehungswissenschaft im 19. Jahrhundert. Darmstadt 1989a.

-: Das Ende des Herbartianismus. In: Rekonstruktionen pädagogischer Wissenschaftsgeschichte. Hrsg. von P. Zedler u. E. König. Weinheim 1989b.

Prange, K.: Bauformen des Unterrichts. Eine Didaktik für Lehrer. Bad Heilbrunn 1986.

Scheffler, H.: Zillers Formalstufentheorie und der Vorwurf des unterrichtsmethodischen Schematismus. Kastellaun/Hunsrück 1977.

Schütz, E.: Einige Überlegungen zur Fragwürdigkeit systematischer Pädagogik. In: Zeitschrift für Pädagogik 30 (1984) S. 17-29.

Schwerth, Th.: Kritische Didaktik in Unterrichtsbeispielen. Paderborn 1955[11].

Weiss, G.: Herbart und seine Schule. München 1928.

Wiget, Th.: Die formalen Stufen des Unterrichts. Eine Einführung in die Schriften Zillers. 7. Aufl. Chur 1901. (11., mehrfach erg. Aufl. Chur 1914)

Ziller, T.: Das Leipziger Seminarbuch. In: Jahrbuch des Vereins für wissenschaftliche Pädagogik 6 (1874) S. 99-274.

-: Grundlegung zur Lehre vom erziehenden Unterricht. 2., verb. Aufl. Leipzig 1884.

7. Demokratisierung und Professionalisierung – Pädagogische Postulate und gesellschaftliche Praxis
U. P. Lattmann

Mit Demokratisierung und Professionalisierung im Bildungswesen werden zwei Dimensionen der erzieherischen und unterrichtlichen Wirklichkeit angesprochen, die von grosser historischer Bedeutung und zugleich von hoher Aktualität sind. Obwohl das verzweigte Wurzelwerk dieser Phänomene in der Zeit der Aufklärung liegt, werden sie in der Zeit nach der Französischen Revolution von 1789 und in der ersten Hälfte des 19. Jahrhunderts deutlich sichtbar und nehmen in der zweiten Hälfte deutliche Konturen an. Beide Dimensionen beinhalten auch die Sprengkraft des emanzipatorischen Potentials des Geistes der Aufklärung (vgl. Kap. 3). Sie haben aber auch ein ebenso ambivalentes Gesicht und sind in ihrem Kern gar antinomisch: So wie beim Postulat der Mündigkeit das Bemühen um die Klärung der Fragen, „wer wen wie und weshalb" als unmündig und der Emanzipation bedürftig erklärt und „wer die Emanzipation wovon und auf Kosten von was bzw. von wem" herbeizuführen verspricht, selbst Gegenstand aufgeklärten Denkens und Nachdenkens sein muss, so müssen die impliziten oder erst sekundär sich manifestierenden und sich auswirkenden *Kehrseiten der Prozesse der Demokratisierung und Professionalisierung* im Bildungswesen aufgedeckt und bedacht werden. Angesprochen sind die im Zuge der Demokratisierung der Bildung und der Professionalisierung der Ausbildung im 19. Jahrhundert sich entwickelnden und sich rasch ausbreitenden Tendenzen zur Normierung, Bürokratisierung und Abgrenzung (Isolierung) des Bildungswesens.

Zur Zeit der Entstehung des Demokratisierungs- und Professionalisierungsprozesses im Bildungswesen (und damit der Entstehung der Volksschule) sind pädagogische und bildungspolitische Postulate integrierende Bestandteile der grossen gesellschaftspolitischen Bewegung der ersten Hälfte des 19. Jahrhunderts, der liberal-demokratischen Politik. Sie gehören aber auch zu jenem Prozess, der für das 19. Jahrhundert wohl die basale Struktur lieferte: Der Prozess der Industrialisierung und der Technifizierung der Lebens-, Berufs- und Alltagswelt.

Im allgemeinen *gesellschaftlich-geistigen Differenzierungsprozess* des 19. Jahrhunderts beschleunigten sich auch die Differenzierungen im wissenschaftlichen Erkenntnisbereich und damit in den Strukturen der Wissenschaften: Neue wissenschaftliche Disziplinen entstehen und beginnen eine wesentliche Rolle im jeweiligen „Anwendungsfeld" zu spielen. Deutlich zeigt sich das im Bildungswesen: Pädagogik und Psychologie, eben erst noch Bestandteile der Philosophie (und Theologie), etablieren sich zunehmend als neue und selbständige Wissenschaftsbereiche mit eigenen Fragestellungen und eigenen Methoden, und sie beginnen Schule, Erziehung und Unterricht wesentlich mitzugestalten.

Diese vier Stränge – *Demokratisierung, Professionalisierung, Industrialisierung bzw. Technisierung, wissenschaftliche Differenzierung* – verweben und vernetzen sich im Laufe des 19. Jahrhunderts zu einem hoch komplexen und differenzierten Gefüge. Sie bilden mit ihren positiven und negativen Seiten auch die Grundlage für unsere Zeit.

7.1 Der Strukturwandel in der Epoche der Industrialisierung

Vor der Zeit der Industrialisierung, insbesondere zur Zeit der Klassik, bezeichnete der Begriff Bildung vor allem humanistische Bildung, wie sie den oberen Gesellschaftsschichten und den angehenden Beamten und Gelehrten vorbehalten war. Inhaltlich orientierte sich die humanistische und neuhumanistische Bildungsidee an den klassischen Gestalten und Gehalten (vgl. Kap. 5). Das änderte sich vor allem nach der Französischen Revolution: Um 1800 und zu Beginn des 19. Jahrhunderts begann die „neue politische Klasse", *das Bürgertum*, den Bildungsbegriff neu zu bestimmen: *Bildung wurde wieder enger mit der Politik* verknüpft. Die sozialen und ökonomischen Dimensionen des Bildungspostulates erhielten neue Akzente, „einen spezifischen Kampfakzent der bürgerlichen Klasse gegen die im Rahmen einer unglaublichen Auffächerung der feudalen Hierarchie noch präsenten Herren des Zeitalters: Kaiser, Könige, Fürsten, Grossherzöge, Fürstbischöfe und Erzäbte, Grafen (...) u. a." Der Bildungsbegriff wurde, vor allem im deutschen Sprachraum, zu einer „Kampfparole", er trug „einen gewissen progressiven Charakter. Er war die Fortsetzung des politischen Kampfes des Bürgertums mit pädagogischen Mitteln" (Gamm 1976, 146 ff.).

Vom Wiener Kongress über die politischen Revolutionen zum Vorabend des Ersten Weltkrieges

Auf den ersten Blick scheinen die Demokratisierungsprozesse im gesellschaftlich-staatlichen Bereich und im Bildungswesen parallel zu verlaufen. Beide Prozesse erscheinen wie zwei Stränge desselben Vorganges. Bei genauerer Analyse zeigt sich aber, dass die gesellschaftspolitischen Postulate zur Demokratisierung älter sind.

Die *Ständeordnung*, die sich in Europa im Mittelalter herausbildete, behauptete sich während Jahrhunderten. Zwar geriet bereits zur Zeit der Aufklärung – und z. T. schon früher – diese traditionelle Ständeordnung in Europa ins Wanken. Aber bis zur Epoche der Industrialisierung wurde die ständische Gliederung insgesamt doch vorwiegend durch die Herkunft (Geburtsstand) und durch Besitz (Güter, Land) bestimmt. Die Aufklärung stärkte das Bürgertum in seinem Selbstbewusstsein und förderte es (gegenüber dem Adel und dem Hof). Dadurch entwickelte es immer mehr Machtbewusstsein und reale Macht (Bedeutung des Gewerbes und der Städte), und es begann sich eine eigentliche Bürgerkultur heranzubilden (im Gegensatz zur höfischen Kultur). Parallel zur Erwerbstätigkeit regte sich in den Schichten des Bürgertums ein Bildungsdrang, der sich zu einem eigentlichen Aufstiegs- und Kulturwille entfaltete.

Zu Beginn des 19. Jahrhunderts ergriff dieser Prozess weitere Schichten, die sogenannten „tieferen" Schichten der gesellschaftlichen Ordnung, das „Volk". Auch begann sich eine neue gesellschaftliche Schicht zu bilden: das Unternehmertum. Angetrieben und gestossen wurde dieser Prozess einerseits von der wirtschaftlich-technischen Entwicklung in Europa, andererseits von den vorangegangenen geistigen Strömungen, der Aufklärung und ihren Auswirkungen, der Klassik und dem Idealismus, dem Pietismus, dem Philanthropismus usw.

Äusserlich zeigte sich der *Beginn der neuen Epoche* und ihr Geist in einer zunehmenden Vermassung, vor allem in den Städten, in einem gewaltigen Anstieg und Aufstieg der Wirtschaft, in einer zunehmenden Technisierung und damit einhergehend auch einer Kollektivierung und Differenzierung der Arbeit.

Politisch regten sich auch Widerstände gegen die neue Zeit und ihren Geist. Nach dem *Wiener Kongress* (1815) folgten Versuche, die alten Ordnungen im Staatswesen und in der Ständeordnung wiederherzustellen (Restauration, 1815-1830). Doch der neue Geist erhielt von vielen Seiten stets neuen Antrieb. So verbreitete sich z. B. von England aus die Maschinenproduktion auf dem Festland. Die industrielle Revolution – eine Folge der Verbindung von Naturwissenschaft und Technik – rollte an (neue Verkehrswege und Verkehrsmittel, z. B. Eisenbahn, Flussregulierungen, Strassenbau; Telegraphie; Maschinenproduktion usw.). Medizinische und hygienische Entwicklungen führten zum rasanten Wachstum der Bevölkerung. Die ökonomische Dimension des Lebens wurde ausgebaut und verfeinert: Unternehmen schlossen sich zusammen, Aktiengesellschaften wurden gegründet, Schutzzölle eingerichtet und Zollvereine gegründet (als zusammenfassende Übersicht vgl. z. B. Mittler 1982).

Diese Faktoren führten in gesellschaftspolitischer Hinsicht zu *Umwälzungen von grösstem Ausmass:* Die Arbeitskräfte einsparende Produktion mit Maschinen, verbunden mit der Landflucht und dem Bevölkerungswachstum, führte zu einem Überangebot von Arbeitskräften. Das erlaubte es der neuen Gesellschaftsschicht, den Unternehmern, die über die Produktionsmittel verfügte, die Löhne niedrig zu halten. Ein eigentliches Proletariat entstand: Menschen, die nichts ausser ihrer Arbeitskraft besassen, diese aber nicht so „umtauschen" konnten, um menschenwürdige Lebensbedingungen schaffen zu können. Auch das Problem der Kinderarbeit nahm in der Zeit der Industrialisierung bedenkliche Ausmasse an (vgl. z. B. Wirth 1912).

Die *Revolutionen* in der ersten Hälfte des 19. Jahrhunderts legten die Folgen und Schwächen eines extensiven und schrankenlosen Kapitalismus (Hochkapitalismus) offen (1830 in Paris; 1848 in Deutschland;

in der Schweiz die Kämpfe zwischen Radikalen und Konservativen, die 1848 zum Bundesstaat führten; die Lehren von Friedrich Engels [1820-1895] und Karl Marx [1818-1893]; 1848 Kommunistisches Manifest). Sie wollten diese Auswüchse bekämpfen. Im Zuge dieser Auseinandersetzungen begannen sich die grossen ideologischen Bewegungen in der Form von politischen Parteien zu formieren, als geistige Strömungen, als Wertsysteme mit eigenen Lehren (in Wirtschaft, Staat, Kultur, Wissenschaft): Die liberalen und radikalen Gruppierungen (Aufgeklärter „Rechtsstaat", Individualismus, Eigennutz, freie Marktwirtschaft), die kommunistischen Gruppierungen (Kollektivismus, Gemeinwohl, staatliche Planwirtschaft), die konservativen Gruppierungen (Christlicher „Gottesstaat", soziale Marktwirtschaft).

Zusätzlich zu diesen Zeitströmungen prägte sich in der zweiten Hälfte des 19. Jahrhunderts auch immer stärker der *Gedanke des Nationalen* als verbindende und ordnende Kraft aus. Die Bildung und Differenzierung der Nationalstaaten (Volk und Staat bilden eine Einheit) führten immer deutlicher zum Nationalismus, zur übersteigerten Hochschätzung des eigenen Volkes bei gleichzeitiger Geringschätzung und Missachtung anderer Völker. Verbunden mit einem zunehmenden Streben nach macht- und einflussmässiger und wirtschaftlicher Expansion sowie nach Geltung, entwickelte sich um die Jahrhundertwende (etwa ab 1890) ein Imperialismus, der den Boden für den Ersten Weltkrieg wesentlich mitvorbereitete.

7.2 Exkurs: Von der (literarischen) Klassik und Romantik über den Realismus zum Naturalismus

Die skizzierte Umbruchsituation und Entwicklung in den politischen, sozialen, kulturellen und ökonomischen Bereichen widerspiegelt sich in der Literatur und der Philosophie des 19. Jahrhunderts in mehrfacher Weise.

Vom idealistisch-harmonistischen Bildungsverständnis zur realistischen Auseinandersetzung mit dem Menschen

Die Überschrift zu diesem Abschnitt ist zwar sicher pointiert und plakativ. Doch sie soll auf die Spannweite im Verständnis des Menschen und des Lebens, die sich in der Philosophie und Literatur von der Zeit der Klassik über die Romantik bis zum Realismus und Naturalismus öffnet, hinweisen. Gerade im Zusammenhang mit unserem Thema, der Demokratisierung der Bildung, werden die Akzente in diesem kontrastreichen Feld besonders deutlich.

Zur Zeit der *Klassik* beherrscht die These der allseitig-harmonischen Menschenbildung (Verstandeskräfte, Gemüt, Phantasie) nach dem Vorbild der Antike das Bildungsdenken, wie es in Kapitel 5 beschrieben worden ist. Bereits in der *romantischen Bewegung* kündigt sich die Abkehr vom klassisch-idealisierenden Menschen- und Bildungsverständnis an. Elemente der „Sturm und Drang"-Zeit werden gelebt und in den literarisch-philosophischen Produktionen gestaltet (Irrationalität bzw. Gefühl und Stimmung bei entsprechender Kritik an der „Verstandeskultur", kraftvolles Ausleben vitaler Energien, Leiden an der Welt und Sehnsucht nach Erlösung). Ein Aufstand gegen die schönfärbenden Idealisierungen (und entsprechenden Ideologisierungen) des menschlichen Daseins kündigte sich an. Und in der folgenden Phase des Realismus wandten sich Literatur und Philosophie (bzw. das wissenschaftlich-intellektuelle Denken überhaupt) zunehmend der Wirklichkeit des Lebens, den realen Lebensverhältnissen und Lebensbedingungen zu.

Zwar stand als Thema zunächst der häusliche Bereich („Biedermeier") im Vordergrund. Dann weitete sich die Thematik zunehmend aus auf die bürgerliche Alltagswelt, die staatliche Ordnung und die sozialen und ökonomischen Gegebenheiten, kurz: auf die Wirklichkeit der real existierenden Lebensbedingungen, wobei Industrialisierung, Revolution und Nationalstaatlichkeit auch der Literatur ihre Stempel aufdrückten: Die Dichter des *„Jungen Deutschland"* (u. a. Heinrich Heine, 1797-1856) empfanden es als ihre Sendung, „das Reich des Geistes und das Kulturerbe gegen die immer bedrohlicher vordringende Welt der materiellen Dinge zu verteidigen" (Alker, 1961, 139). Im österreichischen

Schrifttum des „Vormärz" und der Folgezeit zeichneten u. a. die Dichter Franz Grillparzer (1791-1872), Ferdinand Raimund (1790-1836), Johann Nepomuk Nestroy (1801-1862) und Adalbert Stifter (1805-1868) die besondere österreichische Situation unter der Herrschaft Kaiser Josephs II., mit dem „das Ende Österreichs begann, mit all dem grenzenlosen Unheil, welches der Untergang eines alten Grossraumstaates (...) für dessen Bewohner (...) und für die Welt gehabt hat" (ebd., S. 132).

Die *realistische Hinwendung zur sozialen und gesellschaftspolitischen Wirklichkeit* wird bei Dichtern wie dem Dramatiker Georg Büchner (1813-1837), beim Lyriker und Erzähler Eduard Mörike (1804-1875) und insbesondere auch bei den Schweizer Dichtern Jeremias Gotthelf (1797-1854), Gottfried Keller (1819-1890) und Conrad Ferdinand Meyer (1825-1898) deutlich. Im Drama „Die Weber" zeichnete Gerhart Hauptmann (1862-1946) – er knüpft mit seinem Naturalismus an den späten Realismus an – die Rebellion (Hungeraufstand der schlesischen Leinwandweber von 1844) einer ganzen Volksschicht, der Arbeiter, gegen die kapitalistische Übermacht und Ausbeutung (Fabrikbesitzer Dreissiger) und damit die gärende sozialpolitische Atmosphäre. Aber auch schon die Sinnlosigkeit solcher Rebellion, die Resignation und der Rückzug, wie sie nach der Jahrhundertwende u. a. im Expressionismus zum Ausdruck kommen, werden sichtbar.

Kritisch-mahnende Stimmen

Epochale Umwälzungen und grosse Ereignisse werfen ihre *Schatten* meist längere Zeit voraus. So machte sich die realistische Hinwendung zur Welt und zum Menschen in der Philosophie schon zu einem frühen Zeitpunkt bemerkbar, gerade auch im Sinne der Mahnung und der (vorweggenommenen) Kritik. *Arthur Schopenhauer* (1788-1860), zu Beginn seines Schaffens dem idealistischen Standpunkt noch durchaus nahestehend, vermenschlichte sozusagen das Bild der Welt und des Menschen, zwar nicht in einem idealisierenden oder schönfärbenden, sondern in einem realistischen Sinne. Sowohl die Welt wie auch das Individuum sind nach Schopenhauer erfüllt von einem ewig ziellosen und stets unbefriedigten Drang, den er „Willen" nennt. Der Mensch treibt hin und her zwischen den Polen der Not und der Langeweile. Schopenhauer will das Wesen dieser „schlechtesten aller Welten" erkennen. Dem dunklen und abgründigen Willen steht die Vorstellung einer vom menschlichen Geist gedachten bzw. geschaffenen besseren Welt gegenüber, von Schopenhauer als „Vorstellung" bezeichnet. Die Überwindung des triebhaften Lebenswillens und damit des Übels der Welt aber kann durch diese gedachte, die vorgestellte Welt niemals gelingen – das wäre ein Betrug, ein Selbstbetrug. Einzig in der denkerischen und künstlerischen Betrachtung liegt – zumindest – die Möglichkeit der Überwindung. Mit seinem Hauptwerk, „Die Welt als Wille und Vorstellung" (1819), hat Schopenhauer wesentlich zur Entwicklung des kritischen Geistes im Industrialisierungszeitalter beigetragen.

Eine eigentliche kritische Bilanz des menschlichen Seins und Tuns und der epochalen Umwälzungen – insgesamt ein vernichtendes Urteil – zog *Friedrich Nietzsche* (1844-1900). Er führte seine Kritik am Menschen und seinem Tun und seinen Verblendungen – grundsätzlich und insbesondere am Menschen seiner Zeit – in bitterem Ton. Vor allem in den Vorträgen „Über die Zukunft unserer Bildungsanstalten" (1872) und in „Unzeitgemässe Betrachtungen" (1873/76) griff er den Geist der Zeit und die Entwicklungen im Bildungswesen an. So wie der Zeitgeist den dem Menschen innewohnenden und ihn beherrschenden „Willen zur Macht" und die rein auf Utilitarismus und den eigenen Vorteil ausgerichteten Motive menschlichen Denkens und Tuns offenbart (und sie fördert), so tragen das um sich greifende Bildungsverständnis und die Entwicklungen im Bildungsbereich, in Erziehung und Schule nach Nietzsche dazu bei, Bildung rein utilitaristisch, zum persönlichen Nutzen und zur persönlichen Macht- und Geltungssteigerung zu gebrauchen. Bildung ist, nach Nietzsche, nicht mehr Bildung um der Persönlichkeitsbildung willen mit dem Ziel der Veredelung und der Vervollkommnung des Menschen und der Menschheit. So bleibt für Nietzsche denn auch der Mensch trotz aller Bildung und aller Bildungsbemühungen ein kläglicher, triebhafter Banause.

7.3 Bildung im Aufbruch: Die Volksschule im Demokratisierungsprozess

Im skizzierten geistigen, politischen, sozialen und ökonomischen Umfeld liegen die *Anfänge der Volksschule*. Es ist ein schwieriges, wenn nicht gar unmögliches Unterfangen, das Gewicht der einzelnen Faktoren zu benennen, die zur Gründung der Volksschule führten. Neben den genannten Faktoren wirkte sicher als Triebfeder auch die sich allmählich entwickelnde Pädagogik als eigener Wissenschaftsbereich (vgl. auch Kap. 6). Die Umsetzung der Erkenntnisse der pädagogischen Wissenschaft in die Praxis, d. h. deren Anwendung in Erziehung und Unterweisung, führte zu einem gewaltigen Professionalisierungsschub in der erzieherisch-unterrichtlichen Praxis.

Wir haben gesehen, dass die geistigen und ideellen *Wurzeln der Idee einer Volksbildung* bis in die Zeit der Aufklärung reichen und dass das industrielle Zeitalter Menschen als Arbeitskräfte mit einer – minimalen – Bildung und Ausbildung benötigte. Walter Guyer schreibt in „Erziehungsgedanke und Bildungswesen in der Schweiz", die Volksschule in der Schweiz sei vorwiegend „aus dem Boden (einer) schweizerischen Haltung erwachsen", in der sich kaum von vornherein eine führende Elite vom Volk als untertaner Masse abhebe: Demokratische Haltung vertrage „selbst im Geistigen nicht ein absolutes Oben gegenüber einem absoluten Unten, schon gar nicht in dem Sinne, dass Bildung zugleich Privileg bedeutet und Kastenunterschiede unterstreichen hilft" (Guyer 1936, 6). Dieses Bild malt die politischen und sozialen Verhältnisse zur Zeit der Entstehung der Volksschule wohl in etwas zu rosigen Farben. Es trifft auch nicht die realen Sachverhalte bezüglich des Aufbaus des Schulwesens und der Schulstruktur. Das im 19. Jahrhundert sich entwickelnde Schulwesen widerspiegelt sehr wohl ein hierarchisches Denken und eine ständische Gestaltung des Gemeinwesens. Aber immerhin ist festzuhalten, dass das Bildungswesen in der Schweiz in der ersten Hälfte des 19. Jahrhunderts von den demokratischen Kräften sehr gefördert wurde und einen raschen Aufbau und Ausbau erfuhr.

Vorformen der Volksschule

Ansätze zu einer elementaren Bildung gab es, bevor die Volksschule durch das Gesetz institutionalisiert wurde, bevor Bildung und Schule „Sache des Staates" (Guyer) wurden. Eine Vorstellung über die *Anfänge der Volksschule* können die Erinnerungen eines aargauischen Lehrers, der diese Schule als Knabe im heutigen aargauischen Fricktal gegen Ende des 18. Jahrhunderts erlebt hat, vermitteln (zit. aus Frey, 1946, 5):

> Mein Vorfahr, zu dem ich noch in die Schule gegangen, war ein Strumpfweber. Sein Strumpfwirkerstuhl stand in der kleinen, niederen, dumpfigen und russigen Schulstube; da lernten wir alle laut miteinander den Katechismus auswendig, jedes eine andere Frage, und zu dem Gesumse und Gebrumme schnurrte denn der Webstuhl. Ich erinnere mich noch wohl, wie ich nach dem Takte desselben meine Fragen ableierte, und jetzt noch schwirrt mir die Strumpfwirkerei, so oft ich das Buch ansehe, und der Zwirnsfaden ist fast mein Gedächtnisfaden geworden. Neben dieser Strumpforgel, mit der der Schulmeister unsern Chorgesang begleitete, war sein grosser Zepter und sein Taktstock aufgesteckt, mit dem er, als mit einem Zauberstab, all sein Unterrichten und Erziehen vollbrachte, und den er besonders ernstlich schwang, wenn ihm der Faden gebrochen war; sonst machte er etwa auch die Birkenreiser, wie ein Kutscher von seinem Sitze die Geissel spielen lässt, über unsern Köpfen weben und säuseln, vertrieb die Mücken und spornte den Lauf der Jungen. Wie wir den Katechismus lernten, weiss ich selbst nicht recht. Die älteren Kinder lehrten die jüngsten in demselben die Buchstaben kennen und buchstabieren, und dann musste sogleich auswendig gelernt werden, und so hab' ich selber wohl ein ganzes Jahr an der ersten Frage zu tun gehabt. Ein anderes Buch kannten wir nicht, konnten auch kein anderes lesen. Auch der Pfarrer machte uns mit keinem andern Buche bekannt, und ich bin unterwiesen worden, ohne dass ich das Evangelium auch nur gesehen hätte. Rechnen und Schreiben lernten wir nicht; wer darin etwa das Notdürftigste erringen wollte, musste besondere Stunden dem Schulmeister bezahlen. So lernten wir denn an Sonntagnachmittagen das Einmaleins; der Strumpfweber lag dann im Winter, denn im Sommer ward gar nicht Schule gehalten, der Länge nach auf dem Ofen und leitete mit seinem Zepter den Zahlen singenden Chor. Das Schreiben bestand in hundertmaligem Nachmalen etlicher Bibelsprüche. Und so sah es damals in den meisten Schulstuben unseres Landes aus.

Eine (staatliche) Schule für das Volk

Die Situation änderte sich in der Zeit der Helvetik und Mediation (1798-1815). Die Zeit und die gesellschaftspolitischen Vorstellungen forderten eine *pädagogisch und didaktisch gestaltete und eine strukturierte Volksschule* (vgl. Jenzer und Lattmann 1988). 1798 entwarf P. Gregor Girard (1765-1850; eine Zeitlang Sekretär des helvetischen Bildungsministers Stapfer) ein helvetisches Erziehungsgesetz, in welchem er ein *dreistufiges Schulwesen* vorschlug:

– eine von den Gemeinden zu tragende „première école"
– eine von den Bezirken zu tragende „seconde école"
– und eine kantonale „troisième école"

Nach und nach entwickelte sich in der ersten Hälfte des 19. Jahrhunderts eine Schulstruktur und Schulkultur, die den Namen Bildungsstätte für das Volk verdienten. Stichwortartig lassen sich die Errungenschaften des 19. Jahrhunderts im Bildungsbereich folgendermassen zusammenfassen:

– die allgemeine Schulpflicht wird durchgesetzt,
– der Schulbesuch wird unentgeltlich,
– die Klassengrössen werden nach und nach gesenkt,
– die obligatorische Schulzeit wird nach und nach verlängert,
– es werden Schulhäuser gebaut,
– die Lehrerbildung wird verlängert und professionalisiert,
– der Fächerkanon wird erweitert,
– es werden Schulbücher bzw. Lehrmittel geschrieben und publiziert,
– der Unterricht wird systematischer bzw. methodischer durchgeführt.

Dazu kommt, dass auch das höhere Schulwesen ausgebaut wurde: das Gymnasium wurde erweitert und differenziert. Im Kanton Aargau wurden das Bezirksschulwesen ausgebaut und die Organisation der Kadetten entwickelt.

Von Bedeutung ist auch die allmähliche Loslösung der staatlichen Schule von der Kirche und damit von den religiösen Zielsetzungen. Neben der Schilderung des Schicksals und des (beruflichen) Lebensweges des angehenden Schulmeisters Peter Käser wird gerade dieser Prozess sehr anschaulich im Roman von Jeremias Gotthelf, „Leiden und Freuden eines Schulmeisters", dargestellt. (Vgl. dazu auch das Buch „Sturmläuten für die Aargauer Schulen" von Fritz Meier, in dem er die Entstehung des aargauischen Schulwesens im ersten Drittel des 19. Jahrhunderts beschreibt.)

Wie die *gesellschaftspolitischen, die bildungspolitischen und die pädagogischen Geisteshaltungen und Interessen* zur Zeit der Entstehung der Volksschule und der Lehrerbildung miteinander und ineinander verwoben sind, lässt sich zusammenfassend illustrieren in einem Erlass des preussischen Kultusministers Altenstein aus dem Jahre 1829 (zit. nach Leschinsky und Roeder, in Schmitz 1980, 76):

> Die Volksschulen haben nach meiner Ansicht nur dahin zu wirken, dass das Volk
> 1. den christlichen Glauben einfach und dem Evangelio gemäss, aber mit Lebendigkeit und Innigkeit auffasse und ergreife;
> 2. in diesem Glauben den Grund und den Antrieb zu einem sittlichen und durch festen christlichen Glauben glücklichen Leben finde;
> 3. innerhalb des ihm von Gott angewiesenen, beschränkten Kreises klar und wahr denke;
> 4. seine Gedanken in diesem Kreise kurz und bündig auszusprechen;
> 5. fremde, seine Sphäre berührende und betreffende Gedanken leicht und richtig aufzufassen vermöge;
> 6. dass es lesen, schreiben, rechnen und singen lerne;
> 7. dass es seinen Regenten und sein Vaterland liebe, mit dessen Einrichtungen, Gesetzen usw. nach Bedürfnis und Massgabe seines Standpunktes bekannt, mit seinem Zustande zufrieden sei und in seiner Sphäre ruhig und befriedigt lebe;
> 8. die unerlässlichen gemeinnützigen Kenntnisse von der Natur, deren Behandlung und Benutzung, Gesunderhaltung des Leibes usw. erlange;
> 9. dass es in Summa mit einem kräftigen, gewandten Leibe, geweckten Geiste und richtigen Gefühle Gott, dem Könige und dem Vaterlande und sich selbst dienen könne und wolle.

Dieser Textausschnitt zeigt, dass die Postulate der *Volksbildung und Volksbefreiung* im Interesse bestehender herrschaftlicher Strukturen auch restriktiv ausgelegt werden konnten. Vom Anliegen der Demokratisierung ist nicht viel aus diesem Text herauszuhören. Dies gilt insbesondere auch hinsichtlich des Postulats der gleichen Bildungs-

und Ausbildungsmöglichkeiten für die Mädchen und die Frauen (vgl. z. B. Möhrmann 1978). Aber auch das in der ersten Hälfte des 19. Jahrhunderts noch weit verbreitete herrschaftsorientierte und auf geistige Unterdrückung, Beharrung und Unmündigkeit ausgerichtete Bildungsverständnis konnte die der Idee der Bildung immanente Emanzipationskraft (vgl. Kap. 3) nicht ersticken. Mit der zunehmenden Institutionalisierung der Bildung beeinflusste diese Emanzipationskraft das Bewusstsein und das Verhalten der Bevölkerung.

Die Weiterentwicklung der Volksschule – und auch der übrigen Bildungsbereiche – zeigt auch, dass die Demokratisierung und die Professionalisierung im Bildungswesen eine Schattenseite haben können: Sie führten nach und nach zu einer zunehmenden Rationalisierung, Bürokratisierung, Vereinheitlichung und Zentralisierung. M. a. W.: Die *fortschreitende Verstaatlichung* wird im Bildungswesen – innerlich und äusserlich – durch eine zunehmende Normierung deutlich erkennbar: Schulpflicht, Schulstruktur, Berechtigungswesen bzw. Abschlussqualifikationen, Vorgaben von Zielen und Inhalten, Aufsicht und Sanktionen zeigen diese Tendenzen (vgl. den Abschnitt über die Wirkungsgeschichte). Und schliesslich führte die staatliche Institutionalisierung der Ausbildung der Lehrkräfte dazu, dass der Lehrer „schon sehr bald nach seiner Loslösung aus kirchlicher Bevormundung zum letzten Glied einer langen Verwaltungskette" (Schmitz 1980, 64) wurde.

7.4 Allgemeinbildung und Berufsbildung

Es versteht sich von selbst, dass die Umwälzungen in Staat, Gesellschaft und Wirtschaft sich auf das Berufsleben und auf die Berufsbildung auswirkten: Neben der Verbreiterung und (quantitativen) Vergrösserung der Rekrutierungsbasis für Arbeitskräfte erforderten die sich zunehmend differenzierende und *komplexer werdende Wirtschaft, Industrie und Verwaltung* auch eine entsprechende berufliche Ausbildung: Der Prozess der Professionalisierung in allen Arbeitsbereichen begann.

Während langer Zeit waren die *Zünfte* und andere (Handwerks-)Organisationen Träger der beruflichen Ausbildung. Dies änderte sich zur Zeit der Industrialisierung. Emil Jucker beschreibt in seinem Aufsatz „Berufsbildung und Berufsberatung in Handwerk, Landwirtschaft, Industrie und Handel" diesen Umbruch (Jucker 1936): Waren im beruflichen Bereich bis zum Ende des 18. Jahrhunderts

> die Berufslehren in Handwerk und Handel (...) wohl geordnet und reglementiert, so zeigten sich Zerfallserscheinungen schon vor der französischen Revolution, da z. B. das Zunftwesen, wichtiger Träger dieses Ausbildungsbereiches, zeigte, dass der einst gesunde Stamm morsch geworden war. Das Zunftwesen passte mit seinen engen Schranken und starren Formen nicht in die Neuzeit hinein. (...) Für jedes Handwerk, wie auch für den Handel, bestanden ins einzelne gehende Vorschriften über die Höchstzahl der Lehrlinge, Gesellen und Meister, sowie über den Kreis der Personen und Familien, welche einen gewissen Beruf überhaupt erlernen und ausüben durften. Der „Zufall der Geburt und des Wohnsitzes", nicht aber Eignung und Neigung bestimmten die Auswahl des beruflichen Nachwuchses. Gewisse Berufe durften nur von Städtern, andere sogar nur von altansässigen Stadtburgern ausgeübt werden. Vielfach wurde die selbständige Berufsausübung auch durch fast prohibitiv wirkende Taxen auf einen kleinen Kreis Wohlhabender beschränkt. (Jucker 1936, 186)

Nach den Revolutionsjahren zu Beginn des Jahrhunderts war die Berufsbildung ein „trostloses Trümmerfeld". Der *beruflichen Ausbildung* nahm sich niemand an.

> Der nach der französischen Revolution zeitweise uneingeschränkt herrschende Liberalismus betrachtete die berufliche Ausbildung als eine persönliche Angelegenheit, in die sich weder der Staat noch ein Berufsverband einzumischen hatte. Nur wenige weitsichtige Staatsmänner und Volksfreunde erkannten die Gefahren einer anarchistischen Unordnung im Berufswesen, vor allem in der Berufsbildung, und erhoben ihre warnende Stimme oder versuchten, durch praktische Arbeit der drohenden Verwilderung und Verelendung entgegenzuwirken. (Jucker 1936, 187)

Langsam bildeten sich Strukturen durch die Einrichtung von Handwerksmeisterkursen, aus denen sich die gewerbliche Fortbildungsschule entwickelte. Private Industrieunternehmungen richteten Werkschulen ein, um einen geschulten Arbeiterstand heranzubilden. Die erste Schule dieser Art gründete die Firma Gebrüder Sulzer AG im Jahre 1870 in Winterthur.

Für die *Frauen und Mädchen* geschah zu dieser Zeit auf dem Gebiet der beruflichen Bildung und Ausbildung kaum etwas (vgl. den Abschnitt „Sind Mädchen auch Schüler?" in Kapitel 3; auch Dauzenroth 1964). Noch gegen Ende des Jahrhunderts z. B. „wurde ein lebhafter Kampf darum geführt, ob die Kurse der kaufmännischen Vereine auch den Töchtern zugänglich gemacht werden sollten" (Jucker 1936, 191).

Ein eigentlicher Schub im Professionalisierungsprozess ereignete sich gegen Ende des 19. Jahrhunderts, als der *Einfluss des Bundes und der Kantone* auf die Berufsbildung immer stärker wurde. Seit den 80er Jahren ermöglichten Bundesbeschlüsse die finanzielle Unterstützung der beruflichen Ausbildung durch den Bund. Im Jahre 1908 wurde ein entsprechender Artikel in die Bundesverfassung aufgenommen, aufgrund dessen mit der Ausarbeitung eines Bundesgesetzes über die berufliche Ausbildung begonnen werden konnte (in Kraft gesetzt 1933). Damit konnte der Bund (und später auch die Kantone) auch Vorschriften über die inhaltliche und organisatorische Gestaltung und damit über die Qualität der Ausbildung erlassen und deren Einhaltung kontrollieren.

7.5 Die allmähliche Professionalisierung des Lehrerinnen- und Lehrerberufs

Die Bildung auf dem Lande und die Vorformen der Volksschule, wie sie oben beispielhaft skizziert wurden, benötigten keine ausgebildeten Fachleute, keine Lehrerinnen und Lehrer: Es gab keine systematische Schulbildung für das gesamte Volk, insbesondere auf dem Lande, keine Methoden und Lehrbücher und Lehrmittel. Es gab auch keine Bildungstheorien und Lerntheorien, mit denen sich angehende Schulmeister hätten auseinandersetzen müssen, bevor sie sich als Schulhalter oder Schulmeister betätigten.

Zwar riefen pädagogisch und demokratisch engagierte Denker schon um die Jahrhundertwende immer wieder nach einer Schule für das Volk und nach entsprechend *ausgebildeten Lehrkräften*. Adolf Diesterweg (1790-1866) z. B. forderte eine fundierte Ausbildung für Volksschullehrer, durch die sie zur „Selbständigkeit des Geistes im Denken und Handeln" geführt werden sollten. Doch der Weg zu einem solchen Ziel sollte, gerade in der Schweiz, ein langer und steiniger werden.

Vorformen des Lehrerberufs: Schulhalter und Schulmeister

So kläglich wie die Vorformen der Volksschule waren, so dürftig waren die Vorformen des Lehrerstandes und der „Ausbildung". Heinrich Tuggener hat in seiner Untersuchung „Der Lehrer" (1962) die *Entwicklungslinien dieses Berufsstandes* dargestellt. Er zitiert darin A. Zieger, der vier „Strukturstufen" in der Entwicklung des Lehrerberufs im Sinne der Differenzierung und damit der Professionalisierung unterscheidet: Der Beginn lag in einem völlig strukturlosen Stadium des „Schulhalters". Die Differenzierung schritt dann fort über den „Schulmeister" zum „Schullehrer" und zum „Volkslehrer". Diesen Stadien, die im 19. Jahrhundert einander folgen, wäre das Stadium der zunehmenden wissenschaftlichen Fundierung (und damit der Akademisierung) der Lehrerinnen- und Lehrerbildung im 20. Jahrhundert hinzuzufügen.

Der *Schulhalter* und z. T. noch der Schulmeister sind uns aus der Literatur, aus Karikaturen und Spottversen bekannt. Tuggener referiert verschiedene solche Überlieferungen, z. B. den Spottvers aus Österreich (ebd., S. 53): „Willst du wissen, lieber Christ,/ Was für ein Mensch der Aermste ist?/ So lass es dir gesaget sein:/ Das arme Dorfschulmeisterlein."

Die soziale Randstellung der *Dorfschulmeister* und die materielle Notsituation dauerten noch weit ins 19. Jahrhundert hinein. Der Schulmeister gehörte „zu denen, über die sich selbst die niedersten Stände noch erhaben fühlten. Schulmeister zu werden bedeutete für manchen nichts anderes als das faktische Eingeständnis einer gescheiterten Laufbahn" (ebd., S. 54). Diese Situation wohl hatte Jeremias Gotthelf im Auge, als er im Vorwort zu „Leiden und Freuden eines Schulmeisters" schrieb:

> Aber weil dies Buch von einem Schulmeister handelt, so werden es viele nicht anrühren mögen. Es ist eine alte Mode geworden, dass man die Nase rümpft, wenn man einen Schulmeister von weitem sieht, dass zu gähnen anfängt, wer nur von einem Schulmeister hört. Und doch ist ein Schulmeister akkurat ein Mensch wie ein anderer.

Zu dieser *sozialen und materiellen Randständigkeit* kam die völlige geistige Abhängigkeit von der Geistlichkeit und der Kirche. Gerade auch darüber gibt das Schicksal des Romanhelden von Gotthelf Auskunft, etwa wenn Gotthelf den angehenden Schulmeister Peter Käser sagen lässt: „Der Pfarrer sagte mir aber, das gehe nicht so, wie jeder wolle; was in der Schule geschehen solle, habe eben er zu befehlen". Auf dem Lande war der Pfarrer Wahl- und Aufsichtsbehörde in einer Person: Er

> entscheidet über die Anstellung eines Schulmeisters, der Pfarrer inspiziert die Schule im Laufe des Jahres und am Examen, der Pfarrer bestimmt, was gelehrt werden soll, der Pfarrer überwacht den sittlichen Wandel des Schulmeisters und nimmt ihn ins Gebet, wenn etwas nicht stimmt, und nicht zuletzt sind es die einzelnen Pfarrer, welche die Notwendigkeit einer Schulmeisterbildung erkennend, diese aus eigener Initiative zu fördern trachten. (Tuggener 1962, 57)

Dass sich unter solchen Bedingungen nur Leute als Schulmeister betätigten, „welche in anderen Gewerbsarten verunglückt oder für jeden andern Beruf unfähig waren und daher in der Bedrängnis zu jenem Noth- und Elendsstand ihre Zuflucht nahmen, der im Durchschnitt weniger einbrachte, als das Geschäft eines tüchtigen Bauernknechtes oder eines Holzhackers in der Stadt" (Snell, zit. in Tuggener, 1962, 54), versteht sich von selbst.

Die Anfänge der Professionalisierung

Gegen Ende des 18. und zu Beginn des 19. Jahrhunderts bahnten sich Entwicklungen in Richtung auf einen eigenen Berufsstand an. In Kursen, die manchmal 2 Wochen, später 8 oder 12 Wochen dauerten, wurden neue oder amtierende Schulmeister meist vom Pfarrer „ausgebildet". Ein solcher „Wochenkurs" führte z. B. Pfarrer Schuler auf Kerenzen 1813 durch. Über dieses „Schullehrer-Institut" heisst es in einem Bericht:

> Dahin wurden von den Gemeinden acht bis zehen meistens schon angestellte Schulleiter geschickt; die Hälfte derselben war 40 bis 50 Jahre alt; diese konnten kaum etwas fertig lesen, kaum leserlich schreiben, und einige weder rechnen, noch singen; zwey hingegen waren etwas geschickter. (Jenzer 1984, 21)

Der Berufsstand formiert sich

Als um 1830 die *Schulpflicht* in den kantonalen Gesetzgebungen verankert und damit auch die Lehrerbildung institutionalisiert wurde, konnte natürlich noch nicht von einer professionalisierten Ausbildung und Tätigkeit gesprochen werden. In Anlehnung an die Untersuchung von Klaus Döring „Zur Professionalisierung erzieherischen Verhaltens" (1970) können wir erst dann von einer *professionalisierten Tätigkeit und Ausbildung* sprechen, wenn einige Kriterien erfüllt sind. So muss die entsprechende Ausbildung institutionalisiert sein, und die für den Beruf spezifischen Ausbildungsinhalte (Wissen und Können) müssen festgelegt sein. Die Zulassung und der qualifizierende Abschluss müssen geregelt sein. Der Beruf muss die materielle Existenz in der Regel sichern können. Der Berufsstand muss organisiert sein, und es müssen entsprechende Kommunikationssysteme bestehen. Die Rückbindung an neue Erkenntnisse aus den für den Beruf relevanten Bezugswissenschaften muss garantiert sein, und die Ausbildnerinnen und Ausbildner müssen über entsprechende Qualifikationen verfügen.

Es dauerte zwar noch bis ins 20. Jahrhundert, bis vor allem auch die *materiellen Bedingungen* des Lehrberufs einigermassen zufriedenstellend waren und bis die *geistige Eigenständigkeit* erreicht wurde. Bereits 1849 wurde zwar der Schweizerische Lehrerverein gegründet (in Lenzburg), und anschliessend gründete dieser auch ein eigenes Publikationsorgan, die „Schweizerische Lehrerzeitung". Das zeigt doch, dass im Professionalisierungsprozess der Ausbildung von Lehrkräften im 19. Jahrhundert grundsätzliche Schritte gemacht wurden.

Neben „äusseren" Faktoren, wie jener der Organisation des Berufsstandes und der materiellen Besserstellung, trugen vor allem auch die zunehmenden Erkenntnisse aus den neuen *Wissenschaften, Pädagogik und Psychologie,* zum Selbstbewusstsein des Lehrerstandes bei (vgl. Kap. 6). Über die Ausbildung wirkten so die neuen Wissenschaften in den Entwicklungsprozess des Lehrerstandes hinein und steuerten den wohl wesentlichsten Beitrag zur Professionalisierung bei. Peter Metz hat in seiner Untersuchung zum „Herbartianismus als Paradigma für Professionalisierung und Schulreform" (1992) die Vernetzungen und die Komplexität des Professionalisierungsprozesses im Schulbereich am Beispiel des Kantons Graubünden ausführlich dargestellt.

Gegen Ende des 19. Jahrhunderts war der Stand der Volksschullehrkräfte immerhin so konsolidiert, dass die *Anforderungen an ihre Ausbildung* stetig zunahmen. Die auch in der Schweiz übliche Verbindung von Allgemeinbildung und Berufsbildung in einem Seminar sollte aufgelöst werden: Die Allgemeinbildung sollte auch für Lehrer an einer Mittelschule und die Berufsausbildung an einer Universität stattfinden, wie bei den „andern sogenannten Gebildeten". So wurde zum Beispiel 1875 eine eidgenössische Fakultät für die Ausbildung von Lehrern gefordert, und das Konzept und das Dafür und Dawider wurden in Sondernummern der Schweizerischen Lehrerzeitung ausführlich und heftig diskutiert (vgl. Tuggener 1962, 86 ff.).

7.6 Aspekte zur Wirkungsgeschichte

Die bisherigen Darlegungen zeigen, dass die Institutionalisierung von Bildung und Schule seit ihren Anfängen zu Beginn des 19. Jahrhunderts bis heute höchst vielfältige und komplexe, miteinander verwobene und auch widersprüchliche Folgen und Wirkungen zeitigen muss. Die Wirkungsgeschichte der Postulate der Demokratisierung und Professionalisierung und deren Realisation sind auf die vielfältigste Weise mit der Entwicklung der Zeitgeschichte und der gesellschaftlich-kulturellen Entwicklung insgesamt vernetzt. Eine auch nur annähernd differenzierte Skizzierung der vielen Entwicklungsstränge und ihrer

Verbindungen würde den Rahmen und die Zielsetzungen dieser Arbeit sprengen. Im folgenden sollen aber immerhin Stichworte blitzlichtartig einige übergreifende Strukturen aufzeigen.

Demokratisierung und Professionalisierung als dauernde Postulate

Schule, insbesondere Volksschule, und in der Folge die entsprechende Ausbildung der Lehrkräfte sind im 19. Jahrhundert unter den Postulaten der Demokratisierung und der Professionalisierung in die Geschichte getreten. Diese Postulate wurden zur Zeit der Institutionalisierung auch eingelöst. Dadurch haben sie einen wesentlichen Beitrag zur Demokratisierung und Humanisierung der Gesellschaft und des Lebens geleistet. Es liegt in der Natur der Sache bzw. der Bildung und Erziehung, dass sie einem steten Wandlungsprozess unterworfen sind, vergleichbar den gesellschaftlichen Strukturen (wobei es eine brisante Grundsatzfrage ist, ob und wie weit erzieherische und schulische Wandlungsprozesse jenen der übrigen gesellschaftlich-kulturell-sozialen Bereiche (nur) „hinterherhinken", oder ob erstere auch Schrittmacherfunktionen haben). Bis in die heutige Zeit haben die schulmässige Bildung und der Unterricht in ihrer – an sich kurzen – Geschichte vielfache Wandlungs- und Reformprozesse erlebt. Einige markante Schritte, vor allem unter den Gesichtspunkten der Demokratisierung und Professionalisierung, sind u. a.:

Der *Ausbau des gesamten Bildungs- und Unterrichtswesens* in der zweiten Hälfte des 19. Jahrhunderts. Dazu gehören insbesondere die Verlängerung der Schulzeiten, die zunehmende Gewichtung des Anteils der Realienfächer bzw. der Naturwissenschaften, die Differenzierungen in der Methodik, die zunehmende Abstützung der Inhalte und der Methoden auf wissenschaftliche Erkenntnisse (herbeigeführt insbesondere auch durch die Entstehung der wissenschaftlichen Disziplinen Pädagogik und Psychologie; s. Kap. 6) sowie die zunehmende Säkularisierung der Bildung und der Schule (s. Kap. 2).

Um die Jahrhundertwende und zu Beginn des 20. Jahrhunderts erlebte die Schule, vor allem die Volksschule („Das Jahrhundert des Kindes", Ellen Key), einen geradezu euphorischen *Aufbruch in der Phase der Reformpädagogik* (s. Kap. 8).

Eine Erschütterung im Sinne eines z. T. gewaltsam herbeigeführten Rückschrittes widerfuhr der Bildung und Erziehung in der Zeit des Nationalsozialismus (s. Kap. 9).

Ein *erneuter Aufbruch und gleichzeitig ein enormer Differenzierungsschub* sowohl der äusseren Strukturen (Gliederung des Schulsystems, Schularten, Übertritte, Organisation und Verwaltung) wie der inneren Strukturen (Ziele, Inhalte, Methoden, Schulleben) wurden in Bildung und Ausbildung seit den fünfziger Jahren vollzogen.

Ein grosses Experiment – ebenfalls z. T. unter den Postulaten der Demokratisierung und Professionalisierung, z. T. allerdings mit undemokratischen Mitteln herbeigeführt und realisiert – starteten die *kommunistisch-sozialistischen Länder mit ihren Schulreformen.* Am Beispiel der ehemaligen Deutschen Demokratischen Republik (DDR) lässt sich die totale Verstaatlichung der Schule in ihren negativen und positiven Konsequenzen am besten studieren. Das „Gesetz zur Demokratisierung der deutschen Schule" vom 31.5.1946 schuf die Grundlage, auf welcher in der ganzen DDR überall geltende und gleichlautende Schulgesetze erlassen und die „wenig gegliederte organische Einheitsschule" eingeführt wurden. Nach und nach wurden die unentgeltlichen Horte und Kindergärten („mit planvoller Bildungs- und Erziehungsarbeit in den Schulhorten und einer interessanten Gestaltung der ausserunterrichtlichen Tätigkeit") eingerichtet. Die „polytechnische Oberschule" sollte allen Schülerinnen und Schülern eine qualifizierte und berufsvorbereitende Allgemeinbildung vermitteln.

Weitere Ereignisse, wie z. B. der *Sputnik-Schock* (1957), die weltweiten *Studentinnen- und Studentenrevolten* von 1968 lösten jeweils spezifische Entwicklungs- und Reformschübe in Schule, Erziehung und in der Pädagogik aus. Stichworte waren und sind u. a. Begabtenförderung und Begabtenausschöpfung, Professionalisierung und Optimierung des Unterrichts. Auch wurde die *Benachteiligung gewisser sozio-kultureller Bevölkerungsschichten, der Mädchen und Frauen sowie von Minderheiten im Schul- und Bildungswesen* (wie auch in der Arbeitswelt) erkannt und wissenschaftlich erhärtet. Es wurde auch das Defizit auf dem Gebiet der sozialen Erziehung erkannt: Partizipation, Teamunterricht, Gruppenunterricht, Mitsprache, Mitbestimmung, Mitberatung, Förderung von Benachteiligten, emanzipationsförderndes Lernen usw. wurden zu zentralen pädagogischen Themen.

Zur gleichen Zeit aber wuchsen die Zahlen der Schülerinnen und Schüler infolge des *Babybooms:* Die Klassen wurden vervielfacht, Schulhäuser gebaut, neue Schulen eröffnet und neue Schultypen gestaltet. Diese Faktoren und die vielerorts verlängerte Schulzeit führten dazu, dass plötzlich zusätzlich Tausende von Lehrerinnen und Lehrern ausgebildet werden mussten. Der Lehrberuf wurde zum Massenberuf.

Im Zuge der *"Verwissenschaftlichung des Lebens"* wurden auch Bildung, Erziehung, Schule und Unterricht zunehmend Gegenstand wissenschaftlicher Erforschung. Während langer Zeit wurden die für Erziehung und Unterricht relevanten Fragestellungen hauptsächlich in den Disziplinen Pädagogik und Psychologie bzw. Pädagogische Psychologie behandelt und erforscht. In den letzten Jahrzehnten aber haben sich zahlreiche neue, für die Bildung relevante Fächer und wissenschaftliche Disziplinen gebildet bzw. der Erforschung von Bildung, Erziehung, Schule und Unterricht zugewandt.

Lehrerinnen- und Lehrerbildung als Spiegel des Professionalisierungsprozesses im Bildungswesen

Die Entwicklungen in der Lehrerinnen- und Lehrerbildung in der Schweiz seit der Jahrhundertwende können geradezu als exemplarische Spiegelung des Professionalisierungs- und Differenzierungsprozesses in Erziehung, Bildung, Ausbildung und Unterricht bezeichnet werden:

Schon vor und vor allem nach dem Zweiten Weltrieg gab es verschiedene Etappen der Professionalisierung der Ausbildung von Lehrkräften (vgl. z. B. Lattmann 1976). Die Diskussion drehte sich bis in die 50er Jahre dabei vor allem um das *Verhältnis von Allgemeinbildung und Berufsbildung* in der Lehrerinnen- und Lehrerbildung (vgl. z. B. von Felten 1970). Äusserlich sichtbar wurde die Thematik und der Prozess einerseits in der zunehmenden Verlängerung der Ausbildung. Andererseits schlug sich diese Thematik auch in den Veränderungen der (organisatorischen und inhaltlichen) Strukturen nieder: Immer mehr Kantone in der Schweiz gingen dazu über, die Allgemeinbildung von der Berufsausbildung zu trennen: Die Allgemeinbildung soll an einem Unterseminar und/oder an einer allgemeinbildenden Mittelschule erworben werden. Die Berufsausbildung soll an einem Oberseminar (z. B. in Zürich seit 1943) bzw. Pädagogischen Institut (z. B. in Basel seit 1925) stattfinden. Der Kanton Aargau wechselte zu dieser Struktur 1972. Gegenwärtig sind in verschiedenen Kantonen vergleichbare Reformprozesse im Gang.

Mehr in *inhaltlicher Richtung* lösten die Arbeiten und der Bericht der eidgenössischen Expertenkommission „Lehrerbildung von morgen" einen Wandlungsprozess in der schweizerischen Lehrerinnen- und Lehrerbildung aus (vgl. LEMO 1975). Der Bericht öffnete den Weg, um die erziehungswissenschaftlichen Fächer (Pädagogik, Psychologie, Allgemeine Didaktik) und – mit etwas zeitlicher Verzögerung – die Fachdidaktiken fest in der Lehrerinnen- und Lehrerbildung als Bezugssysteme für den Lehrberuf zu verankern (vgl. auch Aregger et al. 1978).

Dass der Professionalisierungsprozess in der Ausbildung von Lehrkräften als steter Wandlungsprozess zu begreifen ist, zeigen auch die gegenwärtigen Reformtendenzen, die auf die Errichtung und Gestaltung *„Pädagogischer Hochschulen"* zielen (vgl. EDK 1993; Wyss 1994).

Institutionalisierung und Professionalisierung: Notwendigkeit und Chance und/oder Behinderung und Bedrohung?

Die ursprünglichen Postulate der Demokratisierung und Professionalisierung sowie die oben erwähnten Reformpostulate konnten nur umgesetzt werden mittels der *Institutionalisierung von Bildung und Schule als gesellschaftliche bzw. staatliche Aufgabe.* Neben wenigen privaten Initiativen – hauptsächlich auf konfessioneller Basis – übernahm so der Staat diese Aufgabe, d. h. Bildung, Ausbildung und Schule wurden zunehmend staatlich finanziert, organisiert und kontrolliert. Bildung und Schule – und teilweise auch die Erziehung – wurden zur Institution der Gesellschaft mit gewaltigen finanziellen

Aufwendungen. Die *Schule als Institution* erhielt auch einen klaren *Auftrag*: Sie soll die

> nachfolgende Generation in anerkannte und verbindliche Verhaltensmuster einüben und damit „die dominierenden Ziele der Gesellschaft verwirklichen" (Schulenberg) helfen. Auf diese Weise sichert sich die Gesellschaft ihren Fortbestand. Damit die Schule diese Aufgabe erfüllen kann, wird sie organisiert: Es werden Anordnungs- und Gehorsamsbefugnisse geregelt, Kommunikationsprogramme erstellt und Kommunikationsbahnen vorgezeichnet, Leistungskontrollen und Sanktionen für alle Mitgliedergruppen eingebaut, Rollen beschrieben und Funktionen festgelegt, Eintritts- und Ausschlussbedingungen fixiert, Betriebsmittel verwaltet und Pläne für die Weiterentwicklung erarbeitet. Damit erhält die Schule die Struktur eines bürokratischen Systems. Die Bürokratie als wirksamste Organisationsform soll dafür sorgen, dass der Organisationszweck, die Sozialisation und Enkulturation der unteren Mitgliedergruppe, auf möglichst rationelle Weise erreicht wird. (Hierdeis 1976, 84)

Dadurch, dass die Schule eine sich quantitativ stets ausweitende und sich zunehmend differenzierende, bürokratisch organisierte Institution wurde, *nahm die Normierung und Reglementierung von Bildung, Schule und Unterricht* auch stets zu. Mit immer mehr Gesetzen, Vorschriften und Bestimmungen wurde die Schule „administrativ zerstört" (H. Rumpf). Zwar standen und stehen diese Reglementierungen in der Regel im Dienste bildungspolitischer, pädagogischer oder gesellschaftspolitischer Zielvorstellungen wie etwa jener der Förderung des einzelnen Kindes und Schülers, der Chancengleichheit (in geschlechts- und schichtenspezifischer Hinsicht), der Optimierung (z. B. der Lernprozesse, der vorhandenen Ressourcen), der Humanisierung, der Objektivierung (z. B. der Beurteilung, der Selektion) usw. Die Realisierung dieser Zielvorstellungen hat aber in der Regel stets neue Normierungen zur Folge, wie dies die ins uferlose anwachsenden gesetzlichen Bestimmungen im Erziehungs- und Unterrichtswesen zeigen (z. B. umfasst die Sammlung der Gesetze, Verordnungen und Reglemente für das Unterrichtswesen im Kanton Aargau mehrere Bände).

Vielfältige und widersprüchliche Erwartungen und Funktionen

Eine genauere Analyse der schulischen Situation, vor allem in unserer Gegenwart, zeigt, dass an die Schule und den Unterricht neben den

Ansprüchen der Demokratisierung und Professionalisierung zunehmend mehr und zunehmend *komplexere und widersprüchlichere Erwartungen und Forderungen* gestellt werden. Die Schule und die schulische Erziehungs- und Unterrichtsarbeit geraten dadurch in immer grössere Schwierigkeiten. Lange Zeit schien die Schule ihren Auftrag, zu erziehen und zu unterrichten (s. oben), im relativ friedlichen und stillschweigenden bzw. selbstverständlichen Einklang mit ihrem „Auftraggeber", dem Staat und den Bezugsgruppen, den Eltern, den Kulturinstitutionen usw., ausführen zu können. Die „Schule" (die zuständigen bildungspolitischen Instanzen und die Verwaltung, die Lehrkräfte und die Schülerschaft) wusste sich – mehr oder weniger – getragen von der „übrigen Gesellschaft". Dies hat sich im Zeitalter des *Wertepluralismus und der Auflösung des tradierten Normengefüges* grundsätzlich geändert. Zudem wurde die Schule im Zuge ihrer Institutionalisierung immer stärker durch Rationalisierungsprinzipien, analog zum übrigen (vor allem wirtschaftlichen Leben) geprägt. Es entwickelte sich so ein eigener Lebensraum Schule, der oft im Gegensatz zum ausserschulischen Erlebnisfeld der Schülerinnen und Schüler steht. Nur schon die Erwähnung der Hauptaufgaben der Schule – der Bildungsaufgabe (Personalisation), der Ausbildungsaufgabe (Qualifikation), der Selektion, der Kulturbefähigung (Enkulturation) und der Gemeinschaftsbefähigung (Sozialisation) – lassen diese vielfältigen und widersprüchlichen Erwartungen und Forderungen erahnen.

Ein Plädoyer für die Schule

Angesichts der aufgezeigten Sachverhalte ist es zum einen verständlich, dass die Schule heute Gegenstand vielfältiger Kritik ist. Trotzdem zeigen gerade die vorangegangenen Darlegungen, dass es sich wohl nicht darum handeln kann, die „Schule abzuschaffen", wie dies u. a. die Vertreterinnen und Vertreter der *Antipädagogik* fordern (vgl. auch Kap. 10). Auch gegenüber der gerade in unserer Zeit intensiv gestellten Forderung nach einer Entstaatlichung bzw. *Privatisierung der Schule* sind, vor allem auch unter dem Gesichtspunkt der Demokratisierung, Bedenken anzumelden (vgl.: Straubhaar, Winz 1992; Gonon, Oelkers 1993; Badertscher, Grunder 1995).

Wie auch immer die gegenwärtig laufende Diskussion um die Privatisierung der Schule ausgehen wird, entscheidend ist, dass der „Erfolg" privater Schulen gegenüber den staatlich monopolisierten Schulen am Kriterium „Verbesserung der Bildung" (Oelkers) bzw. (auch) an pädagogischen Kriterien gemessen wird. Wenn man die komplexen Entwicklungsprozesse betrachtet, die das Bildungswesen gerade unter den Kriterien der Demokratisierung und Professionalisierung seit Beginn der Institutionalisierung der Bildung (und vor allem der Volksschule) mitmachen musste, kann man zur Ansicht gelangen, dass eine so hoch entwickelte Zeit mit einer so komplexen Kultur und Gesellschaft auf ein institutionalisiertes Schulsystem, das in seinen Grundstrukturen auf staatlicher Basis geregelt ist, wohl kaum verzichten kann. Wenn die an der Schule Beteiligten und die für sie Verantwortlichen sich immer wieder auf die ursprüngliche und innerste Aufgabe der Schule besinnen, „die Menschen zu stärken und die Sachen zu klären" (v. Hentig 1985), kann auch die staatliche Schule humanisiert werden und kann eine humane Schule zur Humanität bzw. zur Humanisierung der Gesellschaft wesentlich beitragen.

Hinweise zur Vertiefung

Zugänge zur Entstehungsgeschichte des schweizerischen Schulwesens sozusagen aus der Sicht eines „Mitbeteiligten" vermittelt: Hunziker Otto (1841-1909) in: Geschichte der schweizerischen Volksschule mit Lebensabrissen der bedeutenderen Schulmänner. 3 Bde., Zürich 1887².

Einen Einblick in die Anfänge und die Weiterentwicklung (mit Dokumenten) der Lehrerinnen- und Lehrerbildung geben Carlo und Susi Jenzer in: Lehrer werden einst und jetzt. 200 Jahre Solothurnische Lehrerbildung. Solothurn 1984.

Reichhaltiges Bild- und Quellenmaterial enthalten:
 Alt, R.: Bilderatlas zur Schul- und Erziehungsgeschichte. Bd. 2: Von der Französischen Revolution bis zum Beginn der grossen sozialistischen Oktoberrevolution. Berlin 1971.
 Schiffler, H.; Winkeler, R.: Tausend Jahre Schule. Eine Kulturgeschichte des Lernens in Bildern. Stuttgart 1985.
 Weber-Kellermann, I.: Die Familie. Geschichte und Geschichten und Bilder. Frankfurt a. M. 1977².

Keller, A.: Rede, gehalten bei der feierlichen Eröffnung des Seminariums in Lenzburg am 21. April. Baden 1836 (35 Seiten); ders.: Abschiedsworte bei der Schlussprüfung des Kandidatenkurses am Aargauischen Lehrerseminarium in Lenzburg den 25. April 1838 an die abgehenden Zöglinge. Baden 1838 (48 Seiten).

Zschokke, H.: Volksbildung ist Volksbefreiung. Eine Rede, gehalten in der Versammlung des schweizerischen Volksbildungsvereins zu Lausen den 10. April 1836. Sissach 1836 (31 Seiten).

Texte aus: Zur Geschichte der Volksschule. Bd. I, hrsg. von Theo Dietrich und Job-Günter Klink, und Bd. II, hrsg. von Wolfgang Scheibe. Bad Heilbrunn 1972 und 1974 (Klinkhardts Pädagogische Quellentexte).

Texte aus: Reble, A.: Geschichte der Pädagogik. Dokumentationsband II, Kapitel VII: Zeitalter der Industrialisierung. Stuttgart 1971, 429-486.

Texte aus: Die Pädagogik der Moderne, hrsg. v. Hans Scheuerl, Kapitel: Schule, Lehrer, Obrigkeiten – Normierungen und Reglementierungen. München 1992, 185-206 (Reihe „Lust an der Erkenntnis").

Glossar

Demokratisierung: (v. griech. *demos*, „Volk" und *krate* „Macht", „Herrschaft"): gesellschaftlicher Prozess, in dessen Verlauf die Macht an das Volk übergeht und in dem Herrschaftsstrukturen in die einem Ideal von Volksherrschaft entsprechende Form (Volkssouveränität; durch Abstimmungen und Wahlen werden Mehrheitsentscheidungen erzielt, die als Entscheidung der Gesamtheit gelten; evtl. Wahl von Delegierten) übergeführt werden.

Frauenbewegung: organisiertes Eintreten der Frauen für ihre Gleichberechtigung auf ökonomischem, sozialem, politischem und kulturellem Gebiet. Ende des 18. Jahrhunderts setzten in Zusammenhang mit den übrigen gesellschaftlichen Reformbewegungen Bestrebungen ein, für die Frauen Bildungsmöglichkeiten und politische Rechte zu erlangen, die sich im 19. Jahrhundert verstärkten, besonders auch durch die industrielle Entwicklung mit ihren Auswirkungen auf die Stellung der Frau in Familie und Gesellschaft. Hauptforderungen waren die Erlangung der vollen politischen und bürgerlichen Rechte und der Zugang zu allen Berufen und Bildungsinstitutionen (nach Brockhaus).

Helvetik: Bezeichnung der Zeit in der Schweizergeschichte von 1798-1803 nach dem Zusammenbruch der „Alten Eidgenossenschaft" (lockerer Staatenbund; 19 Kantone). Es war die Zeit der Helvetischen Republik, des unteilbaren „Einheitsstaates". Die Unitarier oder Zentralisten befürworteten die Helvetik. Die Föderalisten bekämpften sie, bis Napoleon eingriff und die

Verfassung der *Mediation* (Vermittlung, v. lat. *mediare* „vermitteln"; 1803-1815; Staatenbund mit ersten Ansätzen eines Bundesstaates) „diktierte". Philipp Albert Stapfer (1766-1840) war während der Helvetik u. a. auch verantwortlich (Minister) für das Bildungswesen. Zeitweilig enger „Mitarbeiter" Stapfers war Heinrich Zschokke (1771-1848).

Industrialisierung: Ausbreitung der Industrie in einer Volkswirtschaft im Verhältnis zu Handwerk und Landwirtschaft; Expansion aller Bereiche, in denen moderne technische Verfahren eingesetzt werden. Sie ist eine Folge der „industriellen Revolution" (F. Engels) und bezeichnet in diesem Sinne die Phase beschleunigter technologischer, ökonomischer und sozialer Veränderungen, wie sie in der zweiten Hälfte des 18. Jahrhunderts in Europa einsetzte.

Liberalismus: Bezeichnung für die Gesellschafts-, Staats- und Wirtschaftsauffassung, die die Freiheit des einzelnen als grundlegende Norm menschlichen Zusammenlebens ansieht, den Fortschritt in Kultur, Recht, Sitte, Wirtschaft und sozialer Ordnung erstrebt und eine fortgesetzte Emanzipation des Individuums fordert (Brockhaus). Die Wurzeln reichen bis in die Zeit der Renaissance, der Aufklärung und des Neuhumanismus. Als liberale Parteien spielten die Anhängerinnen und Anhänger des Liberalismus im 19. Jahrhundert eine bedeutende Rolle bei der Entstehung und Entwicklung der Demokratien, der Wirtschaftsordnung und des Bildungs- und Erziehungswesens.

Professionalisierung: (aus lat.-franz. *professio*, „Versprechen", „Beruf"): historischer Prozess, in welchem einzelne Berufsgruppen durch gesellschaftliche Differenzierung konstituiert, gegenüber anderen abgehoben und mit Privilegien ausgestattet werden. Kennzeichnend für eine Profession sind nach Döring (Lehrerverhalten 1980) a) die Normierung der Berufszulassung (z. B. Maturität und Aufnahmeverfahren, Durchlaufen einer bestimmten Ausbildung, Erwerb eines Patents), b) die Spezifizierung des Berufswissens (z. B. pädagogisches, didaktisches, fachdidaktisches, psychologisches Fachwissen), c) Kollektivitätsorientierung (Ausrichtung der Arbeit an Klienten, gesellschaftliche Dienstleistung), d) Berufsorganisation (z. B. Mitgliedschaft in Berufsvereinigung), Wahrung der Berufsinteressen, Standesethik), und e) Emanzipation (Eigenständigkeit gegenüber anderen Berufsorganisationen und gesellschaftlichen Einrichtungen wie Staat, Verwaltung und Kirche).

Restauration: (v. lat. *restaurare*, „wiederherstellen"): Bemühen, alte Zustände wiederherzustellen. Als historischer Begriff wird Restauration vor allem auf die europäische Geschichte von 1815-1830 angewandt, als in allen europäischen Staaten versucht wurde, die politischen Verhältnisse der Zeit vor der Französischen Revolution wiederherzustellen (nach: Brockhaus).

Vormärz: Bezeichnung für die Zeit von 1815 bzw. 1830 bis zur Märzrevolution von 1848. Zeit relativer Ruhe im Innern und äusseren Friedens, erzwungen durch reaktionäre Massnahmen. Gleichzeitig entstehen liberale und demokratische Bewegungen sowie die Frauenbewegung mit dem Ziel kultureller, wirtschaftlicher, politischer Emanzipation und geschlechtlicher Gleichstellung.

Literatur

Alker, E.: Die deutsche Literatur im 19. Jahrhundert. Stuttgart 1961.

Aregger, K.; Lattmann, U. P.; Trier, U. P. (Hrsg.): Lehrerbildung und Unterricht. Bern 1978.

Badertscher, H.; Grunder, H.-U. (Hrsg.): Wieviel Staat braucht die Schule? Bern 1995.

Dauzenroth, E. (Hrsg.): Frauenbewegung und Frauenbildung. Bad Heilbrunn 1964.

Döring, K. W.: Lehrerverhalten und Lehrerberuf. Zur Professionalisierung erzieherischen Verhaltens. Weinheim 1970.

EDK (Schweizerische Konferenz der kantonalen Erziehungsdirektoren): Thesen zur Entwicklung Pädagogischer Hochschulen. Dossier 24. Bern 1993.

Felten, v. R.: Lehrer auf dem Weg zu Bildung. Bern 1970.

Frey, A.: Das Aargauische Lehrerseminar. Wettingen 1946.

Gamm, H.-J.: Erziehung und Bildung. In: Der Erziehungs- und Bildungsbegriff im 20. Jahrhundert, hrsg. v. Erich Weber. Bad Heilbrunn 1976, 141-151.

Gonon, Ph.; Oelkers, J. (Hrsg.): Die Zukunft der öffentlichen Bildung. Bern 1993.

Guyer, W. (Hrsg.): Erziehungsgedanke und Bildungswesen in der Schweiz. Frauenfeld 1936.

Hentig, H. v.: Die Menschen stärken, die Sachen klären. Ein Plädoyer für die Wiederherstellung der Aufklärung. Stuttgart 1985.

Hierdeis, H.: Erziehungsinstitutionen. Band 3 der Reihe „Pädagogik – Eine Einführung", hrsg. v. E. Weber. Donauwörth 1976.

Jenzer, C.; Jenzer, S.: Lehrer werden einst und jetzt. Solothurn 1984.

Jenzer, C.; Lattmann, U. P.: Kapitel „Schulgeschichtliches" in: Aregger, K. u. a.: Kleine Schulkunde. Zofingen 1988^2, 79-92.

Jucker, E.: Berufsbildung und Berufsberatung in Handwerk, Landwirtschaft, Industrie und Handel. In: Guyer, W. (Hrsg.) 1936, 186-198.

Lattmann, U. P.: Festschrift zur Eröffnungsfeier der Höheren Pädagogischen Lehranstalt am 21. Mai 1976. Zofingen 1976.

-: Der Bildungsutopie eine Chance. In: Fenkart, P. und R.: Halbzeit. Fünfzig 50jährige zur Schweiz. Zürich 1993, 138-143.

LEMO (Expertenkommission „Lehrerbildung von morgen"): Lehrerbildung von morgen. Grundlagen, Strukturen, Inhalte; hrsg. von F. Müller u. a. Hitzkirch 1975.

Meier, F.: Sturmläuten für die Aargauer Schulen. Aarau 1986.

Metz, P.: Herbartianismus als Paradigma für Professionalisierung und Schulreform. Bern 1992.

Mittler, M.: Die Schweiz im Aufbruch. Das 19. Jahrhundert in zeitgenössischen Berichten. Zürich 1982.

Möhrmann, R.: Frauenemanzipation im deutschen Vormärz. Stuttgart 1978.

Schmitz, K.: Geschichte der Schule. Stuttgart 1980.

Straubhaar, T.; Winz, M.: Reform des Bildungswesens. Kontroverse Aspekte aus oekonomischer Sicht. Bern 1992.

Tuggener, H.: Der Lehrer. Studien über Stand, Beruf und Bildung des Volksschullehrers. Zürich 1962.

Wirth, C.: Die Kinderheimarbeit in der aargauischen Tabakindustrie. Würzburg 1912.

Wyss, H.: Lehrerinnen und Lehrer für eine neue Schule. In: Beiträge zur Lehrerbildung (BzL) 12 (1994) Heft 3, 302-323.

8. Individualisierung und Gemeinschaftserziehung – Leitmotive in pädagogischen Reformprozessen
U. P. Lattmann

Die Zeit von ca. 1890 bis 1933 wird in der Pädagogik als Zeit der „Reformpädagogik" oder als *„reformpädagogische Bewegung"* bezeichnet. Damit wird eine *Vielfalt von Postulaten und Programmen und praktischen Versuchen* im Erziehungs- und Unterrichswesen zusammengefasst. Neben eigenständigen Ausprägungen innerhalb der einzelnen Bewegungen gab es mehrere inhaltliche Gemeinsamkeiten wie z. B.: Wende zum „inneren Menschen" und zum Kind als Kind; Abkehr von der – z. T. wohl fälschlicherweise – als „Buchschule" verschrieenen Schule des 19. Jahrhunderts; das Ideal eines „neuen" Menschen, herbeigeführt durch die „richtige", d. h. natürliche Erziehung; primäre Betonung und Berücksichtigung der individuellen schöpferisch-künstlerischen Kräfte des Kindes; ganzheitliche Menschenerziehung usw.

Die unterschiedlichen Strömungen der Reformpädagogik verbanden insbesondere folgende gemeinsame Motive: Als allgemeines *Grundmotiv* galt die Parole von der „Hinwendung zum Kind", von einer „Pädagogik vom Kinde aus" (Gläss 1960). Als *Leitmotive* – sozusagen eine Konkretisierung dieser „Pädagogik vom Kinde aus" – können die „Individualisierung" und die „Gemeinschaftsorientierung" bezeichnet werden. Der Normierung und Formalisierung stellten die Reformpädagoginnen und Reformpädagogen die Individualisierung und die Erziehung zur Gemeinschaftsfähigkeit als Leitmotive eines neuen Verständnisses und einer neuen Praxis von Erziehung und Unterricht gegenüber. So verstanden sich die reformpädagogischen Strömungen vor allem als alternative Praxis zur herkömmlichen Schule des ausgehenden 19. Jahrhunderts.

8.1 Der Geist der Zeit: Auswüchse des Fortschrittsglaubens und der Industrialisierung und deren Gegenbewegung

Die pädagogischen (Reform)bewegungen in der Zeit von 1890 bis 1933 sind weitgehend eine *Reaktion* auf die gesellschaftlichen, ökonomischen und sozialen Tendenzen und Zustände der Zeit der Industrialisierung des 19. Jahrhunderts (vgl. Kap. 7). In diesem Sinne bilden sie auch einen Strang in der übergeordneten Bewegung der Zeit- und Kulturkritik der Jahrhundertwende.

Zum gesellschaftspolitischen-sozialen-ökonomischen Umfeld

Die sozio-ökonomische und politische Entwicklung dieser Zeit war vielschichtig und komplex. Zwar lief der *Industrialisierungsprozess*, wie er in der ersten Hälfte des 19. Jahrhunderts begonnen hatte, in der gleichen Richtung weiter: Die äusseren und inneren Strukturen der Wirtschaft und des öffentlichen Lebens wurden weiterhin geprägt durch den Prozess, der sich von kleineren Betrieben und Vereinigungen zu immer grösseren Einheiten entwickelte bis hin zur mechanisierten Grossindustrie und den Ballungen in den Städten. Damit einhergehend im politischen Feld zeigte sich die zunehmende Ausprägung des imperialistischen Denkens: Viele Menschen hielten ihr eigenes Volk für besser als andere und deshalb zur Herrschaft berufen. Daraus entwickelte sich ein Sendungsbewusstsein, das – unduldsam gegen andere – die eigene Lebensform verbreiten wollte. Mit dieser Auffassung war das Streben nach Macht verbunden. Diese *Übersteigerung des Nationalgedankens* gegen Ende des 19. Jahrhunderts bereitete u. a. auch den Boden für die Entwicklung des Nationalismus (s. Kap. 9). Die imperialistische Politik drängte ebenso aus wirtschaftlichem Interesse nach Erweiterung des eigenen Herrschaftsbereiches. Sie ergriff alle grossen Staaten. Im Zuge dieser Politik wurde der grösste Teil der Erde unter den europäischen Staaten, den USA und Japan aufgeteilt. Es entstanden überall in der Welt neue Reibungsflächen. Europäische Probleme waren nicht mehr allein entscheidend. Wirtschaftliche Fragen gewannen zunehmenden Einfluss auf die Politik. Für den Drang nach wirtschaftlicher Ausdehnung – bei gleichzeitig betonter nationaler Abgrenzung von anderen Staaten – gab es zwei Möglichkeiten zur Steigerung der industriellen Produktion: die Gewinnung neuer Rohstoffquellen und Absatzmärkte und die Aufrüstung.

Diese Hinweise zeigen, in welchem *Spannungsfeld die Welt am „Vorabend" des Ersten Weltkrieges* (1914-1918) lebte. Der Ausbruch und der Verlauf dieses Krieges mit all seinen Greueln und unsagbaren Leiden waren der erste Schock einer einseitig auf den Ausbau des materiellen Wohlstandes bedachten Menschheit. Sie zeigten auch die möglichen Abgründe menschlichen Denkens und Tuns und brachten die „andere Seite" des Fortschrittsprozesses auf grauenhafte Weise zum Ausdruck. Die kurzen Jahre zwischen dem Ersten Weltkrieg (Weimarer Republik) und dem Beginn der nationalsozialistischen Herrschaft (1933) war gekennzeichnet von einem Bangen zwischen wirtschaftlich-kulturell-sozialem Neubeginn bzw. Aufstieg einerseits und Misstrauen, weiterer Vermassung, Krisen (Weltwirtschaftskrise) und weiterer Machtkonzentration andererseits.

Kultur- und Zeitkritik

Gegen diese Zeiterscheinungen bahnte sich schon zu Beginn der zweiten Hälfte des 19. Jahrhunderts eine *zeit- und kulturkritische* Gegenbewegung an. In die grosse Begeisterung und Hoffnung, die für den Beginn des Industrialisierungszeitalters im ersten Drittel des 19. Jahrhunderts kennzeichnend waren, mischten sich bald visionäre kritische Stimmen: Philosophen wie insbesondere Friedrich Nietzsche (1844-1900) warnten vor dem verzweckten, materialistischen, egalisierenden und hohlen Geist (s. Kap. 7). Die Kunst stellte immer klarer die Kehrseiten eines ungebremsten Fortschrittes dar. In den Werken der französischen Symbolisten etwa – Charles Baudelaire (1821-1867), Paul Verlaine (1844-1896), Stéphane Mallarmé (1842-1898), Arthur Rimbaud (1854-1891) – kommt diese verdeckte, vielleicht auch die unterdrückte und vernachlässigte Seite dieser Geisteshaltung zum Ausdruck: Das Aufspüren des Leides, die Melancholie, das wollüstige Grauen, die Ekstase. Das Gedicht „Spleen" von Baudelaire mag diese Weltsicht etwas illustrieren:

Wenn der Himmel niedrig und schwer drückt wie ein Deckel
Auf den Geist, ächzend unter der Qual der langen Stunden voll Trübsinn,
Und den Kreis des Horizonts ganz umfassend
Uns einen schwarzen Tag herabgiesst, trauriger als die Nächte;

Wenn die Erde verwandelt ist in einen feuchten Kerker,
Wo die Hoffnung, wie eine Fledermaus
Die Mauern entlangstreicht mit scheuem Flügelschlag
Den Kopf stossend gegen die fauligen Deckenbalken;

Wenn der Regen, entfaltend seine endlosen Streifen
Ähnelt eines gewaltigen Gefängnisses Gitterstäben,
Und wenn ein stummes Volk abscheulicher Spinnen
Naht, seine Netze zu spannen in unseren Hirnen,

Schwingen plötzlich Glocken mit Wut
Und schleudern gegen den Himmel ein greuliches Geheul,
Wie von Gespenstern, schweifend und heimatlos,
Die ein Gewimmer anheben, eigensinnig.

Und lange Leichenzüge, ohne Trommeln noch Musik,
Ziehen langsam vorbei in meiner Seele; die Hoffnung,
Die besiegte, weint, und die grausame Angst pflanzt herrisch
Auf meinen gesenkten Schädel ihr schwarzes Banner.

Dass dieser Geist *weltumspannend* und – entsprechend – wirkungsvoll war, mag aus den Hinweisen auf August Strindberg (1849-1912) oder Fjodor Dostojewskij (1821-1881) und Leo Tolstoj (1828-1910) hervorgehen. Sie alle wurzeln zwar im Naturalismus. Doch die zeit- und sozialkritische Komponente, die soziale Anklage, die Hinwendung zum Schicksal einzelner und von Gruppen weisen unerbittlich auf die Schattenseiten des vorwiegend auf die Oberfläche und das Materielle ausgerichteten Zeitgeistes mit seiner „Veräusserlichung" des Lebens und der Vernachlässigung menschlicher Werte.

Impressionisten

Die Anfänge der Zeit- und Kulturkritik, vor allem in der Literatur des deutschsprachigen Raumes, war stark von den (genannten) ausländischen Vorbildern beeinflusst: „Dort gab es Schriftsteller, welche ganz anders als die Repräsentanten der einheimischen Goldschnitt- und Gebrauchsliteratur an die brennenden Probleme der Zeit herantraten und sie bewältigten" (Alker 1962, 663). Hinter den Bemühungen der Intellektuellen der jüngeren Generation

> lag latent ein leidenschaftliches Verlangen nach (...) Wahrheit, und ein berechtigtes Aufbegehren gegen die Zeit. Vielleicht gerade deswegen, weil das junge Geschlecht ideologisch so unbefangen geblieben war, hatte es sich einen unverkümmerten Instinkt bewahrt, der es das Dumpfe, Stockige, Ungesunde, Verkrüppelte einer Epoche ahnen liess, die (unter reichlichem Aufwand an idealistischen, humanistischen, bildungsbeflissenen, nationalistischen, fortschrittsfördernden und gemüthaften Schlagworten) unentwegt dem Götzen Mammon opferte. (Ebd., S. 662 f.)

Verschiedene Entwicklungslinien führten aus dem *Naturalismus* heraus zu jenen Merkmalen in den Künsten, die ab ca. 1880 unter dem Begriff *Impressionismus* zusammengefasst werden und deren hauptsächlichsten Merkmale sich bald auch in der pädagogischen Bewegung zeigten: Wie der Naturalismus strebte der Impressionismus

> nach innigster Nachbildung der Wirklichkeit oder wenigstens engster Annäherung an sie, aber nicht in der Form einer möglichst objektiven Darstellung, sondern unter lebhafter Hervorhebung der persönlichen Sehweise des Wahrnehmenden. Die Beobachtung ist überschärft, sie wendet sich mehr der Einzelheit als dem Ganzen zu (...); Gesamteindruck, Stimmung und Atmosphäre sind wichtiger als die Massigkeit langatmiger, peinlicher und pseudowissenschaftlicher Beschreibungen. (Ebd., S. 671 f.)

Einige wenige *Stichworte* müssen hier zur Illustration genügen: Die Werke Hugo von Hofmannsthals (1874-1929) etwa drücken die „Binnenseite" der Welt und des Lebens aus, ein Gefühl des ewig Vergänglichen im Dasein wird spürbar. Weitere Themen sind die immer wieder beschwörte „Innerlichkeit" (z. B. Hans Carossa [1878-1956]: Der alte Brunnen), die Grenzsituationen des Lebens (z. B. Werner Bergengruen [1892-1964]), „Der Atem der Erde" (Titel einer Gedichtsammlung von Oskar Loerke [1884-1941]), „Das einfache Leben" (Ernst Wiechert [1887-1950]). Auch die Heimatdichtung und die „Blut- und Boden-Schriftsteller" sind hier zu erwähnen mit ihren Lobgesängen von der intakten Idylle des Dorfes, der Familie und der Verherrlichung und Mythologisierung der Heimatliebe mit „trutziger Wehrfreudigkeit, wehmutsschwangere Innerlichkeit, Bergromantik mit bald sexuellem, bald heroischem Einschlag, Blutgesang und Sehnsuchtsgeklampfe (...), Grossstadtfeindschaft und populärer Rassenkunde (...)" (Glaser 1966, 306).

All dies sind Elemente, die den Geist der reformpädagogischen Bewegung mitprägen und die sich dort, insbesondere unter den Leitmotiven der Individualisierung und Subjektivierung, wieder finden.

Expressionismus

Für das Verständnis der reformpädagogischen Bemühungen – gerade unter den Gesichtspunkten der „Hinwendung zum Kind" bzw. der Individualisierung und Subjektivierung – hilfreich können auch Hinweise zu jener Kunstrichtung sein, die den unmittelbaren „Hintergrund" der Reformpädagogik bildet, dem *Expressionismus*. Der Expressionismus, der in der Zeit zwischen 1910 und ca. 1925 eine intensive, ziemlich klar umreissbare, aber schnell abklingende Blütezeit (Frenzel 1966, 163) erlebte, erreichte zunächst einen Punkt des „allgemeinen Negierens. Sein Weltgefühl war bestimmt von der Entfesselung des Individuums, der Disharmonie und Anarchie in der Welt und im menschlichen Gefühlsleben, der Vertrautheit mit dem Tode" (ebd., S. 163). Noch vor dem Ausbruch des Ersten Weltkrieges stellte der Expressionismus

> inmitten dieser Welt selbstgefälliger Spiessbürgerlichkeit, imperialistischen Hurra-Patriotismus, religiöser Verflachung, künstlerischen Epigonentums (...) die Frage nach dem wirklichen Zustand der Welt und des Menschen. (...) Programmatisch kreist das expressionistische Schaffen um das soziologische Wesen des Menschen, um seine Stellung inmitten einer modernen Umwelt, die durch technische, wirtschaftliche und soziale Fragen bestimmt ist. Eine Epoche des „Brudergefühls" sei im Anbruch. Auf der anderen Seite ist der Expressionismus von tiefem Pessimismus überschattet (...). Angesichts der Furchtbarkeit des Krieges, der drohenden Vereinsamung in gigantisch aufstrebenden Städten mit ihren antlitzlosen Menschenmassen und in einer als dämonisch empfundenen, perfektionierten technischen Umwelt erstehen Alptraumbilder von Zerstörung und Untergang. (Glaser 1966, 308)

Der Nationalsozialismus bedeutete auch für den Expressionismus das Ende, auch wenn gewisse Elemente (in veränderter Gestalt) weiterlebten.

Exkurs: Der Expressionismus in der deutschen Lyrik

Einen Einblick in die *literarischen Akzente des Expressionismus* kann eine Auswahl von Versen aus Gedichten von Expressionisten geben, die Ernst Alker für eine entsprechende Vorlesung vorbereitet hatte und die im Nachlass gefunden und im zweiten Band seiner Literaturgeschichte von Zoran Konstantinović publiziert worden sind (Alker 1977, 619 f.). Ich gebe diese Zusammenstellung von Gedichtauszügen in freier Auswahl und mit eigenen Ergänzungen wieder:

So sind etwa Verse, wie jene von Hermann Hesse im Gedicht „Im Nebel" (1895) zweifellos charakteristisch für die tragische Abgeschlossenheit des Künstlers – und der Menschen – zur Jahrhundertwende, für seine Isoliertheit und Fremdheit in der Welt:

> Seltsam, im Nebel zu wandern!
> Einsam ist jeder Busch und Stein,
> Kein Baum sieht den andern,
> Jeder ist allein.
> ...
> Seltsam, im Nebel zu wandern!
> Leben ist Einsamsein.
> Kein Mensch kennt den andern,
> Jeder ist allein.

Einem solchen Empfinden widerspricht nun die junge Dichtergeneration, die nicht abseits stehen möchte, sondern sich mitten im Trubel des Lebens sieht. Gleichzeitig aber kommt auch bei ihnen die Schattenseite des Daseins zum Ausdruck:

> Die Menschen stehen vorwärts in den Strassen
> Und sehen auf die Himmelszeichen,
> Wo die Kometen mit den Feuernasen
> Um die gezackten Türme drohend schleichen.
> ...
> Schatten sind viele. Trübe und verborgen.
> Und Träume, die an stummen Türen schleifen
> Und der erwacht, bedrückt vom Licht der Morgen,
> Muss schweren Schlaf von grauen Lidern streifen.
>
> (Georg Heym, 1887-1912, *Umbra vitae*, 1912)

Pointierter wird – ebenfalls von G. Heym, in „*Mitte des Winters*" – die öde Seelenlandschaft und die Auswegslosigkeit geschildert:

> Weglos ist jedes Leben. Und verworren
> Ein jeder Pfad. Und keiner weiss das Ende,
> Und wer da suchet, dass er Einen fände,
> Der sieht ihn stumm und schüttelnd leere Hände.

Die ständig anwesende Todesahnung, die für das Verhältnis der Dichtung zur Jahrhundertwende so bezeichnend ist, wird in folgenden Zeilen ausgedrückt:

> Und Kinder wachsen auf mit tiefen Augen
> Die von nichts wissen, wachsen auf und sterben,
> Und alle Menschen gehen ihre Wege.
>
> Und süsse Früchte werden aus den herben
> Und fallen nachts wie tote Vögel nieder
> Und liegen wenig Tage und verderben.
>
> ...
> Was frommt das alles uns und diese Spiele
> Die wir doch gross und ewig einsam sind
> Und wandernd nimmer suchen irgend Ziele?
>
> (H. v. Hofmannsthal, *Ballade des äusseren Lebens*, 1896)

Dieser Todesahnung wird aber auch der Versuch zu ihrer Überwindung durch ein neues, selbstsicheres Weltgefühl, für das Mensch sein zugleich auch Schöpfer sein bedeutet, gegenübergestellt:

> Schöpfe Du, trage Du, halte
> Tausend Gewässer des Lächelns in Deiner Hand!
> Lächeln, selige Feuchte ist ausgespannt
> All übers Antlitz.
> Lächeln ist keine Falte,
> Lächeln ist Wesen vom Licht.
> Durch die Räume bricht Licht, doch ist es noch nicht.
> Nicht die Sonne ist Licht
> Erst im Menschengesicht
> Wird das Licht als Lächeln geboren.
> ...
> Die Welt fängt im Menschen an.
> Im Lächeln, im Atem, im Schritt der Geliebten ertrinke!
> Weine hin, kniee hin, sinke!
>
> (Franz Werfel, *Lächeln Atmen Schreiten*, 1911)

Andererseits aber werden auch romantische Bilder eines künstlichen Arkadien, d. h. eines idyllischen Landlebens beschworen:

> Lösch aus dein Licht und schlaf! Das immer wache
> Geplätscher nur vom alten Brunnen tönt.
> ...
> Und du erwachst, – dann musst du nicht erschrecken!
> Die Sterne stehn vollzählig überm Land,
> Und nur ein Wandrer trat ans Marmorbecken,
> Der schöpft vom Brunnen mit der hohlen Hand.
> Er geht gleich weiter. Und es rauscht wie immer.
> O freue dich, du bleibst nicht einsam hier.
> <div align="right">(Hans Carossa, <i>Der alte Brunnen</i>, 1905)</div>

Doch sind diese immer wieder überschattet von erschreckenden Visionen von Verfall, Fäulnis und Verwesung:

> Hier diese Reihe sind zerfallene Schösse
> und diese Reihe ist zerfallene Brust.
> Bett stinkt bei Bett. Die Schwestern wechseln stündlich.
>
> Komm, hebe ruhig die Decke auf.
> Sieh, dieser Klumpen Fett und faule Säfte
> das war einst irgendeinem Mann gross
> und hier auch Rausch und Heimat.
> <div align="right">(Gottfried Benn, <i>Mann und Frau gehen durch die Krebsbaracke</i>, 1912)</div>

Auch ein mit unbewegter Miene gebieterisch verkündender Ästhetizismus widerspiegelt ein Stück Zeitgeist:

> Wer je die flamme umschritt
> Bleibe der flamme trabant!
> <div align="right">(St. George, <i>Der Stern des Bundes</i>, 1914)</div>

Romantische Sehnsucht, Selbstgewissheit, Untergangsstimmung durchwebt ein nicht mehr aufzuhaltender Drang nach Bewegung:

> Wir fliegen, aufgehoben, königlich, durch nachtentrissne
>   Luft, hoch übern Strom. O Biegung der
>   Millionen Lichter (...) Wie Fackeln stürmend (...)
>   Zum Letzten, Segnenden. Zum Zeugungsfest.
>   Zur Wollust.
>   Zum Gebet. Zum Meer. Zum
>   Untergang.

(Ernst Stadler, 1883-1914, *Fahrt über die Kölner Rheinbrücke bei Nacht*, 1914).

Die Einsamkeit des Individuums und die Vergänglichkeit, die das expressionistische Wahrnehmen und Erleben überall und jederzeit spüren, kommen in den Gedichten von Georg Trakl (1887-1914) immer wieder chiffrehaft zum Ausdruck:

> Sterbeklänge von Metall;
> Und ein weisses Tier bricht nieder.
> Brauner Mädchen rauhe Lieder
> Sind verweht im Blätterfall.
> ...
> Dämmerung voll Ruh und Wein;
> Traurige Gitarren rinnen.
> Und zur milden Lampe drinnen
> Kehrst du wie im Traume ein.
> *(In den Nachmittag geflüstert)*
>
> Auf meine Stirne tritt kaltes Metall.
> Spinnen suchen mein Herz.
> Es ist ein Licht, das in meinem Mund erlöscht.
> *(De Profundis).*

Die Stimmungslage zur Zeit der Reformpädagogik liesse sich auch anhand der bildenden Kunst zur Zeit des Impressionismus, Expressionismus und Fauvismus aufzeigen.

8.2 Die pädagogische Dimension

Die bisherigen Darlegungen zeigen, dass im ganzen Geist der Zeit ausgesprochen und unausgesprochen stets eine pädagogische Dimension mitschwingt: Die neue, die andere Zeit, die menschlicheren Verhältnisse, welche in der Kultur- und Zeitkritik und in den künstlerischen Aussagen direkt oder indirekt gefordert, herbeigesehnt oder angestrebt werden, sie benötigen einen „neuen" Menschen, Menschen, die „anders" denken, fühlen und handeln. Und wie immer, wenn der gegenwärtige Zustand nicht befriedigt, verlagert sich die Hoffnung auf die neue Generation, die Kinder und die Jugend, wird die Hoffnung auf eine neue Erziehung und auf eine neue, reformierte Schule gesetzt. Die Vision des *„neuen Menschen"*, von der die Kultur- und

Zeitkritik und die Äusserungen in der Kunst geleitet werden, ist u. a. im Ursprünglichen, im Unverdorbenen, im Natürlichen zu suchen. Dass auch von dieser visionären Dimension her das Kind bzw. die Hinwendung zum Kind eine Schlüsselstellung einnimmt, liegt geradezu auf der Hand.

Kritik an der Schule des 19. Jahrhunderts

Die *Kritik* am einseitigen Fortschrittsglauben, die Betonung des Natürlichen und Kreatürlichen, die Hinwendung zum Einmaligen, zum Hier und Jetzt, zum subjektiven Erleben, die Suche nach der verlorengegangenen Gemeinschaftlichkeit und Geborgenheit, die Hinwendung zur Schattenseite des Daseins usw. finden ihre Entsprechungen auf der pädagogischen Ebene in der Hinwendung zum Kind, im verlorengegangenen Subjektiven und Individuellen in Bildung und Erziehung. Sie findet sich auch in der Kritik der Reformpädagoginnen und -pädagogen an dem ihrer Ansicht nach utilitaristischen Bildungsdenken, am Stoffdruck und an seelenlosen formalisierten Methoden in der Schule, an der „Lern- und Buchschule", an der verlorengegangenen „Wohnstubenatmosphäre" in der Schulstube, an der ausgesperrten Natur im Bildungskanon usw.

Bei dem im Kulturleben so weitverbreiteten und so tief verwurzelten *Unbehagen gegenüber dem Geist der Zeit* ist es wohl schwierig, eine zeitliche oder bedeutungsmässige Reihenfolge der Entstehungsorte und Ausgangspunkte der reformpädagogischen Bewegungen festzumachen. Sicher waren es führende Köpfe in der Lehrerschaft, die sich allenthalben mit einer Kritik an der Situation in der öffentlichen Schule und in den Schulzimmern zu Worte meldeten.

Schon bevor die reformpädagogische Bewegung in der Praxis konkrete Konturen zu zeigen begann, formulierten *Schulmänner und Schulkritiker* die wunden Punkte der noch jungen Institution Schule. So schrieb 1887 Heinrich Joachim Wolgast (1860-1920) über die damalige Schule (zit. nach Oelkers, 1992, 1):

> Der Bureaukratismus ist dasjenige System, das mit dem Begriff des Staates notwendig verbunden erscheint ... Der Staat muss ... *generalisieren*. Dass er dies auch thut auf einem Gebiet, wo das *Individualisieren* der Kern- und

Mittelpunkt aller Arbeit ist, mag erklärlich, ja in gewisser Weise auch notwendig sein – gutzuheissen ist es nicht. Bureaukratie und Schule sind zwei Begriffe, die zu einander passen wie Feuer und Wasser.

Ein mächtiger Antrieb für die Reform ging von *Lehrpersonen aus, die der Kunst* nahe standen und die die Bewegungen und Entwicklungen in der Kunst als Pädagogen verfolgten. So begann etwa Alfred Lichtwark (1852-1914), der 1886 Direktor der Hamburger Kunsthalle wurde, Lehrer und Schüler in der Betrachtung von Kunstwerken zu üben. Er schrieb: „Es hat wohl noch nie eine gesellschaftliche Oberschicht so ohne Kulturbedeutung gegeben wie die deutsche Gegenwart" (zit. nach Gläss 1960, 6). Und auf seine Anregung hin wurde 1896 durch Carl Götze die Lehrervereinigung für die Pflege der künstlerischen Bildung gegründet. Ziel war eine Erziehung, die „unmittelbar die innersten Kräfte des Menschen ansprach, ihm nicht mehr Kenntnisse vermittelte, sondern wachsen liess, was an Gaben in ihm schlummerte" (ebd., S. 7). Und im Jahre 1900 schrieb Lichtwark in seinen „Versuchen und Ergebnissen" (ebd., S. 7):

> Aller Unterricht sollte eine Anleitung sein, der Welt selbständig und unabhängig gegenüberzutreten und in befestigter Gewohnheit das erarbeitete Wissen zum Erwerb neuer Kenntnisse zu benutzen ... Es kommt nur darauf an, dass die von Natur gegebene Fähigkeit infolge Mangels an Gewöhnung nicht erst einschläft ... Kleine Kinder pflegen mit hellem, sicherem Ansatz zu singen. Was wird in der Schule daraus? Kleine Kinder erzählen und plaudern ganz unbefangen. Wie steht es damit nach dem ersten Schuljahr? Wie steht es bei den Zwölfjährigen? Kleine Kinder zeichnen ohne Furcht und Bangen, was in den Kreis ihrer Vorstellung kommt, und zeichnen mit Freudigkeit. Wie weit wird dies in der Schule berücksichtigt? Sollte es nicht möglich sein, die Unbefangenheit zu erhalten durch alle Stufen, bis das sichere Können erreicht ist?

Diese Ansichten breiteten sich immer mehr aus und bezogen sich immer mehr auf den gesamten Unterricht. Was zunächst für die *Kunsterziehung* galt, entwickelte sich zur allgemeinen pädagogischen Forderung: „Auf allen Gebieten so zu erziehen, wie man es in der Kunsterziehung gelernt hatte". 1904 forderte Otto Ernst in der Hamburger Lehrerzeitung „Pädagogische Reform" eine „Wiedergeburt der Erziehung und des Unterrichts aus dem Geiste der Kunst" (zit. nach Gläss 1960, 7):

Das heisst, dass wir an die Stelle des bloss gewussten Wissens, das heute unsere Schulen beherrscht, das angeschaute und gefühlte Wissen setzen wollen. Es heisst, dass das Wissen von den körperlichen und geistigen Dingen der Welt fortan denselben Weg in den Menschen hinein nehmen soll, den die Kunst nimmt, nämlich den Weg durch die Tore der Anschauung und des Gefühls. Denn kein Wissen haftet so fest in uns, wirkt so lebendig in uns und setzt sich so leicht in Können und Handeln um wie das erlebte Wissen.

Reformen und Gegenreformen

Diese pädagogische *Aufbruchstimmung um* die Jahrhundertwende führte zu teilweise recht *zugespitzten Ansichten und Postulaten*. Der Weg von solchen Forderungen und Visionen zur pauschalen Verurteilung der traditionellen Schule als geistlose „Lern- und Buchschule" war nicht weit. Dies hatte auch zur Folge, dass der Blick für die pädagogischen und schulischen Errungenschaften der „Vorgänger-Epoche" getrübt wurde. Wer sich aber in historischer Distanz mit der damaligen Schulkritik kritisch auseinandersetzt, kann interessante und relativierende Feststellungen machen. So unterschieden sich die *traditionelle Schule von damals und die alternativen Schulen in der Realität* weit weniger als dies aufgrund der Postulate, Visionen und Rhetorik angenommen werden könnte. In beiden Schulrealitäten herrschte beispielsweise noch ein recht autoritärer, disziplinorientierter Führungsstil, und in beiden folgte man einer relativ formalistischen Lehrmethode (vgl. Kap. 6). Immerhin erfüllte die traditionelle Schule am Ende des 19. Jahrhunderts nach jahrzehntelangen, mühseligen und kostspieligen Anstrengungen grossenteils jene Anforderungen, die man seit der Aufklärung (vgl. Kap. 3) und vor allem seit Beginn des Jahrhunderts wünschte: allgemeine und auch durchgesetzte Schulpflicht, flächendeckende Alphabetisierung, vielfältiger Bildungskanon, staatliche statt kirchliche Trägerschaft, geeignete Schulbücher für jede Stufe und jedes Kind, ausgebildete Lehrkräfte, Schulhäuser (vgl. Kap. 7). Im 19. Jahrhundert kritisierten die Schulleute und pädagogisch engagierte Politiker die Widerstände gegen diese Zielsetzungen und die Langsamkeit ihrer Verwirklichung. Als diese Ziele dann aber um die Jahrhundertwende realisiert waren, erfuhr die *Kritik* – vielleicht weniger die Schulrealität – *eine grundlegende Veränderung*: Die Pädagoginnen und Pädagogen selbst wurden zu Kritikerinnen und Kritikern, und ihre Kritik beinhaltete veränderte

Vorstellungen über die Ziele und Methoden der Schule und des Unterrichts. Die Ziele der im 19. Jahrhundert „neu" gebildeten Schule konnten nach deren Erreichen selbst wiederum in Frage gestellt werden. Und so war um die Jahrhundertwende der Grundstock für eine Aufbruchstimmung in der Pädagogik und in der schulischen Praxis gelegt. Aber nicht zuletzt in der Verabsolutierung und Idealisierung – und damit von der teilweisen Loslösung aus den politisch-sozialen Gegebenheiten – einzelner Forderungen liegt auch schon in diesen Reformansätzen die Wurzel zu deren Revision (vgl. dazu auch Kap. 9).

Motive

Trotz des Facettenreichtums und der Eigenständigkeit der verschiedenen Reformvorstellungen lassen sich auch gemeinsame Tendenzen und Motive bei den einzelnen Konzepten und den einzelnen Reformschulen feststellen. So findet sich immer wieder in mehr oder weniger ausgeprägter Form die Leitvorstellung einer am Individuum und/oder an der Gemeinschaft orientierten Bildung und Erziehung. In der Regel bilden Individualisierung und Gemeinschaftsorientierung die beiden Pole eines Spannungsfeldes. Als weitere gemeinsame und verbindende Motive können in Anlehnung an Scheuerl (1985, 125 f.) genannt werden:

– Aufgrund allgemeiner Kultur- und Traditionskritik lässt sich eine *entschiedene* Wendung zur *„Jugend"* und *„zum Kind"* in allen Reformbestrebungen feststellen.
– Eine analoge Strömung nennt sich Pädagogik *„vom Kind aus"* und will mit der schon seit dem 18. Jahrhundert thematisierten „Entdeckung des Kindes" (s. die Darlegungen über Pestalozzi und Rousseau) endlich ernstmachen.
– Eine *„Aktivitätspädagogik"* will den einzelnen aus der Passivität des Stofflernens befreien, indem sie ein tätiges Lernen in der „Arbeits-" „Lebens-" oder „Tatschule" anstrebt und dabei gegen die intellektuellen Einseitigkeiten der herkömmlichen „Lernschule" auch die emotionalen und gemeinschaftlichen Kräfte mobilisiert.
– Die Inhalte, Wertordnungen und Zielsetzungen unseres Bildungsbetriebes werden einer *didaktischen Revision* unterzogen.

– Sozialpolitisch-organisatorische *Strukturreformen drängen* auf Vereinheitlichung und Durchlässigkeit des Schulsystems und auf Chancengleichheit für alle.

8.3 Die alternative Praxis und Theorie

Wie sich diese Visionen, Forderungen, Kritiken und Motive in der schulischen und unterrichtlichen Praxis und in der pädagogischen Diskussion auswirkten, zeigen die verschiedenen Strömungen der *Erziehungs- und Unterrichtspraxis* innerhalb der reformpädagogischen Bewegung. Dabei spiegelt sich in den jeweiligen *Unterrichts- und Erziehungskonzepten* nicht nur der Zeitgeist in seinen Grundmerkmalen wider, sondern die verschiedenen Konzepte weisen ganz bestimmte Akzente auf, die sich auf ein jeweils spezifisches Menschen- und Erziehungsverständnis innerhalb dieser Strömung beziehen. In diesem Menschen- und Erziehungsverständnis finden sich die oben genannten Motive als konkrete Vorschläge und Modelle zur Gestaltung und Organisation des Unterrichts und des Erziehungsprozesses. Individualisieren und Gemeinschaftserziehung finden sich dabei als in Variationen auftretende und oft in einem Spannungsverhältnis stehende Leitmotive.

Nicht nur der Zeitgeist der Jahrhundertwende weist über die Ländergrenzen hinweg gleiche bzw. vergleichbare Elemente in mehreren Ländern auf. Auch mehrere Motive und Zielsetzungen der pädagogischen Reformbewegung sind *internationale Erscheinungen* (vgl. Röhrs 1991), auch wenn sich die Reformpädagogik als ganzes im deutschsprachigen Raum als eine eigene und vielleicht auch als tiefgreifendste entwickelte (vgl. z. B. Scheibe 1974, Flitner, Kudritzki 1961/62). Vor allem die Vielfalt der verschiedenen alternativen Bildungs-, Erziehungs- und Unterrichtsmodelle ist im deutschen Sprachraum und in Europa auffällig (vgl. z. B. Klassen u. a. 1990).

Die Leitmotive

Die beiden für diese Darstellung gewählten *Leitmotive der Individualisierung und der Gemeinschaftserziehung bzw. -orientierung* lassen sich in mehr oder weniger ausgeprägter Form und in verschiedenen Spielarten als zentrale Muster in den meisten Reformvorstellungen und -konzepten finden. Diese Hinwendung zum Individuum und zur Gemeinschaft sind auch im übergeordneten Geist der Zeit richtungweisend. Dort wie auch im pädagogischen Bereich sind sie oft Idealisierungen, handelt es sich um (kompensatorische) Sehnsucht nach Individualität und Gemeinschaftlichkeit. Individualisieren und Gemeinschaftsorientierung können wie zwei Pole eines umfassenden Spannungsfeldes betrachtet werden. Der individualisierende Pol ist gegeben in der Form der durchgehenden Ausrichtung der pädagogischen Bemühungen auf das Kind, in der Regel auf das einzelne Kind. In diesem Sinne kann Individualisieren auch als *Subjektivierung* verstanden werden. Das Kind soll als Individualität mit seinen ihm eigenen Fähigkeiten, Möglichkeiten und Grenzen erkannt, akzeptiert und gefördert werden. Programmatisch hat *Ellen Key* (1849-1926), die schwedische Autorin des im Jahre 1900 erschienen Buches „Das Jahrhundert des Kindes", die neue Zielvorstellung für Erziehung und Unterricht formuliert:

> Das eigene Wesen des Kindes zu unterdrücken und es mit dem anderer zu überfüllen, ist noch immer das pädagogische Verbrechen, das auch die auszeichnet, die laut verkünden: dass die Erziehung nur die eigene individuelle Natur des Kindes ausbilden solle! ... In meiner geträumten Schule soll die Jugend in die Kunst des Lebens eingeweiht werden – das will sagen, die Kunst, seine eigene Persönlichkeit, sein eigenes Dasein zu einem Kunstwerk zu gestalten – darin eingeweiht werden von einem weisen Manne oder einer solchen Frau, die sich selbst ihre Jugendlichkeit bewahrt haben, so dass sie die Freuden und Schmerzen der Jugend verstehen, ihr Spiel und ihr Ernst, ihre Träume und ihre Ahnungen, ihre Fehler und Gefahren: Führer, die doch nur zaghafte Anweisungen geben, wie die Jugend ihre eigenen Melodien für das grosse Orchester des Lebens instrumentieren soll! (Zit. aus Scheuerl 1992, 231 ff.)

Im zitierten Textausschnitt von Ellen Key wird sichtbar, dass „Individualisieren" als Motiv in den reformpädagogischen Bestrebungen hauptsächlich verstanden wird als *Hinwendung zum einzelnen Kind* in seiner Ganzheit und Einmaligkeit (Individuum). Persönlichkeit und Persönlichkeitsbildung wurden tendenziell verstanden als Bildung zu ausgeprägter Individualität, zur individualistischen Persönlichkeit. Diesem Verständnis von Individualität haftet auch ein Zug des Schwärmerischen, Romantischen, des – im ethischen Sinne – Unverbindlichen an, etwa in Abgrenzung zum Verständnis von Individuum als kritisches, autonomes und verantwortungsbewusstes Wesen der Aufklärungszeit (vgl. Kap. 3 und 5). So formulierte z. B. August Julius Langbehn (1851-1907) in „Rembrandt als Erzieher, von einem Deutschen" (1890): „Die Erziehung zum Individualismus und im Individualismus erweist sich mithin als die nächste Aufgabe des deutschen Volkes auf geistigem Gebiet" (zit. nach Scheibe 1974, 10). „Individualität" und „Individualisieren" waren Worte mit grosser Faszinationskraft. So wurde beispielsweise beim Orell Füssli Verlag (Zürich und Leipzig) eine „Vierteljahresschrift für Philosophie und Kunst" unter dem Titel „Individualität" herausgegeben. Auch in der Erwachsenenbildung begann man von „individualisierender Volksbildung" zu sprechen. Scheibe zitiert Robert von Erdberg (1886-1929; Leiter der Abteilung Erwachsenenbildung im Preussischen Kultusministerium), der im „Bekenntnis zur individualisierenden Arbeit" für die Volksbildung „den entscheidenden Zug der neuen Arbeitsweise" sah und die Ansicht vertrat, „dass auch Volksbildung wie jede Bildung unabdingbar die Bezogenheit auf die Individualität haben müsse" (ebd., S. 362). Eine weitere Dimension im Verständnis von Individualisieren ist eher unterrichtsmethodisch orientiert im Sinne von Anpassung der Erziehung und des Unterrichts an die individuellen Möglichkeiten des einzelnen Kindes. Diese Dimension wird etwa sichtbar in einer Passage aus der Rede von Georg Kerschensteiner (1854-1932), die er zur Pestalozzifeier am 12. Januar 1908 in der Peterskirche in Zürich hielt. Er sprach zum Thema „Die Schule der Zukunft eine Arbeitsschule". Darin sagte er:

> In der Werkstatt, im Laboratorium, in der Schulküche, im Schulgarten, im Zeichensaal, im Musikzimmer findet jedes Kind die Arbeit, die es bewältigen kann. Hier arbeitet der Schwache neben dem Starken und findet Hilfe bei ihm, oder kann und soll sie finden. (...) Denn hier, wo die reine Gedächtnisleistung ausgeschaltet ist, kommt es weit weniger auf den Wert des Arbeitsproduktes als auf den Wert der Arbeitsmethode an. Hier ist „Individualisieren des Unterrichts", sonst das verlogenste Schlagwort in unserem Massenhordenbetrieb, keine Sorge des Lehrers mehr. Hier stellt sie sich von selbst ein. (Kerschensteiner 1968, 32)

Ebenso mehrschichtig und schillernd wie das Motiv der Individualität und Individualisierung war jenes der Gemeinschaft und der Gemeinschaftsorientierung. Gemeinschaftsbildung und -erziehung wurden nicht in erster Linie verstanden als Lernprozess zum kompetenten und kritischen Umgang mit den sozialen Gegebenheiten und Strukturen, den Normen und den Werten. Gemeinschaftsbildung und -erziehung wurden vor allem als *Erlebniswerte und als nicht zu hinterfragendes Bekenntnis verstanden*. Sie betrafen alle Formen des gemeinschaftlichen Lebens, angefangen vom Lehrer-Schüler-Verhältnis über die Schulklasse, die ausserschulische und ausserunterrichtliche Kameradschaft und Bruderschaft bis zum „Volk" als die umfassende Erziehungsgemeinschaft. Kriterium war die „innere" Verbundenheit und Übereinstimmung. Der Unterricht wurde auch als Bestandteil der „Schulgemeinde, als eine sich selbst erziehende Gemeinschaft" (Peter Petersen) betrachtet. Und für die *Landerziehungsheimbewegung* formulierte *Hermann Lietz* (1868-1919) als eines ihrer Erziehungsideale: In den Landerziehungsheimen soll

> deutsche Art, eine an Leib und Seele gesunde, zart empfindende, klar denkende, tatkräftige Jugend (...) gedeihen, fern der Stadt in der Stille des Waldes und der Berge, eine Jugend, die Gott, Heimat, Mitmenschen liebt, vor allem Hohen und Edlen Ehrfurcht, an allem Schönen und Guten Freude hegt. Zur zweiten Heimat sollten die Heime werden. Erzogen werden sollte in ihnen, d. h. die vorhandenen Anlagen und Kräfte des Körpers, Gemüts, Willens, Verstandes sollten zu einer gesunden, freien und fröhlichen Entwicklung gelangen, dass mit ihnen dereinst erfolgreich der Nation, dem Gottesreich gedient werden könnte. (Zit. aus Reble 1971, 551)

Das *Spannungsfeld Individualisieren und Gemeinschaftserziehung* wird in einem Zitat aus der Beschreibung des Schulmodells „Jena-Plan" von Peter Petersen (1884-1952; vgl. auch Kap. 9) sichtbar:

> Wie muss diejenige Erziehungsgemeinschaft gestaltet werden, in welcher sich ein Menschenkind die für es beste Bildung erwerben kann, eine Bildung, die seinem in ihm angelegten und treibenden Bildungsdrange angemessen ist, die ihm innerhalb dieser Gemeinschaft vermittelt wird und die es reicher, wertvoller zur grösseren Gemeinschaft zurückführt, es ihr als tätiges Glied wiederum übergibt. Oder kürzer: Wie soll die Erziehungsgemeinschaft beschaffen sein, in der und durch die ein Mensch seine Individualität zur Persönlichkeit vollenden kann. (Zit. aus Scheibe 1974, 311)

Inhaltliche Schwerpunkte

Die beiden Leitmotive Individualisierung und Gemeinschaftsorientierung können durch einige *inhaltliche Schwerpunkte* aufgeschlüsselt werden, an denen sich die einzelnen Reformvorstellungen und -prozesse orientieren. Die folgende Skizze versucht, solche Orientierungsschwerpunkte sichtbar zu machen.

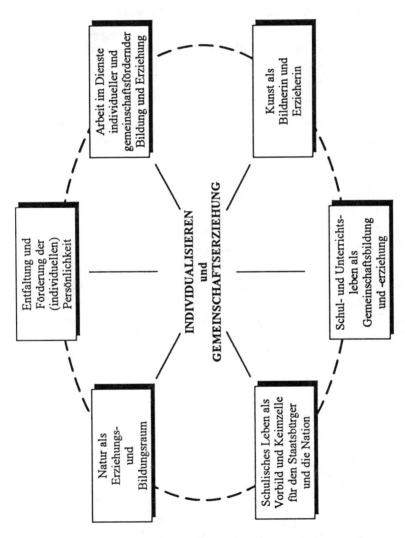

Skizze: Inhaltliche Schwerpunkte der reformpädagogischen Richtungen

Die gestrichelte Linie in der Skizze soll deutlich machen, dass die einzelnen inhaltlichen Schwerpunkte nicht als isolierte und gegeneinander abgegrenzte Elemente verstanden werden können. Sie sind miteinander verwoben. Sie erhalten aber in den einzelnen Reformkonzepten und praktizierten Modellen unterschiedliches Gewicht und unterschiedliche Ausprägung.

Der *Schwerpunkt Entfaltung und Förderung der (individuellen) Persönlichkeit* wird u. a. bei jenen Pädagoginnen und Pädagogen sichtbar, die für eine „Pädagogik vom Kinde aus" und für eine erlebensorientierte Unterrichtsgestaltung eintraten, z. B. bei Ellen Key („Das Jahrhundert des Kindes"), bei Berthold Otto (1859-1933) mit seinem Konzept der „Hauslehrerschule" und seiner speziellen Form des „Geistigen Verkehrs mit den Kindern" sowie in der Erlebnispädagogik (Heinrich Scharrelmann: „Erlebte Pädagogik"; vgl. Kap. 9) und im Erlebnisunterricht von Waltraud Neubert („Das Erlebnis in der Pädagogik"). Einen inhaltlichen Schwerpunkt im Individuell-Subjektiven – neben der Gemeinschaftsorientierung und weiteren philosophisch-pädagogisch ausgerichteten Konzepten – weist auch die „Waldorfschulbewegung" auf. Ihre Konzepte wurzeln in der anthroposophischen „Menschenkunde", die von Rudolf Steiner (1861-1925) entwickelt wurde. Bei ihrer „Erneuerung der Erziehung" mit dem Ziel, dem Kind Räume zur Selbsttätigkeit und Selbsterfahrung zu ermöglichen, trat Maria Montessori (1870-1952; „Kinder sind anders") für Zurückhaltung in den erzieherischen Interventionen ein. Auch wenn die Pädagogik Montessoris stark im naturwissenschaftlich orientierten Wissenschaftsverständnis ihrer Zeit verankert ist (vgl. Hofer 1994), ist es für sie ein Grundanliegen, „die verborgenen Kräfte des Kindes zu erkennen, zu bewundern und ihnen zu dienen und demütig zur Seite zu stehen, mit der Intention der Mitarbeit, so dass die Personalität des Kindes mit seiner inneren Gegenwart immer vor uns steht" (zit. aus Heiland 1994, 121).

Die Arbeit im Dienste der Förderung individueller und gemeinschaftsorientierter Kräfte, Anlagen und Tugenden stand im *Konzept der Arbeitsschule* von Georg Kerschensteiner im Vordergrund. John Dewey (1859-1952) legte seiner Theorie des Unterrichts u. a. das Leitprinzip des learning by doing zugrunde und vertrat eine Pädagogik, wonach Erziehung als eine Funktion der und für die Gesellschaft zu betrachten ist. Auch das Konzept der Produktionsschule von Paul Oestreich (1878-1959) und Pavel Petrowitsch Blonskij (1884-1941) orientierte sich an einem Bildungs- und Erziehungsverständnis, in dessen Mittelpunkt die Arbeit als Beitrag zu einer (sozialistisch ausgerichteten) Gemeinschaft stand. Arbeit im vorwiegend geistigen Sinne zur Förderung der Persönlichkeit als Individuum und Gemeinschaftswesen prägte das Konzept der „freien geistigen Schularbeit" von Hugo Gaudig (1860-1923). Eigene Ansätze im Umkreis der Idee einer Arbeitsschule entwickelte der französische Erzieher Célestin Freinet (1896-1966).

In der *Auseinandersetzung mit der Kunst* soll das Kind zur „ästhetischen Genussfähigkeit" erzogen werden. Bildung und Erziehung sollen „den bei allen Menschen vorhandenen Kunstsinn zu wecken und auszubilden" versuchen, wie K. Lange in einem Bericht über den ersten Kunsterziehungstag im Jahre 1902 festhielt. Erziehung und Bildung habe sich an der Kunst zu orientieren und weniger an der Vernunft (vgl. z. B. die charakteristischen Buchtitel aus dieser Bewegung wie „Rembrandt als Erzieher" [1890] von August Julius Langbehn, „Das Kind als Künstler" von Carl Götze [1898], „Das schaffende Kind in der Musik" [1928] von Fritz Jöde). Der künstlerische Ausdruck war auch die Zielvorstellung in der Sprachbildung, wie z. B. Fritz Gansberg in „Der freie Aufsatz" (1914) darlegte.

Organisation und Gestaltung des Schullebens und Unterrichtslebens wie auch der freien Zeit in einer speziellen Institution mit entsprechender Atmosphäre mit dem Ziel der Gemeinschaftsbildung und -erziehung und der individuellen Förderung des Einzelnen wollte insbesondere die Landerziehungsheimbewegung, wie sie z. B. von Hermann Lietz (s. oben), Gustav Wyneken (1875-1964; „Der Gedankenkreis der freien Jugendgemeinde") und Paul Geheeb (1870-1961; s. auch Kap. 9) vertreten wurde. Der visionäre – und elitäre – Pioniergeist etwa kommt in der Rede, die Paul Geheeb zur Eröffnung der von ihm begründeten Odenwaldschule (nach der Emigration weitergeführt als Ecole d'Humanité in Goldern, Berner Oberland) zum Ausdruck:

> Nicht bequemer wollen wir es euch machen – nein schwerer, insofern wir euch höhere Ziele stecken und grössere Ansprüche an eure Einsicht, an eure Initiative, an eure Energie, an euer vernünftiges Wollen stellen. Leichter freilich machen wir es euch dadurch, dass wir die in euch wohnende Schaffenskraft nicht beengen und unterdrücken, sondern zu freier Entfaltung und kräftiger Erstarkung zu bringen suchen in der Absicht, euch auf euch selbst zu stellen und uns nach und nach entbehrlich zu machen. (Zit. nach Scheibe 1974, 115)

Schulisches Leben als Vorbild und Keimzelle für den Staatsbürger und die Nation war eine Leitvorstellung von Bildung und Erziehung sowohl in der Arbeitsschule wie auch in der Landerziehungsheimbewegung und in der Jugendbewegung.

Die Natur als Erziehungs- und Bildungsraum stand vor allem in der Jugendbewegung im Vordergrund (Wandervogel, 1901). „Natur" galt aber als Orientierungslinie auch für die Landerziehungsheimbewegung und die Kunsterziehung. Sichtbar wird dies etwa, wenn am ersten Kunsterziehungstag formuliert wurde:

> Die Kunst, wie wir sie heute auffassen, ist Darstellung der Natur oder Erzeugung eines Gefühls, einer Stimmung, einer Kraft- und Bewegungsvorstellung mit Formen, die der organischen Natur, dem menschlichen Gefühlsleben, der Bewegung des Menschen usw. entsprechen. Ohne Kenntnis der Natur, zu der ja auch das menschliche Gefühlsleben, soweit es einen Gegenstand der Kunst bildet, gehört, ist keine Kunst, kein Kunstgenuss möglich. Jeder Weg zur Kunst geht über die Natur. (...) Die Aufgabe des Kunstunterrichts ist also ganz einfach die, das Kind in die Natur und das Leben einzuführen, sein Bewusstsein mit solchen Erinnerungsbildern zu füllen (Zit. nach Scheibe 1974, 143).

Mit einem so verstandenen Naturgefühl wurden oft auch Elemente der *Volkskultur*, der volkstümlichen Bildung und überhaupt des „Volkstums" verwoben.

Als inhaltlicher Schwerpunkt schliesslich kann auch die *unterrichtsmethodische Dimension* mancher reformpädagogischer Konzepte gesehen werden (vgl.: Geissler [1965]: Das Problem der Unterrichtsmethode; Dietrich [1980]: Unterrichtsbeispiele von Herbart bis zur Gegenwart).

In der *Schweiz* wirkten sich neben der Jugendbewegung bzw. Landerziehungsheimbewegung (vgl. Baumann 1966; Gantner 1987; Grunder 1987) vor allem Ideen der Arbeitsschule für die Gestaltung des Unterrichts besonders nachhaltig aus, etwa in den Konzepten des Handfertigkeitsunterrichts (für Knaben) sowie des Handarbeits- und Hauswirtschaftsunterrichts (für Mädchen) auf der Volksschuloberstufe (Primaroberschule, Realschule). Unter dem pädagogisch-methodischen Leitwort „Arbeitsprinzip" sollte die „neue Schule auf der Produktivität der Schüler" aufbauen und sich am Ziel der Produktivität orientieren. Die neue Arbeitsschule sollte auch „den so wichtigen Gemeinschaftsgeist" pflegen und „wieder lebensnäher" werden (Rogger 1956, 139 f.; vgl. dazu auch Grunder 1993).

Die pädagogisch-psychologische Theoriebildung

Neben diesen Bewegungen, die vorwiegend auf die Erneuerung der erzieherischen und unterrichtlichen Praxis ausgerichtet waren, entwickelte sich in dieser Zeitspanne auch die *Pädagogik als Wissenschaft* weiter, nachdem sie u. a. von Herbart als eigenständige Disziplin begründet worden war (vgl. Kap. 6). Neue Strukturen für eine wissenschaftliche Pädagogik eröffnete Wilhelm Diltheys (1833-1911) Ansatz einer geisteswissenschaftlichen Pädagogik (vgl. Kap. 10). Grossen Einfluss auf die pädagogische Praxis und Theoriebildung wie auch auf die Lehrerinnen- und Lehrerbildung übte auch die sich neu bildende wissenschaftliche Kinderpsychologie und Jugendkunde aus, z. B. die Autoren und Werke wie W. Preyer (Die Seele des Kindes, 1882), W. Stern (Psychologie der frühen Kindheit, 1914), Ch. Bühler (Das Seelenleben des Jugendlichen, 1921), K. Bühler (Die geistige Entwicklung des Kindes, 1918), E. Spranger (Psychologie des Jugendalters, 1924).

Wesentlich zu einem neuen Verständnis des Kindes, seiner Eigenheiten, Bedürfnisse und Möglichkeiten trugen auch die sich im ersten Drittel des 20. Jahrhunderts ausweitenden und vertiefenden Erkenntnisse der *tiefenpsychologisch-analytischen Wissenschaft* bei. Die Psychoanalyse von Sigmund Freud (1856-1939) und die Individualpsychologie von Alfred Adler (1870-1937) rüttelten an Grundfesten herkömmlicher Ansichten über das kindliche Erleben und „entdeckten" die überragende Bedeutung der – frühen – Kindheit im Leben des Einzelnen. Vor allem die Beiträge von Alfred Adler und weiterer Individualpsychologinnen und Individualpsychologen zur Schulreform in Wien und die Errichtung von individualpsychologischen Erziehungsberatungsstellen zeigten die zunehmende Bedeutung und den Einfluss der neuen tiefenpsychologischen Erkenntnisse für Erziehung und Unterricht (vgl. Rüedi 1987). Die pädagogische Dimension der von Sigmund Freud begründeten Psychoanalyse trat vor allem mit dem Erscheinen der „Zeitschrift für psychoanalytische Pädagogik" seit 1926 an die Öffentlichkeit (vgl. z. B. Bittner und Rehm 1966, 9 ff.; Moll 1989; Pfister 1917). Mehrere Vertreterinnen und Vertreter der Psychoanalyse engagierten sich in Forschung, Lehre und Praxis für die Psychohygiene im Rahmen der Medizin, der Pädagogik und der Schule (z. B. August Aichhorn, Maria Pfister-Ammende, Oskar Pfister und insbesondere Heinrich Meng [1887-1972], der an der Universität Basel eine Professur für Psychohygiene hatte [vgl. Zimmermann 1994]).

8.4 Aspekte zur Wirkungsgeschichte

Die *Reformpädagogik* wird in der Regel in der *Geschichtsschreibung* viel einheitlicher dargestellt bzw. wahrgenommen, als sie in Wirklichkeit – in der Theorie wie in der Praxis – war. Wie Oelkers (1989, z. B. 10 f.) darlegt, sprachen die Akteure der Reform zwar von einer „neuen Pädagogik", von einer „natürlichen Erziehung", von einer „neuen Schule" und von notwendigen „Reformen". Sie hätten wohl im Bewusstsein gehandelt, „einen radikalen Wandel auszulösen". Dass sie aber „eine eigene Epoche der Erziehungsgeschichte begründen, war ausserhalb ihres Gesichtskreises, wie immer prophetisch sie sich auch verstanden haben mochten". Die Herrschaft des Nationalsozialismus bedeutete für manche dieser pädagogischen Visionen und Praktiken ein abruptes Ende. Andere gingen in „verwandelter" Gestalt in neue Konzepte über bzw. liessen sich neuen Zielsetzungen dienstbar machen (vgl. Kap. 9). Die Wirkungsgeschichte der reformpädagogischen Phase für die Zeit nach dem Zweiten Weltkrieg ist vielschichtig und nicht in wenigen Strichen zu skizzieren.

In den *„unendlichen Themen der Reform"* (A. Flitner) seit dem Ende des Krieges bis in unsere Tage lassen sich hinsichtlich der Motive, der pädagogischen und didaktischen Konzepte, der Schul- und Unterrichtsmodelle mehr oder weniger direkte Bezüge zu *Wurzeln in der Reformpädagogik* aufzeigen. Vor allem durchwebt das *Spannungsfeld „Individualisierung" - „Gemeinschaftsorientierung"* wie ein roter Faden pädagogische und didaktische Reformen bis in unsere Zeit. Interessant ist, dass gerade Pädagogen, die die Zeit der Reformpädagogik miterlebten, in ihren Arbeiten dieses antinomische Feld als eines ihrer grundsätzlichen Themen weiter differenzierten und immer auf die Notwendigkeit hinwiesen, dass diese Spannung auszuhalten sei (vgl. etwa Martin Buber [Das dialogische Prinzip; Urdistanz und Beziehung], Romano Guardini [Der Gegensatz. Versuche zu einer Philosophie des Lebendig-Konkreten], Theodor Litt [Individuum und Gemeinschaft; Freiheit und Lebensordnung, Führen oder Wachsenlassen], Hermann Nohl [Bildung und Alltag; Die pädagogischen Gegensätze]).

In *wissenschaftlicher Hinsicht* war es vor allem die *geisteswissenschaftliche Pädagogik*, die einerseits Themen der Reformpädagogik in ihr Theoriegebäude aufnahm und andererseits sich mit der Reformpädagogik und ihren Auswirkungen auseinandersetzte (vgl. Kap. 10).

Zahlreiche *Themen der reformpädagogischen Zeit* sind heute so aktuell wie damals, sind eine „Herausforderung auch an die heutige Erziehung in und ausserhalb der Schule". Andreas Flitner hat in seinem Buch „Reform der Erziehung" (Flitner 1992, 209 ff.) einige dieser Themen dargestellt und *ihre Bedeutung für die Gegenwart* diskutiert: Kinder verstehen, Selbständigkeit ermutigen, Ausdruck und Gestaltung ermöglichen, „ganzheitlich" lehren und lernen, Begabungen finden und fördern, Gemeinschaft über Konkurrenz setzen, Ausgrenzungen überwinden, die Gleichstellung der Mädchen- und Frauenbildung realisieren, Kinder hilfreich beurteilen, Vertiefung und „Einwurzelung" anbahnen, Konzentration und Stille üben, Brücken zur „Wirklichkeit" schlagen, an die grossen Aufgaben öffentlicher Verantwortung heranführen, eine „Kultur" des Lebens und Arbeitens entwickeln.

Diese Themen zeigen noch einmal die Fülle der – z. T. sehr alten – pädagogischen Grundideen, die in der reformpädagogischen Zeit aufgegriffen und/oder zu entwickeln und zu verwirklichen versucht wurden. Die Aktualität und Attraktivität dieser Themen sollte aber bei der Behandlung der Reformpädagogik und ihrer Wirkungen nicht zu einer Verkürzung der Sichtweise, zu einer von den historischen Gegebenheiten abgelösten Betrachtung und damit zu einer Glorifizierung der Epoche führen. Ein „Gewinn" bei der Behandlung der reformpädagogischen Prozesse kann gerade darin bestehen, dass diese Zeit nicht nur „affirmativ als vielfältig und anregungsreich, sondern auch als uneinheitliches, widersprüchliches und problemreiches Erbe anerkannt" wird, „das durchaus in Kontinuität zu Reformanliegen des 19. und früherer Jahrhunderte steht" (Metz 1993).

In *schulisch-institutioneller Hinsicht* gibt es aus der Zeit der Reformpädagogik Konzepte und Modelle, die bis in unsere Zeit erhalten geblieben sind beziehungsweise weiterentwickelt worden sind, so u. a. die Waldorfschule bzw. Rudolf Steiner-Schule und die anthroposophische Pädagogik, die Montessori-Schulen und die Pädagogik von Maria Montessori, die Adlerschen Erziehungsberatungsstellen, die Odenwaldschule von Paul Geheeb, die Freinet Schulen usw.

Hinweise zur Vertiefung

Reichhaltiges Bild- und Quellenmaterial enthalten:
    Alt, R.: Bilderatlas zur Schul- und Erziehungsgeschichte. Bd. 2: Von der Französischen Revolution bis zum Beginn der grossen sozialistischen Oktoberrevolution. Berlin 1971.
    Schiffler, H.; Winkeler, R.: Tausend Jahre Schule. Eine Kulturgeschichte des Lernens in Bildern. Stuttgart 1985.
    Weber-Kellermann, I.: Die Familie. Geschichte und Geschichten und Bilder. Frankfurt a. M. 1977^2.
    Weber-Kellermann, I.: Die Kindheit. Kleidung und Wohnen, Arbeit und Spiel. Eine Kulturgeschichte. Frankfurt a. M. 1979.

Flitner, A.: Reform der Erziehung. Impulse des 20. Jahrhunderts. München 1992.

Texte aus Reble, A.: Geschichte der Pädagogik. Dokumentationsband II. Stuttgart 1971, 487-578.

Texte der verschiedenen Vertreterinnen und Vertreter der reformpädagogischen Richtungen enthalten folgende Textsammlungen:
Gläss, T. (Hrsg.): Pädagogik vom Kinde aus. Weinheim 1960.
Scheuerl, H. (Hrsg.): Die Pädagogik der Moderne. München 1992 (Reihe „Lust an der Erkenntnis).

In der Reihe „Schöninghs Sammlung pädagogischer Schriften/Quellen zur Geschichte der Pädagogik" sind Bände mit Quellenmaterial über Célestin Freinet, Georg Kerschensteiner, Anton S. Makarenko, B. Otto, Peter und Else Petersen erschienen.

Quellenmaterial aus und für die Unterrichtspraxis in Form von Unterrichtsbeispielen sind enthalten in: Dietrich, T. (Hrsg.): Unterrichtsbeispiele von Herbart bis zur Gegenwart. Bad Heilbrunn 1980^5.

Mit der Gestaltung des Unterrichts befassen sich Beiträge von Vertreterinnen und Vertretern der reformpädagogischen Richtungen im Buch „Das Problem der Unterrichtsmethode", bearbeitet von G. Geissler. Weinheim 1965^6.

Glossar

Expressionismus: (v. lat. *expressio*, „Ausdruck"): Stilrichtung in der bildenden Kunst, Literatur und Musik zu Beginn des 20. Jahrhunderts, die im bewussten Gegensatz zur materiellen Wirklichkeitsnachbildung im Naturalismus und der Wiedergabe äusserer Eindrücke im Impressionismus steht. Die künstlerische Gestaltung erfolgt vorwiegend als geistiger Ausdruck *innerer* Erlebnisse und innerlich geschauter Wahrheiten unter freier Benutzung der äusseren Gegebenheiten.

Gesamtunterricht: Ungegliederte (ungefächerte) Unterrichtsform, die im Gegensatz zum Fachunterricht von übergreifenden, zunächst fachunabhängigen Themen ausgeht. Die einzelnen Themen (Gegenstände) sind Teile eines einheitlichen Beziehungsgefüges. Er stand vor allem in der Berthold-Otto-Schule im Mittelpunkt des Unterrichts und des Schullebens.

Impressionismus: (v. frz. *impressionisme*) In der französischen *Malerei* zwischen 1860 und 1870 entstandene und nach einem „Impression, soleil levant" genannten Bild von Monet bezeichnete Stilrichtung, die den zufälligen Ausschnitt aus der Wirklichkeit darstellt und bei der Farbe und Komposition vom subjektiven Reiz des optischen Eindrucks unter der Einwirkung des Lichts bestimmt ist. In der *Literatur* Stilrichtung von ca. 1890-1910, die (besonders in Lyrik, Prosaskizzen, Einaktern) eine betont subjektive, möglichst differenzierte Wiedergabe persönlicher Umwelteindrücke mit Erfassung der Stimmungen, des Augenblickhaften und Flüchtigen erstrebt. Die impressionistische *Musik* suchte Stimmungen in die Klangwelt (Tonmalereien) zu übertragen. (nach Brockhaus)

Individualisieren: (v. lat.: *individuus*, „unteilbar", „unzertrennlich"; *Individuum*, „das Unteilbare", „Einzelding"): Allgemein ein Prinzip von Erziehung und Unterricht, wonach die Besonderheit, Eigentümlichkeit und Einmaligkeit des einzelnen zu berücksichtigen ist; im engeren Sinne bezeichnet Individualisieren die Absicht, alle erzieherischen und unterrichtlichen Massnahmen an die individuellen Interessen und Bedürfnisse des Zöglings bzw. Schülers anzuknüpfen oder sie gar darauf zu gründen. In didaktischer Hinsicht ist Individualisieren der Versuch, der mit der Massenschule gegebenen Gefahr der Uniformierung der Lehr- und Bildungsgänge entgegenzuwirken, indem der Leistungsfähigkeit, dem Rhythmus und der Motivationslage des individuellen Schülers durch Differenzierung des Unterrichts und durch Bereitstellung individueller Lern- und Arbeitsmittel Rechnung getragen wird. Besonders ausgeprägt trat das Prinzip der Individualisierung in der Reformpädagogik hervor. (Böhm, W.: Wörterbuch der Pädagogik).

Individualpsychologie: (v. lat. Individuum, s. oben): Individualpsychologie bezeichnet jene Richtung der Tiefenpsychologie, welche durch Alfred Adler (1870-1937) und einen Kreis von Mitarbeiterinnen und Mitarbeitern vor dem Ersten Weltkrieg in Wien ins Leben gerufen wurde. Unterschiedliche Sichtweisen von Mensch und Neurose hatten Adler um 1911 bewogen, sich von Freud und der „Wiener Psychoanalytischen Vereinigung" zu lösen. Die neue Vereinigung wurde zunächst „Verein für freie Psychoanalyse" genannt, dann „Verein für vergleichende Individualpsychologie". Schliesslich (ab 1914) wurde diese Richtung der Tiefenpsychologie als „Individualpsychologie" bezeichnet. Diese Bezeichnung wurde gewählt, weil die Individualpsychologie die Handlungen und Äusserungen eines Menschen, sein Denken, seine Emotionen, Krankheiten usw. in ganzheitlicher Betrachtung als Aktivitäten eines einheitlichen Ich versteht. Dabei gilt der Position des Einzelnen innerhalb seines sozialen Bezugsfeldes und den Mustern seiner Beziehungsgestaltung besondere Aufmerksamkeit. Von grosser Bedeutung ist die aktive Rolle des Kindes bei der Herausbildung seines Charakters. Deshalb betont sie die grosse psychologische und gesellschaftliche Bedeutung einer ermutigenden und sozial orientierten Erziehung.

Industrialisierung: s. Glossar Kapitel 7.

Naturalismus: Europäischer Kunststil gegen Ende des 19. und zu Beginn des 20. Jahrhunderts, der eine möglichst naturgetreue Darstellung der Wirklichkeit (auch des – sozialen – Elendes und des Hässlichen) anstrebte und auf jegliche Stilisierung verzichtete.

Psychoanalyse: (v. griech. *psychä*, „Lebenskraft", „Seele", „Gemüt" und *analysis*, „Auflösung", „Ende" bzw. *analyo*, „auflösen", „auftrennen", „aufknöpfen"). Die von Sigmund Freud (1856-1939) begründete psychologische Disziplin, die erstens in einer Nachforschungsmethode besteht, die die unbewusste

Bedeutung der Worte, der Handlungen, Wahrnehmungen und Empfindungen sowie der Bildvorstellungen deutlich zu machen versucht. Sie ist zweitens eine psychotherapeutische Methode zur Heilung seelischer Erkrankungen mit Hilfe der von ihr entwickelten Verfahren (freie Assoziation, Deutung usw.).

Tiefenpsychologie: Eine psychologische und psychotherapeutische Richtung, die zum Verständnis und zur Erklärung des menschlichen Erlebens, Wahrnehmens und Verhaltens – vor allem – auf vorbewusste und unbewusste Antriebe und Motivationen zurückgeht. Die Begründer der Tiefenpsychologie und die von ihnen gegründeten Richtungen sind Sigmund Freud (1856-1939) und die Psychoanalyse, Alfred Adler (1870-1937) und die Individualpsychologie sowie Carl Gustav Jung (1875-1961) und die Analytische Psychologie.

Literatur

Alker, E.: Die deutsche Literatur im 19. Jahrhundert. Stuttgart 1962.

-: Profile und Gestalten der deutschen Literatur nach 1914. Stuttgart 1977.

Baumann, F.: Der Schweizer Wandervogel. Das Bild einer Jugendbewegung. Aarau 1966.

Bittner, G.; Rehm, W.: Psychoanalyse und Erziehung. In: Bittner, G.; Rehm, W. (Hrsg.): Psychoanalyse. München 1966, 9-27.

Dietrich, Th. (Hrsg.): Unterrichtsbeispiele von Herbart bis zur Gegenwart. Bad Heilbrunn 1980^5.

Fertig, L.: Zeitgeist und Erziehungskunst. Darmstadt 1984.

Flitner, A.: Reform der Erziehung. München 1992.

Flitner, W.: Die pädagogische Bewegung. Paderborn 1987.

Flitner, W.; Kudritzki, G. (Hrsg.): Die deutsche Reformpädagogik. 2 Bände. Düsseldorf 1961/62.

Frenzel, H. A. und E.: Daten deutscher Dichtung. Bd. II. Köln 1966^3.

Gantner, Th.: Jugendvereine. Basel 1987.

Geissler, G.: Das Problem der Unterrichtsmethode. Weinheim 1965^6. (Kleine pädagogische Texte, hrsg. v. E. Blochmann u. a., Bd. 18).

Glaser, H. u. a.: Wege der deutschen Literatur. Frankfurt a. M. 1966^3.

Gläss, Th. (Hrsg.): Pädagogik vom Kinde aus. Weinheim 1960. (Kleine pädagogische Texte, hrsg. v. E. Blochmann u. a., Bd. 26).

Grunder, H.-U.: Das schweizerische Landerziehungsheim zu Beginn des 20. Jahrhunderts. Frankfurt a. M. 1987.

-: Seminarreform und Reformpädagogik. Bern 1993.

Heiland, H.: Maria Montessori. Hamburg 1994[4].

Hofer, C.: Maria Montessoris „Anthropologia pedagogica" – oder: die Erziehung als Hygiene der Menschheit. Bern 1994.

Individualität. Vierteljahresschrift für Philosophie und Kunst, hrsg. v. W. Stosser und H. Reinhardt. Zürich 1926 ff.

Kerschensteiner, G.: Texte zum pädagogischen Begriff der Arbeit und zur Arbeitsschule. In: Kerschensteiner, G.: Ausgewählte pädagogische Schriften, Bd. II, besorgt von G. Wehle. Paderborn 1968.

Klassen, Th.; Skiera, E.; Wächter, B. (Hrsg.): Handbuch der reformpädagogischen und alternativen Schulen in Europa. Baltmannsweiler 1990.

Metz, P.: Reform der Erziehung. Rezension des Buches „Reform der Erziehung" von A. Flitner. In: Beiträge zur Lehrerbildung (BzL) 11 (1993), Heft 2, 222-223.

Menschheitsdämmerung. Ein Dokument des Expressionismus, hrsg. von Kurt Pinthus. Hamburg 1966.

Moll, J.: La pédagogie psychoanalytique. Origine et histoire. Paris: Dunod 1989.

Oelkers, J.: Individualisierung als reformpädagogisches Programm. Manuskript. Bern (Universität) 1992.

-: Reformpädagogik. Eine kritische Dogmengeschichte. Weinheim 1989.

Pfister, O.: Was bietet die Psychoanalyse dem Erzieher? Vorträge, gehalten vom 9. bis 14. Oktober 1916 am Ferienkurs der schweizerischen pädagogischen Gesellschaft in Sundlauenen bei Interlaken. Leipzig 1917.

Rogger, L.: Pädagogik als Erziehungslehre. Hochdorf 1956.

Röhrs, H.: Die Reformpädagogik. Ursprung und Verlauf unter internationalem Aspekt. Weinheim 1991.

- (Hrsg.): Die Schulen der Reformpädagogik heute. Düsseldorf 1986.

Rüedi, J.: Die Bedeutung Alfred Adlers für die Pädagogik. Eine historische Aufarbeitung der Individualpsychologie aus pädagogischer Perspektive. Bern 1987.

Scheibe, W.: Die Reformpädagogische Bewegung 1900-1933. Weinheim 1974[4].

Scheuerl, H.: Geschichte der Erziehung. Ein Grundriss. Stuttgart 1985.

- (Hrsg.): Die Pädagogik der Moderne. München 1992.

Zimmermann, E.: Psychohygiene und Pädagogik. Zürich 1994.

9. Totalisierung – Bildung und Erziehung unter nationalem und nationalistischem Anspruch

P. Metz

In diesem Buch betrachten wir die Pädagogik unserer Zeit unter einer Reihe von Aspekten, die wir an Gestalten und Epochen illustrieren: Sie ist dialogisch, säkular, auf das Wesen des Menschen bezogen und auf Emanzipation ausgerichtet, enthält ein utopisches Potential, strebt danach, ihr Wissenschaftssystem eigenständig und systematisch auszuarbeiten, realisiert sich in einer eigenen Profession, zielt auf die Individualität und Gemeinschaftsfähigkeit der Edukanden und ist pluralistisch. Aber wie verhält es sich mit einer weiteren, grundlegenden Dimension, mit der totalitären Dimension? Sind totalitäre Tendenzen mit der Überwindung des Nationalsozialismus vor fünfzig Jahren und mit der Auflösung der kommunistischen Staatenwelt erledigt? In dreifacher Hinsicht ist dieser Frage gegenüber Skepsis angebracht: von der pädagogischen Denktradition, von den politischen Bedingungen und vom Charakter der Menschen her. Wir gehen diesen Punkten in den ersten drei Abschnitten nach. Der vierte Abschnitt befasst sich mit nationalsozialistischer Pädagogik und der letzte mit der Frage nach der schweizerischen Bildung und Erziehung in den Krisen- und Kriegsjahren.

9.1 Totalitäres Denken und pädagogische Utopien

Totalitäre Züge lassen sich selbst in klassischen Texten der Pädagogik ausmachen. Als Beispiele sei an *Platons „Politeia"* (Staat) und Pestalozzis „Lienhard und Gertrud" erinnert (vgl. Kap. 1, 4 und 5). Platon entwirft die Utopie einer streng auf die Staatszwecke ausgerichteten Erziehung von drei klar voneinander geschiedenen Ständen, denen drei Seelenteile entsprechen: Der Nährstand dient der Sinnlichkeit; Bauern und Handwerker sollen demnach zur Tugend der Selbstbeherrschung erzogen werden. Dem Wehrstand obliegt die Verteidigung des Staates; die in den Willenskräften geschulten Krieger sollen zur Tapferkeit erzogen werden. Die Regierung des Staates übernehmen die der Vernunft verpflichteten Philosophen; ihre Standestugend ist die Weisheit. Tut nun jeder Stand das ihm Gemässe, dient er dem Ganzen des Staatszwecks, nämlich der Gerechtigkeit als der obersten Staatsnorm. Die Erziehung ist von dieser Idee her ganzheitlich – totalitär – geprägt und ausgestaltet. Während der Nährstand gar keine besondere Erziehung nötig hat, fordert Platon für die Angehörigen der beiden anderen Stände äusserste Opfer: biologisch kontrollierte Aufzucht, Güter-, Frauen- und Kindergemeinschaft sowie fremdbestimmte Auslese. Die Ausbildung der künftigen Staatslenker umfasst Gymnastik, Musik, Mathematik und Philosophie. Ihr folgt eine 15jährige praktische Ausbildung im Staatsleben. Die Ausbildung ist erst mit dem 50. Lebensjahr abgeschlossen.

Als zweites Beispiel eines klassischen pädagogischen Entwurfs, der zugleich totalitäre Züge aufweist, sei *Pestalozzis Roman „Lienhard und Gertrud"* (1781 1. Teil, 1783-87 2.-4. Teil) aufgeführt: Der Roman schildert die Befreiung eines Dorfes, Bonnals, von den Betrügereien und Nötigungen eines Vogtes und die Schaffung einer gesetzlichen Ordnung durch den Landesvater Arner. Arner lässt gegen den Willen der reichen Bauern das Land neu verteilen, das Sparen fördern und eine Schule einrichten. In der Konsequenz einer uneingeschränkten Milieutheorie – Pestalozzi vertritt im Roman den Standpunkt, „dass die Menschen das werden, was man aus ihnen macht" (R I, 387) – liegt die Pädagogisierung aller menschlichen Beziehungen, die sich als totalitär erweist. Arner repräsentiert die idealisierte Figur eines absolutistisch herrschenden aufgeklärten Patriarchen, der mit pädagogischen Absichten regiert und über alles väterlich-gütig wacht. Die aus dem verdorbenen Naturzustand gerettete Dorfgemeinschaft erhält eine gesetzliche Ordnung (vgl. Kap. 4), deren Einhaltung bis in jede einzelne Haushaltung durch Dorfräte überwacht wird. Die Beobachtungen werden in einem „Dorfwirthschafts-Buch" schriftlich festgehalten und geben über jedes Dorfmitglied Auskunft. Im Falle von Unregelmässigkeiten werden die einzelnen Familien vor einen von Arner eingesetzten Junker zitiert.

9.2 Zum Begriff und zur Entstehung des Faschismus und Nationalsozialismus[1]

Unterzieht man verschiedene politische Systeme und Herrschaftsformen einem soziologischen Vergleich, ergibt sich ein Bündel von Merkmalen zur Kennzeichnung des *Totalitarismus*, und es wird im Blick auf diese Kriterien und angesichts rassistischer Tendenzen und politischer Gruppierungen, die in diese Richtung zielen, kaum jemand die Behauptung wagen, es könnten sich in Europa und dem Fernen Osten nie wieder die politischen Bedingungen einstellen, die zu den totalitären Regimen des 20. Jahrhunderts führten. Als wesentliche Züge und Charakteristika eines totalitären Regimes werden in der Wissenschaft erkannt: a) eine Ideologie, die verbindliche, unumschränkte Loyalität der Bürger fordert und alle gesellschaftlichen und politischen Aktivitäten auf die Erreichung eines gesellschaftlichen Zielzustandes ausrichtet, b) eine von einem einzigen Mann geführte, hierarchisch-bürokratisch organisierte Einheitspartei als politische Massenbewegung und oberstes Führungsinstrument, c) eine mit allen Befugnissen ausgerüstete terroristische Geheimpolizei, d) ein Nachrichten- und Massenkommunikationsmonopol, e) ein Waffenmonopol zur Ausschaltung jeglichen offenen politischen Widerstandes und f) eine zentral gelenkte und verwaltete Wirtschaft (nach Hillmann 1994, 877/878).

Die *Industrialisierung* führte seit dem 19. Jahrhundert zur Abwanderung vom Land und zur Konzentration der Bevölkerung in Städten, begleitet von sichtbarer Arbeitslosigkeit und sozialem Elend (vgl. Kap. 8). Die Sozialisierung, d. h. die Tradierung sozialer Normen und die Kontrolle über deren Einhaltung, löste sich zunehmend von den dörflichen Gemeinschaften und den Grossfamilien und schränkte sich auf den Kreis der sich herausbildenden städtischen Kleinfamilien ein. Die Industrialisierung bewirkte in bezug auf die Familienstruktur und ihre An-

---

[1] Die Abfassung dieses Kap. 9 wurde von der Stammgruppe Z2b unter meiner Leitung an der HPL Zofingen im Rahmen eines Unterrichtsprojekts im Studienjahr 1994/95 vorbereitet. Ich danke den Studierenden für ihre intensive Mitarbeit und für eine schöne Zusammenarbeit: Sabine Benz, Renata Borowski, Beat Flükkiger, Roland Gindrat, Martin Gürtler, Frank Güttinger, Joachim Hoppe, Franziska Huser, Hanspeter Schäffler, Urs Schwarz, Monika Weber und Stefan Woodtli.

gehörigen eine *Individualisierung*. Damit war die Kontrolle der Bevölkerung erschwert. Erst die Erfindung der modernen *Massenmedien* ermöglichte wieder eine bessere Kontrolle der Bevölkerung. In Zeiten von Bedrohungen und Existenzängsten, wenn der Ruf nach einem starken Mann ertönte, konnte so eine neue Form der Diktatur entstehen, deren Auswirkungen bis ins Denken des Einzelnen reichte. Erfolgreich verknüpften die Diktatoren des 20. Jahrhunderts Elemente der *Modernisierung* (der Rationalität) wie Strassenbau, Einsatz der Medien, industrielle Entwicklung, insbesondere Techniken des Militärsektors, mit einer antimodernistische, traditionelle Motive aufgreifenden *Ideologie:* mit Idealen der ländlichen Kultur, der Fruchtbarkeit der Frau und körperlichen Stärke des Mannes und der Beheimatung in sozialen Gruppen, Bünden und politischen Bewegungen, ausgerichtet auf einen neuen Führer, der die vergangene nationale Grösse verkörpert und wieder herstellt. Zu diesen Elementen gesellten sich drei aggressive Bestandsstücke faschistischer Ideologie: der Antisemitismus, der Antidemokratismus und der Nationalismus. Das Gemenge solcher Elemente fügte eine *darwinistische Rassenlehre* zur gemeinverständlichen Weltanschauung des Nationalsozialismus zusammen. (Vgl. die Quellentexte in den Hinweisen zur Vertiefung)

Äussere Bedingungen für das Aufkommen des Nationalsozialismus in Deutschland waren u. a. der *verlorene Erste Weltkrieg* und die daraus resultierenden, das deutsche, relativ junge Nationalgefühl zutiefst verletzenden Bedingungen des Versailler Friedensvertrages sowie die *Weltwirtschaftskrise*, die zu einer tiefgreifenden Verunsicherung führte. Als Adolf Hitler sein Buch „Mein Kampf" 1924 im Strafvollzug auf der Festung Landsberg schrieb, konnte er auf eine lange Tradition von sogenannter „Rassenforschung" zurückgreifen, die sich bemühte, die Rassen in eine wertmässige Reihenfolge zu bringen. Auch die Einstufung der *jüdischen Rasse* als minderwertig hat ihre Vorläufer in einer langen Reihe von Schriften, vornehmlich aus Ländern Europas. Dass das Wiederaufgreifen dieser Rassentheorien durch Hitler mit der Krise zusammenfiel, in der sich Deutschland nach dem verlorenen Krieg befand, und vor allem die Konstruktion eines Zusammenhanges zwischen diesen Elementen, die Behauptung also, der Krieg sei durch eine jüdische Verschwörung verloren gegangen, führte in letzter Konsequenz zur gelungenen Machtergreifung der Nationalsozialisten im Jahre 1933. Die ersten Massnahmen wie die Errichtung eines Blockwartsystems und die Einführung verschiedener Gesetze dienten der Machterhaltung und -entfaltung; sie zielten gegen Juden und oppositionelle Parteien.

> Wie im deutschen Staatsleben, in der Wirtschaft und im Rechtswesen, in der Kunst, der Wissenschaft und der Weltanschauung, so hält auch auf dem Gebiet der Bildung und Erziehung im Jahre 1933 das „Führerprinzip" seinen Einzug. Dass sich die Wissenschaft bisher um Objektivität bemühte und dass man der Erziehung eine relative Autonomie gegenüber den objektiven Kulturmächten zusprach und vom Erzieher um des Kindes willen eine überparteilich-sachliche Haltung mit Zurückstellen seiner eigenen Meinung in den Tagesfragen forderte, wird jetzt als ausgemachte Schwäche und als Humanitätsduselei angesehen und vom neuen nationalsozialistischen Staat schärfstens verurteilt. Er erkennt nur *einen* absoluten Wert für den Menschen an, das ist der Einsatz für den Führer und für die Macht des Dritten Reiches. Alles andere wird rücksichtslos zum Mittel für diesen Zweck gemacht; das gesamte politische, wirtschaftliche und kulturelle Leben bis hin zur künstlerischen und religiösen Sphäre wird darauf ausgerichtet und von dorther überwacht. (Reble 1975, 314)

9.3 Autoritäre Erziehung und „Erziehung nach Auschwitz" (Adorno)

Die historische Erforschung der Entstehungsgründe des Faschismus und Nationalsozialismus beschäftigt sich intensiv mit der Frage nach Hitlers Biographie, um in ihr familiäre, erzieherische und zeitgeschichtliche Gründe für die *Entstehung seines autoritären Charakters* auszumachen. Dieselbe Frage stellt sich auch hinsichtlich der Psyche und Erziehung der vielen, die sich faszinieren liessen (Aeschbacher 1992), den Führern gefolgt sind und das System der Unterdrückung mitgetragen haben. Theodor W. Adorno erweitert diese Fragestellung 1966 in seinem eindringlichen Aufsatz über „Erziehung nach Auschwitz", indem er auch an die Zukunft, an die Nachgeborenen denkt:

> Die Forderung, dass Auschwitz nicht noch einmal sei, ist die allererste an Erziehung. Sie geht so sehr jeglicher anderen voran, dass ich weder

glaube, sie begründen zu müssen noch zu sollen. Ich kann nicht verstehen, dass man mit ihr bis heute so wenig sich abgegeben hat. Sie zu begründen hätte etwas Ungeheuerliches angesichts des Ungeheuerlichen, das sich zutrug. Dass man aber die Forderung, und was sie an Fragen aufwirft, so wenig sich bewusst macht, zeugt, dass das Ungeheuerliche nicht in die Menschen eingedrungen ist, Symptom dessen, dass die Möglichkeit der Wiederholung, was den Bewusstseins- und Unbewusstseinsstand der Menschen anlangt, fortbesteht. Jede Debatte über Erziehungsideale ist nichtig und gleichgültig diesem einen gegenüber, dass Auschwitz nicht sich wiederhole. (Adorno 1981, 88)

Eine der Wurzeln des Völkermordes erkennt Adorno in der Auferweckung des „angriffslustigen Nationalismus, die seit dem Ende des neunzehnten Jahrhunderts in vielen Ländern sich zutrug" (ebd., S. 89). Eine Möglichkeit, der Wiederholung von Auschwitz entgegenzuwirken, sieht Adorno in der Psychologie. Man müsse die Mechanismen erkennen, die die Verfolger so machten, dass sie solcher Taten fähig wurden, müsse ihnen selbst diese Mechanismen aufzeigen und verhindern, dass sie abermals so würden, und müsse ein „allgemeines Bewusstsein jener Mechanismen" (ebd., S. 90) erwecken. Nach den Erkenntnissen der tiefenpsychologischen Schulen bilde sich der Charakter in der frühen Kindheit. Nach Adorno ist Erziehung „sinnvoll überhaupt nur als eine zu kritischer Selbstreflexion" (ebd.), die sich der frühen Kindheit zuwendet, in der sich in den späteren Unterdrückern besinnungsloser Hass und Angriffswut bilden kann.

In diesem Zusammenhang erinnert Adorno an das *Ideal der Härte*, das in der traditionellen Erziehung eine erhebliche Rolle spiele. Dieses Ideal kann Gleichgültigkeit gegenüber Schmerzen bedeuten: Schmerzen der Erziehung, die man verdrängen musste; Schmerzen, die man andern zuzufügen sich berechtigt fühlt, weil man selbst gezwungen war, sie ertragen zu lernen. Folter ist die extremste Form, Menschen in Angst zu versetzen, ihnen Schmerzen zuzufügen und sie „fertigzumachen", d. h. sie zu einem „Ding" zu erniedrigen. „Menschen, die blind in Kollektive sich einordnen, machen sich selber schon zu etwas wie Material, löschen sich als selbstbestimmtes Wesen aus. Dazu passt die Bereitschaft, andere als amorphe Masse zu behandeln." (Ebd., S. 97) Adorno verwendet für diesen Typus des verdinglichten Bewusstseins den Begriff des „manipulativen Charakters", der sich an Fallbeispielen der Nazis studieren und bestätigen lässt. „Erziehung nach Auschwitz" bedeutet, sich seiner eigenen Kindheit, der Potentiale verdrängter Angst und Schmerzen bewusst zu werden, und „die Möglichkeit der Verschiebung dessen, was in Auschwitz sich austobte" (ebd., S. 103), zu erkennen. Der wiedererwachende Nationalismus ist das Klima, welches am meisten die Auferstehung von Auschwitz fördert: „Morgen kann eine andere Gruppe drankommen als die Juden ..." (Ebd., S. 103)

Der Hinweis auf das politische Klima, das die *Entstehung des totalitären Denkens* begünstigt, zeigt, wie sehr Adorno die formulierten Probleme als primär gesellschaftlich bedingt beurteilt. Wenn er sich im Bestreben, der Wiederholung von Auschwitz entgegenzuwirken, der Psychologie, nämlich der subjektiven Seite des Problems zuwendet, dann aus einer nicht näher begründeten Einschätzung, wonach „die Möglichkeit, die objektiven, nämlich gesellschaftlichen und politischen Voraussetzungen ... zu verändern", als „aufs äusserste beschränkt" seien (Adorno 1981, 89). Diese Position zeugt nicht von grossem Vertrauen in die politischen Chancen des öffentlichen Diskurses, der demokratischen Rechte, der Gewaltenteilung und Rechtsstaatlichkeit.

Noch ein Schritt radikaler ist die Argumentation von Alice Miller (vgl. den Abschn. über Antipädagogik in Kap. 10). Ihre psychoanalytische Deutung „Kindheit Adolf Hitlers – vom verborgenen zum manifesten Grauen" (1980) ist nur so weit politisch, als sie die Gesellschaft für ihre menschheitsrettende Botschaft (vgl. das Vorwort in: Miller 1990) sensibilisieren will: Erziehung bedeutet nach Miller „Vernichtung des Lebendigen, ... eine Gefahr für die Gesellschaft" (ebd., S. 11/12), denn die Gewalttätigkeit der Erziehung in Form von Ausbeuten, Schlagen, Strafen, Missbrauch, Manipulation und Vernachlässigung, zwingt das Kind, welches dem Erzieher völlig ausgeliefert ist und ihn nicht verlieren will, die Gefühle des Zorns und Schmerzes zu verdrängen. Die „verheerenden Folgen der Traumatisierung der Kinder (schlagen) unweigerlich auf die Gesellschaft zurück" (ebd., S. 13). Wenn Miller damit auch auf einen wesentlichen Sachverhalt aufmerksam macht, so bleibt sie doch ohne Verständnis für die Tatsache, dass es noch wesentlich mehr und anders geartete familiäre Problemstrukturen gibt, und erst recht ohne Verständnis für ausserpsychologische Zusammenhänge. Sie vertritt die Meinung, unsere „Sensibilisierung für die bisher allgemein geleugneten Grausamkeiten in der Kindheit und deren Folgen (werde) von selbst dazu führen, dass das Weitergeben der Gewalt von Generation zu Generation ein Ende finde" (ebd., S. 15).

Wir müssen es der persönlichen Lektüre (s. Hinweis zur Vertiefung) anheimstellen, die *Hitler-Biographie* des Historikers Joachim C. Fest mit der Biographie der Psychoanalytikerin Alice Miller sorgfältiger und kritisch zu vergleichen. Für beide ist die Quellenlage nämlich dieselbe, doch kommen sie aufgrund ihres unterschiedlichen Forschungsansatzes, der Lückenhaftigkeit der Quellen und wohl auch ihrer unterschiedlichen Sichtweisen von Erziehung zu ungleichen Ergebnissen. Fest zeichnet das Bild einer provinziellen Kindheit und Jugend im zeitgeschichtlichen kulturellen Kontext. In einer sorgfältigen Gegenüberstellung verschiedener Zeugnisse kommt er zum Schluss, Adolf Hitler (1889-1945) habe als Jugendlicher ein „zielloses Leben" geführt und einen charakterlichen Grundzug zur „Selbstverheimlichung" und „Selbststilisierung" entwickelt, der ihm gestattete, in eine Phantasiewelt auszuweichen und das schulische Versagen und die kränkenden Misserfolge beim mehrmaligen Versuch, eine Maler- oder Architektenausbildung anzutreten, zu bewältigen. Die Neigung zur Selbststilisierung führt Fest aber auch auf andere Einflüsse zurück: auf ein entsprechendes Gehabe von Hitlers Vater Alois (1837-1903), auf Adolfs Begeisterung für Richard Wagners Musik und – im Falle der autobiographischen Hinweise in „Mein Kampf" – auf den Versuch, sich selbst als verkanntes Genie und heldenhaften Führer aufzuspielen, der sich gegen das Ansinnen eines verständnislosen Vaters, auch bloss ein Beamter zu werden, erfolgreich zur Wehr setzt. Fest kommt zum Schluss, Adolf Hitler sei

> ein aufgeweckter, lebhafter und offenbar begabter Schüler (gewesen), dessen Anlagen freilich durch ein schon frühzeitig hervortretendes Unvermögen zu geregelter Arbeit beeinträchtigt wurden. Ein auffallender Hang zur Bequemlichkeit, unterstützt und abgesichert von einem störrischen Temperament, liess ihn immer ausschliesslicher seinen Launen und dem enthusiastisch verspürten Bedürfnis nach Schönheit folgen. (Fest 1976, 37)

Hitler bezeichnet seinen Vater in „Mein Kampf" als trunksüchtig, die Familienverhältnisse zeichnet er als ärmlich, dürftig und eng. In Wirklichkeit erlaubte es das väterliche Gehalt eines Zollamtsoberoffizials, ein eigenes Haus zu erstehen und ein Leben in bürgerlicher Solidität und Sicherheit zu führen. Die Waisenrente befreite Hitler zeitweise vom Zwang, seinen Unterhalt selbst bestreiten zu müssen. Die Entstehung des radikalen Antisemitismus und Nationalismus führt Fest auf entsprechende Tageszeitungen zurück, die zu Hitlers Zeit Verbreitung hatten, und auf konkrete Erlebnisse in Linz und Wien.

Bei dieser Darstellung setzt Miller an. Dem englischen Historiker gesteht sie zu, „eine immense und gründliche Arbeit" (1990, 201) geleistet zu haben, sie wirft ihm aber vor, wie viele andere Autobiographen die Eltern Hitlers „schonen" zu wollen. Die Psychoanalytikerin will in ihrem Essay das Kinderschicksal von Adolf vom „kindlichen Erlebnis heraus nachfühlen und es nicht mit den Augen der erzogenen Erwachsenen beurteilen" (ebd., S. 169). Die Entstehung des lebenslangen, unersättlichen Hasses, der für Millionen von Menschen Qualen, Verderben und Tod zur Folge hatte, erklärt sie aus der Struktur der Herkunftsfamilie, den sie als „Prototyp des *totalitären Regimes*" (ebd., S. 174) charakterisiert. Auf Vater Alois lastete eine vierfache Schmach, erstens die Armut, zweitens die uneheliche Geburt, drittens die Trennung von der leiblichen Mutter im Alter von fünf Jahren und viertens das Gerücht, er sei jüdischer Abkunft. Aus Neid gegenüber seinem legal geborenen, ehelichen Sohn Adolf schlug der Vater diesen täglich, was immer dieser getan haben mochte. „Es blieb ihm (Adolf; P. M.) nur die Verleugnung der Schmerzen, also die Selbstverleugnung und die Identifikation mit dem Aggressor. Niemand konnte ihm helfen, nicht einmal die Mutter" (ebd., S. 193), die sonst in Gefahr geriet, selbst geschlagen zu werden. Um das Trauma der väterlichen Schläge und verbalen Erniedrigung zu verdrängen, um sich am Vater zu rächen, inszenierte sich Hitler in der Politik: In Umkehrung der Rollen war er selbst zum Diktator geworden mit den Juden in der Opferrolle des hilflosen Kindes und Deutschland in der Rolle der zu befreienden Mutter.

9.4 Nationalsozialistische Pädagogik

Die Beschäftigung mit der sog. *"nationalsozialistischen Pädagogik"* (vgl. Herrmann; Oelkers 1988, 9-17) steht grundsätzlich vor demselben Dilemma wie die gesamte Geschichtswissenschaft, die dieses im „Historikerstreit" diskutiert hat: Wer von der Annahme ausgeht, die Phase des Nationalsozialismus sei in ihrer Art einmalig und diskontinuierlich gewesen, wird zwar dem moralischen Anspruch gerecht, das Grauen dieser Zeit, das Ungeheuerliche der planvoll begangenen Verbrechen in ihrer ganzen Scheusslichkeit voll anzuerkennen und in keinem Punkt zu relativieren oder gar zu entschuldigen. Er wird auch die totalitäre politische Inanspruchnahme, die *Totalisierung von Bildung und Erziehung* durch das politische Regime, in ihrer einmaligen Verleugnung der Humanität, erkennen. Aber er wird von den vielen Kontinuitäten – von den reformpädagogischen Postulaten und Alternativen zur nationalsozialistischen Pädagogik beispielsweise – absehen müssen, die sich ihm in der Erforschung dieser Zeit offenbaren würden. Wer andererseits die Kontinuität der pädagogischen Wissenschaftsgeschichte und Praxis von der Weimarer Zeit über die Phase der Krisen- und Kriegsjahre bis in die Nachkriegszeit verfolgt, steht zum einen vor dem begrifflichen Problem, das Spezifikum von „nationalsozialistischer Pädagogik" überhaupt fassen zu können, und vor dem moralischen Problem, die Geschehnisse jener Jahre in gewisser Weise zu relativieren und damit in ihrer Singularität auch wiederum zu verkennen. Es soll im folgenden versucht werden, im Bewusstsein dieses unauflösbaren Dilemmas, beides – Kontinuität und Diskontinuität – in die Darstellung einzubringen.

Hitlers Erziehung zum völkischen Staat: „Mein Kampf"

Eine geraffte Darlegung der wichtigsten erzieherischen Ideen, die Hitler in seiner Schrift zur „Abrechnung" (Band 1) und zum Programm der „nationalsozialistischen Bewegung" (Band 2) verfasst hat, findet sich in Rebles „Geschichte der Pädagogik". Zwei Vorbemerkungen: die erste *zum Stil von „Mein Kampf"*: Die Gedanken werden in einer wortreichen, langatmigen, phrasenhaften und umständlichen Art vorgetragen; stilistische Entgleisungen und Wiederholungen kommen ebenso vor wie treffende Überlegungen. „Hinter den tönenden Wortfassaden hockt unverkennbar die Sorge des Halbgebildeten vor dem Zweifel des Lesers an seiner intellektuellen Kompetenz ..." (Fest 1976, 291) Die vorgespielte Gelehrsamkeit des 781seitigen Werks wirkt ermüdend und schwierig; trotz der bis zum Ende beinahe zehn Millionen abgesetzten Exemplare blieb das Buch meist ungelesen als Pflichtexemplar im Gestell. „Anfangs als Abrechnung und Bilanz nach ‚viereinhalb Jahren Kampf' gedacht, entwickelte es sich zusehends zu einer Mischung aus Biographie, ideologischem Traktat sowie taktischer Aktionslehre und diente gleichzeitig der Verfestigung der Führerlegende." (Ebd., S. 290)

Die zweite Vorbemerkung betrifft die *Stellung von Bildung und Erziehung innerhalb des Gesamtwerks*: Hitlers diesbezügliche Ausführungen finden wir unter dem Titel „Der Staat". Allein schon diese Position zeigt uns, dass Pädagogik ihre Eigenständigkeit verliert und einer übergeordneten Idee geopfert wird. Der Staat aber ist selbst nur ein Mittel zum Zweck; er dient dem *„Selbsterhaltungstrieb eines Volkstums auf Erden"* (Hitler 1933, 440); er sorgt durch seine Familiengesetze für die blutsmässige Reinheit der Rasse und führt sie durch Weiterbildung ihrer „geistigen und ideellen Fähigkeiten zur höchsten Freiheit" (ebd., S. 434). Diese Freiheit zielt nicht etwa auf das Individuum, sondern auf die Machtentfaltung der deutschen Kultur und einen Frieden, „begründet durch das siegreiche Schwert eines die Welt in den Dienst einer höheren Kultur nehmenden Herrenvolkes" (ebd., S. 338). Im Urteil Hermann Rauschnings, der „Gespräche mit Hitler" aufgezeichnet hat, besassen Hitler und seine Anhängerschaft „keine Idee oder gar annähernd schlüssige Weltanschauung, sondern bedienten sich vorhandener Stimmungen und Tendenzen nur, sofern sie sich Wirkung und Anhängerschaft davon versprachen. Nationalismus, Antikapitalismus, Brauchtumskult, aussenpolitische Konzepte und selbst der Rasseglaube oder Antisemitismus waren einem immer beweglichen, gänzlich prinzipienlosen Opportunismus offen, der nichts achtete, fürchtete, glaubte und gerade seine feierlichsten Eide skrupellos brach." (Zit. nach Fest 1976, 294) Die Ideologie diente einzig dazu, den Machtwillen zu verdecken. – Nach diesen Vorbemerkungen folgt hier Rebles knappe Darstellung von Hitlers erzieherischen Auffassungen:

Die Erziehungsgrundsätze des Nationalsozialismus sind programmatisch ... in Adolf Hitlers Buch „Mein Kampf" dargelegt. Hier ist klar ausgesprochen, dass es in der Erziehung in erster Linie um das „Heranzüchten kerngesunder Körper" und um das „Hineinbrennen" von „Rassesinn" und „Rassegefühl" in Herz und Hirn der Jugend geht. Im Dienste der Selbsterhaltung, der Weitervermehrung und der machtmässigen Durchsetzung des Volkstums soll in der Jugend ein fanatischer Glaube an die Kraft und Überlegenheit der eigenen Rasse geweckt und unbegrenzte Einsatzbereitschaft sowie blinder Gehorsam gegenüber der politischen Führung erzeugt werden. Erziehung wird bei Hitler selbst und bei massgebenden nationalsozialistischen Pädagogen wie Ernst Krieck, Alfred Baeumler, Hans Schemm usw. ausdrücklich als Zucht, als eine „Züchtigung und Formung" verstanden, die nach dem „Prinzip der Gefolgschaft, der Treuebindung an den Führer, der autoritativen Gestaltung und Lenkung" (E. Krieck) durchzuführen ist und eine „rassebewusste Nation mit geschlossener Macht, mit einheitlicher politischer Haltung und Willensrichtung" erreichen will. Dem haben alle Erziehungsmächte und -einrichtungen zu dienen: vor allem die zentral gelenkte und von Lehrern mit „kämpfender Haltung" geführte Schule, die nationalsozialistischen Jugendbünde („Hitler-Jugend") und Parteiorganisationen, der Arbeitsdienst und die Wehrmacht.

Ziel ist der körperlich gestählte Mensch mit der „nordischen Seele", der sich mit möglichst grosser Härte und Entschlossenheit für die nationalsozialistische Weltanschauung und den Staat einzusetzen weiss. Der körperlichen Ertüchtigung wird jetzt also ein weit höherer Wert beigemessen als bisher, und zwar ist sie nicht auf das Gymnastisch-Musische, sondern auf das Militärische ausgerichtet. Mut und Wille, die Kunst des Gehorchens und des Befehlens, Zähigkeit und Rücksichtslosigkeit, Durchsetzungskraft und Opferbereitschaft für die neue Volksgemeinschaft gehören zu den hier geforderten Kerntugenden und damit zu den wichtigsten Zielsetzungen für die neue Erziehung. Gegenüber der körperlichen Ertüchtigung und der charakterlichen Formung tritt die rein geistige Ausbildung zurück. Bei ihr spielt selbstverständlich die im nationalsozialistischen Sinne verstandene geschichtlich-politische Bildung die Hauptrolle. Infolgedessen werden im Schulunterricht zusammen mit den Leibesübungen nun Deutsch, Geschichte und Biologie (Rassenlehre) besonders betont. Die gesamte Erziehung wird zu einer im engen Sinne „politischen" Erziehung. Nationaler Fanatismus, Rassen- und Völkerhass werden dabei zu Hochzielen der Menschenbildung proklamiert, und wie in dieser Weltanschauung der einzelne nur als Glied in der Kette der Geschlechter eine Bedeutung hat und wie in diesem Staate die Freiheit der Person und andere verfassungsmässigen Grundrechte ausdrücklich aufgehoben sind, so wird auch in der Erziehung der einzelne Mensch nur als Mittel zum Staatszweck angesehen nach der Formel „Du bist nichts, dein Volk ist alles". Dementsprechend wird die

Erziehung der Mädchen ganz auf ihre spätere Funktion als Mutter ausgerichtet. (Reble 1975, 315-316)

Auf das eingangs formulierte Dilemma von Kontinuität und Diskontinuität zurückkommend, erkennen wir, dass zahlreiche zeitgeschichtliche Bestrebungen und Strukturen, auch die der Reformpädagogik (vgl. Kap. 8), durch den Nationalsozialismus aufgegriffen werden: Schemata von Feindbildern, die Kritik an der urbanen Zivilisation, die Orientierung an Volk und Gemeinschaft, das Ideal der körperlichen Gesundheit und Abhärtung, die Betonung der Persönlichkeitsbildung. Auch das Pathos und der Wille und Glaube an die verändernde Kraft der Erziehung finden sich unterschiedslos. Aber alle diese Begriffe erhalten eine Schärfung und Radikalisierung im Sinne von Rasse und Führerschaft, wobei sich auch diese Motive weiter zurückverfolgen lassen. Die Diskontinuität entsteht wohl erst da, wo wir etwa Rauschnings These vom Nationalsozialismus als einer „Revolution des Nihilismus" (Fest 1976, 294) folgen, die sich der zeitgeschichtlichen Motive um der eigenen Durchsetzung willen willkürlich bediente.

Krieck als Vorläufer und Mitdenker

Ernst Krieck (1882-1947) gilt als Hauptvertreter nationalsozialistischer Pädagogik[2]. Er ging aus dem alten Seminar hervor, wirkte viele Jahre als Volksschullehrer und bildete sich als Autodidakt zum Erziehungswissenschaftler weiter. In seinem Buch von 1910, „Persönlichkeit und Kultur", begründete er erstmals seine „Lehre vom totalen Erziehungsstaat, d. h. vom Staat, in dem alle Gebiete des menschlichen Lebens ... im Dienste der Staatsidee stehen sollten" (Gamm 1990, 95). Die Veröffentlichungen der zwanziger Jahre gingen in dieselbe Richtung. Dem Sog der Zeit folgend, näherte er sich dem Nationalsozialismus, zu dem er sich schon vor Hitlers Machtergreifung bekannte. Schon 1933 wurde er als Professor an die Universität in Frankfurt berufen. Ende der dreissiger Jahre wurde er „kaltgestellt", weil seine idealisierte Sicht des Nationalsozialismus allzu deutlich in Gegensatz zur wirklichen Macht- und Kriegsvorbereitung der Parteiführung geraten war.

---

[2] Die folgende Passage stützt sich auf Gamm 1990, 95 ff.

„Krieck ist ein Beispiel der Anfälligkeit des Erziehers für das weltanschauliche Pathos seiner Zeit." (Ebd.) Er bejahte das Führertum, äusserte sich zu Fragen der Rassezucht, -pflege und -auslese, verstand Bildung als „Zucht" und verlangte die Umgestaltung der Wissenschaften im Sinne „ganzheitlichen" Denkens. Erziehung sollte sich nach den Werten der jeweiligen Gemeinschaft richten. Für die Deutschen hiess dies, sie zur Deutschheit zu erziehen, d. h., in ihnen das ewig Kämpferische freizulegen. „Erziehung selbst galt ihm als ‚Urfunktion' der Gemeinschaft. Dabei erweiterte er den Erziehungsbegriff derartig, dass er Erziehung ständig wirksam sah: Alle erzögen jederzeit alle, da es sich ohnehin nur um Einwirkungen der Gemeinschaft handle, die unbewusst und unbeabsichtigt unaufhörlich ‚funktional' geschähen und also eine ‚funktionale Erziehung' bildeten." (Ebd., S. 96)

Petersen und Scharrelmann als Mitläufer und Anpasser

Peter Petersen ist am 26. Juni 1884 in Grossenwiehe, im Friesland, geboren worden und wuchs als ältester von sieben Geschwistern auf dem väterlichen Bauernhof auf.[3] Familiäre Gemeinschaft und Religiosität haben ihn stark geprägt. In Leipzig und Kiel studierte er evangelische Theologie und ergänzte seine Studien in einem breiten Fächerbereich, zu dem u. a. Philosophie, Philologie, Psychologie und Pädagogik zählten. 1920 übernahm Petersen die Leitung einer Schule in Hamburg, die er nach dem Pionier der „Kunsterziehungsbewegung" (s. Kap. 8) „Lichtwarkschule" nannte. Hier unternahm er mit dem Kollegium praktische Versuche zur Schulreform. 1923 wurde er als Nachfolger von Wilhelm Rein (s. Kap. 6) auf den Lehrstuhl für Pädagogik an der Universität in Jena berufen.

> Pädagogik ist für ihn (Peter Petersen; P. M.) keine „normative Wissenschaft" ... Sie ist unter Einbeziehung der Sinnfrage und der Sinndeutung von Mensch und Welt eine empirisch-reflektive Wissenschaft oder – wie Petersen auch sagt: „Realistische Erziehungswissenschaft". Sie geht von konkreten, sichtbaren Bezügen und Vorgängen der Erziehungswirklichkeit aus, nimmt den Menschen als Glied der Gemeinschaft, nämlich so, wie er

---

[3] Die folgenden Ausführungen stützen sich hauptsächlich auf Dietrich 1993, 223 ff., ergänzt durch lexikalische Quellen.

ist, und wendet die im Erziehungsfeld gewonnenen Erkenntnisse wieder in der Wirklichkeit an. (Dietrich 1993, 226)

Die praktische Umsetzung seiner theoretischen Grundsätze, die der sog. „*Jena-Plan*" umreisst, nimmt er in seiner Universitätsschule in Jena vor. Zu den kennzeichnenden organisatorischen Merkmalen dieser Schule zählen die „Stammgruppe" anstelle der „Jahrgangsklasse", der „Wochenarbeitsplan" anstelle des „Fetzenstundenplans", „Gruppenunterrichtliches Verfahren" anstelle des „direkten Klassenunterrichts", „Kurse" zur Sicherung des „Mindestwissens", „Feiern" im Dienste der Gemeinschaftsbildung, „Arbeits- und Leistungsberichte" statt „Zensuren und Zeugnisse", „Schulwohnstube" als Raum für „soziale und sittliche Erziehung" statt „Klassenraum" und „Schulgemeinde" als Ort der Zusammenarbeit von Lehrern, Schülern und Eltern und als „Lebensstätte" der Jugend anstelle einer „Schule als blosse Unterrichtsanstalt" (in Anlehnung an Dietrich 1993, 228; Petersen 1974).

Petersens „Kleiner Jenaplan" lässt sich als „Synthese der reformpädagogischen Kritik und Praxis der Schule begreifen" (Oelkers 1989, 117; vgl. Kap. 8). Seine Aktualität kann bis in die jüngste pädagogische Fachdiskussion verfolgt werden. Bei der „Aufarbeitung und Übernahme des Werks" empfiehlt Dietrich, sich von den „zeitgebundenen Denkweisen" zu „entlasten" und „das tatsächlich Überzeitliche" weiterzuentwickeln (Dietrich 1993, 233). Zu den Altlasten zählt Dietrich die kosmologische Metaphysik, obwohl diese, wie der Autor selbst festhält, von Petersen „immer wieder mit zur Begründung seines Plans herangezogen worden" (ebd.) sei. Aber genau hier beginnt unser Problem. Kann man ein geistiges Erbe anders als ein rechtliches, nämlich nicht als ganzes, sondern geteilt, antreten? Kann man den Folgerungen einer pädagogischen Position zustimmen und die Begründungen dazu ablehnen, oder wie Dietrich – und mit ihm eine bedeutende Zahl der historiographischen Literatur – sie gar verkleiden und verschweigen? Sogar für unsere „Gegenwartsschule" sei Petersens Werk „richtungsweisend", „da es überzeitliche Bedeutung für Gesellschaftsformen (habe), die das individuelle und gesellschaftliche Leben nach demokratischen Grundsätzen" gestalten wollen, meint Dietrich an derselben Stelle. Kein Wort über die nationalsozialistischen Implikationen dieses Werks, kein Wort über die antidemokratische, antiliberale und kulturkritisch-antiaufklärerische Position Petersens (vgl. Oelkers 1989, 117-121; 1992).

Petersen hat seine pädagogische Theorie zweimal den politischen Verhältnissen angepasst: einmal an die Ideologie des Nationalsozialismus, danach an die Verhältnisse der Nachkriegszeit. Wie weit diese Anpassung mit seinem Charakter zu tun hat – ob aus Schwäche, Opportunismus oder auf Druck vollzogen – ist die eine Frage. Eine andere, und sie ist für die heutige Rezeption viel entscheidender, ist die, wie es theoretisch möglich ist, dass seine *„realistische Erziehungswissenschaft"* an jedes politische Gesellschaftssystem anzupassen war.

Aus Jürgen Oelkers' Artikel über „Peter Petersens erziehungspolitische Publizistik 1930 - 1950", der gegen vierzig Veröffentlichungen des Jenaer Professors einbezieht, greifen wir aus einer Unzahl einige wenige Belege für die nationalsozialistische Anpassung von Petersens Schaffen heraus. Eines der Hauptwerke von Petersen ist 1932 unter dem Titel „Pädagogik" in erster und als „Pädagogik der Gegenwart" 1937 in zweiter Auflage erschienen.

> In der ersten Auflage wird die Individualpsychologie Alfred Adlers (aus jüdisch-liberaler Tradition stammend; P. M.) verständnisvoll erwähnt, während der entsprechende Absatz in der Ausgabe von 1937 mit „Erbwissenschaft und Charakterologie" endet (...). 1932 bezieht sich Petersen an verschiedenen Stellen auf den jüdischen Philosophen Hönigswald und dessen neukantianische Kulturpädagogik (...); 1937 fehlt jeder Bezug auf Hönigswald, und die Kritik am Neukantianismus endet mit einem Hinweis auf Kriecks „völkisch-politischen Realismus" (...); 1932 wird Hitler ebensowenig erwähnt wie andere Nazi-Grössen, 1937 gibt es eine Reihe von Zitaten, darunter an zentraler Stelle dieses: „Es ist eine grosse politische Erziehung, ausgerichtet nach demselben Ziele: der Volksgemeinschaft. Denn alles soll, nach den richtungsweisenden Worten des Führers, der Erneuerung, der Erhaltung und der Leistungssteigerung des Volkes dienstbar werden" (...). (Oelkers 1992, 487/488)

Oelkers entwickelt drei Erklärungen für die Anpassungsfähigkeit von Petersens „realistischer Erziehungswissenschaft":

> Die erste bezieht sich auf Petersens aristotelisch-existentialistische Philosophie, die als Ontologie und Philosophia perennis tatsächlich unempfind-

lich ist gegenüber der historischen und politischen Definition von Gesellschaft. Die zweite Erklärung schliesst hier an und betrifft den Erziehungsbegriff Petersens, der auf beliebige Gesellschaften übertragen werden kann, weil sich „Erziehung" immer als Funktion der „Gemeinschaft" verstehen lässt. Dass diese Theorie aber keineswegs allein in den ätherischen Höhen der Ontologie angesiedelt ist, zeigt die dritte Erklärung, die die Quelle des politischen Ressentiments thematisiert, nämlich die „Kulturkritik" am Ende des 19. Jahrhunderts, der sich Petersen ausdrücklich zurechnete. (Oelkers 1992, 492)

Die drei Erklärungen lassen sich vereinfachend so zusammenfassen: Petersen verwendet den *Begriff der „Gemeinschaft"* als ideale Kategorie, als positiven Wert schlechthin. Erziehung bedingt einen einfühlsamen „Führer", der dem Individuum hilft, sich in diese Gemeinschaft hineinzuleben und sich ihr anzupassen. Die „Persönlichkeit" kann sich nur auf diesem Weg überhaupt entwickeln. Individualismus und (moderne) Gesellschaft sind dem Jenaer Pädagogen von vornherein suspekt. Die Umkehrung dieser Gedankengänge bleibt ihm fremd: Das Individuum als erneuerndes, kritisches Potential der Gesellschaft, die normative Fragwürdigkeit jeder sozialen Gruppierung und die Notwendigkeit eines öffentlichen Diskurses über grundlegende Fragen wie Politik, Recht und Bildung und schliesslich die demokratische Legitimation der entsprechenden Entscheidungen.

Petersen ist bei weitem nicht das einzige, vielleicht aber das prominenteste Beispiel eines Pädagogen, der seine Position dem Nationalsozialismus geöffnet hat – genauer: der von seinem Ausgangspunkt her die totalitären Ansprüche an Pädagogik gar nicht abweisen konnte. Mit Heinrich Scharrelmann (1871-1940), einem Förderer eines erlebnisnahen, künstlerischen Unterrichts (vgl. Kap. 8), sei noch kurz auf ein zweites Beispiel eines Schulreformers hingewiesen, der seine Pädagogik der „‚Charakterführung' des Führers" (1937, 5) angepasst hat, wie der Titel, das Vorwort und der Inhalt seines Buches „Von der Lernschule über die Arbeitsschule zur Charakterschule" beweist.

Von Schirach als Organisator – die Realisierung von Hitlers Erziehungsprogramm

Über den Reichsjugendführer Baldur von Schirach (1907-1974) liegt eine umfangreiche Biographie von Lang (1988) vor. Schon als Student stiess von Schirach zur nationalsozialistischen Bewegung, wurde 1928 Leiter des NS-Studentenbundes, 1931 „Jugendführer" und übernahm 1933 eine oberste Reichsbehörde als „Jugendführer des Deutschen Reiches". Dem jungen Emporkömmling und Günstling Hitlers gelang es, durch Organisationstalent und Rhetorik eine der grössten Jugendgruppen, die je existierten, aufzubauen. Die pädagogischen Elemente solcher Vereinigungen wie Gesinnungspflege, Gruppenzugehörigkeit (Uniformen und Erkennungszeichen), Eigenleben der Jugend unter Gleichaltrigen (Lagerleben und Abenteuer) waren längst bewährt und in zahlreichen Gruppen der Jugendbewegung (Wandervogel, Rote Falken u. a. m., s. Kap. 8) seit der Jahrhundertwende gepflegt worden. Die Hitlerjugend (HJ, gegründet 1926) und der Bund deutscher Mädel (BDM, gegründet 1930) vereinigten bis 1939 95% aller deutschen Jugendlichen. Die beiden Bünde wurden zum festen Bestandteil der NSDAP (vgl. die Graphiken in Gamm 1990, 21) und zum zentralen Instrument nationalsozialistischer Erziehung. In der HJ bestand die Schulung hauptsächlich in körperlicher Ertüchtigung, quasimilitärischen Ordnungsübungen, Märschen und Zeltaufbau, Wehrertüchtigung, weltanschaulicher Schulung und Mitwirkung bei Propagandaveranstaltungen der Partei. Nichtmitglieder wurden aufgespürt und unter Druck (Entlassung, Nichtbeschäftigung) gesetzt. Neben der HJ und dem BDM verlor die Schule an Stellenwert. Der Dienst in der HJ galt beispielsweise als Entschuldigung für Fernbleiben vom Unterricht und für unerledigte Hausaufgaben.

Die Geheebs als Opfer der politischen Verhältnisse

Paul Geheeb (1870-1961) studierte Theologie in Giessen, Jena und Berlin und ergänzte seine Studien wie Petersen durch ein breites Fächerspektrum.[4] Ab 1902 wirkte er als Lehrer, ab 1904 zusätzlich als Leiter von Lietz' Landerziehungsheimen in Haubinda und Abbotshol-

---

[4] Zur verwendeten Lit.: Flitner u. a. 1967; Geheeb 1970; Näf 1988, 36-50; Prospekt „Ecole d'Humanité Hasliberg-Goldern; Reble 1975, 305.

me (vgl. Kap. 8). Nach Auseinandersetzungen über die Frage der Koedukation, die er befürwortete, und der nationalen Erziehung (Geheeb ist Pazifist geworden) gründete Geheeb 1910 ein eigenes Landerziehungsheim, die Odenwaldschule in Heppenheim. Zu den pädagogischen Leitideen zählten – und zählen heute noch – die Schulgemeinde, die aus Lehrkräften und Schülerinnen und Schüler besteht und deren Beschlüssen sich auch der Schulleiter unterzieht. Anstatt Klassenunterricht und Schülerjahrgänge gibt es Fachkurse, die der einzelne Schüler oder die einzelne Schülerin nach Neigung, Interesse und Begabung besucht. Auf Selbsttätigkeit, gesunde Ernährung, asketische Lebensweise und körperliche Aktivitäten wird besonders Wert gelegt. Das jüdische Ehepaar Paul und Edith Geheeb-Cassirer (1885-1982) sah sich 1934 zur Emigration in die Schweiz gezwungen, wo es mit ihren wenigen Schülern, zeitweise sieben Flüchtlingskindern, kaum Unterstützung fand. Nach vielen Schwierigkeiten gelang in Goldern am Hasliberg mit der „Ecole d'Humanité" ein Neubeginn.

9.5 Schweizerische Politik und Pädagogik in den Krisen- und Kriegsjahren

Es wird kaum überraschen, dass die schweizerische Politik und Pädagogik der 1930er und 1940er Jahre viele Gemeinsamkeiten mit den Vorgängen im Ausland aufwiesen, waren doch grundlegende Daten die gleichen: Wirtschaftskrise, Arbeiterfrage, kulturelle Zugehörigkeit zu den Nachbarländern Deutschland, Frankreich und Italien und das Schicksal des drohenden und schliesslich eingetretenen Krieges.[5] Aber auch Unterschiede machten sich bemerkbar, insbesondere aufgrund der kulturellen, sprachlichen, konfessionellen und politischen Vielgestaltigkeit und des demokratischen, liberalen Staatsverständnisses. Es stellt sich für uns demnach die Frage, wie sich diese Gemeinsamkeiten und Unterschiede im Bereich von Bildung und Erziehung geäussert

---

[5] Die Darlegungen dieses Abschnitts stützen sich im wesentlichen auf zwei Arbeiten: auf den Überblick Holdeners (in: Moser u. a. 1978, 91-149) und auf die jüngste und fundierteste Studie zu diesem Thema: Criblez 1993.

haben; genauer: Wie und wie stark wirkten sich die benachbarten Tendenzen der Totalisierung und Nationalisierung in der Schweiz aus?

Staatspolitische Krise und „geistige Landesverteidigung"

Grob zusammengefasst lassen sich für die ersten drei Jahrzehnte des 20. Jahrhunderts *drei Konfliktzonen* benennen, die in der Folge der *Wirtschaftskrise* die Schweiz innerlich herausforderten. Erstens der sprachliche-kulturelle Gegensatz zwischen der deutschen und der französischen bzw. der lateinischen Schweiz, den der Erste Weltkrieg hinterlassen hatte: Die deutsche Schweiz sympathisierte mit Deutschland, die französische Schweiz neigte der Position Frankreichs zu. Zweitens die sozialen Gegensätze zwischen der Ober- und Mittelschicht, dem Bauernstand und der Arbeiterschaft, die im Landesstreik vom November 1918 einen Höhepunkt erfuhren und u. a. in einem Zulauf zur Sozialdemokratie sichtbar wurden. Und drittens der Gegensatz zwischen Religion und liberalem Staat: Die Politik der Päpste zielte auf ein Wiedererstarken der Kirche und des religiösen Moments in der Gesellschaft, insbesondere in der Schule, und richtete sich – unterstützt von bekenntnisnahen evangelischen Kreisen – gegen den liberalen Staat und seine konfessionsneutrale Schule. Die *ökonomische und staatspolitische Krise* manifestierte sich – in Verwandtschaft mit der deutschen Jugendbewegung (vgl. Kap. 8) – in einer bürgerlichen *Erneuerungs- und Protestbewegung* der jungen Generation („Jungliberale Bewegung", „Jungbauern", „Bund der Schweizer Jungkonservativen", „Fronten"), insbesondere der jungen Studenten- und Akademikergeneration. Thematische Schwerpunkte dieser Bewegung waren nach Criblez:

> Neuorganisation der wirtschaftlichen Verhältnisse im Sinne einer korporativen, ständestaatlichen Wirtschaftsorganisation, Überwindung der Klassengegensätze zwischen Gewerbetreibenden, Arbeiterschaft, Bürgertum und Bauernstand, Stärkung des Mittelstandes und Umbau der direkten Demokratie zu einer autoritativen Demokratie. Höhepunkte erreichten die Erneuerungsbewegungen im sogenannten Frontenfrühling 1933, der aber den Frontisten nicht den erhofften Wahlerfolg brachte ... (Criblez 1993, 10/11; zu den Fronten in der Schweiz: Grimm 1939; und im Aargau: s. auch Seiler u. a. 1991, 163-164)

In der „katholischen Sondergesellschaft" (Urs Altermatt) artikulierte sich die Aufbruchstimmung in einer radikalen Kritik an den überkommenen Idealen, „die zu Gottlosigkeit, Nihilismus, Individualismus und technischer Kultur geführt hätten" und durch die „alten Ideale von Gemeinschaft, religiöser Kultur und religiöser Erziehung" ersetzt werden sollten (Criblez 1993, 14). Criblez interpretiert *„geistige Landesverteidigung"* in seiner Arbeit über „Pädagogik und Politik ... zwischen Krise und Krieg" als ein „nationalpädagogisches Programm" (ebd., S. 9), das auf die Liberalismuskrise reagierte und die (akademische) Jugend wieder für den liberalen Staat, die schweizerische Demokratie und Nation zurückgewinnen wollte. Ausgangspunkt für die „geistige Landesverteidigung" war also, so Criblez, nicht allein die wirtschaftliche Krise und die zunehmende militärische Bedrohung, sondern auch die innere Krise des Staates, die wie diejenige in Deutschland und Italien als Modernisierungskrise verstanden werden kann. Das Konzept der „geistigen Landesverteidigung" verband sich mit der militärischen und wirtschaftlichen Verteidigung des Landes zu einer „totalen Mobilisation" (Huber 1938; zit. in Criblez 1993, 34). Der Anspruch dieser Mobilisation ist – im Unterschied zu seiner politischen Legitimierung – durchaus vergleichbar mit dem totalitären Anspruch eines Diktators gegenüber seinem Volk. Das Konzept der „geistigen Landesverteidigung" wandte sich zum einen an das Ausland mit der trotzigen Botschaft, die Schweiz und ihre demokratischen Werte gegen jede Aggression und ideologische Beeinflussungsversuche verteidigen zu wollen. Zum andern wandte es sich in einem umfassenden Sinne an die schweizerische Bevölkerung, an das Schweizer Volk, um in ihm die Gesinnung zu pflegen und den Gesamtwillen zu stärken, eine nationale Einheit zu bilden. Und im besonderen richtete es sich an die nachwachsende Generation in der Volksschule, Mittelschule und an den Universitäten.

Eine erste offizielle Definition der geistigen Landesverteidigung formulierte Bundesrat Philipp Etter (1891-1977) 1937:

> Unter geistiger Landesverteidigung verstehe ich zunächst einmal eine ruhige, gewissenhafte *Besinnung auf die geistigen Eigenwerte unseres Landes*, eine Besinnung darauf, was als eigenständige schweizerische Kultur oder wenigstens als Umprägung allgemeiner Kulturwerte in schweizerisches Kulturgut angesprochen werden kann. ... Geistige Landesverteidi-

gung nenne ich die Besinnung auf die kulturellen Werte, die in unserem *Volkstum* ruhen. ... Unter geistiger Landesverteidigung verstehe ich die *Besinnung auf die Eigenart und Grösse des eidgenössischen Staatsgedankens* und auf die *europäische Sendung der eidgenössischen Idee.* (Etter 1937; zit. nach Criblez 1993, 17; Hervorhebungen im Original)

Criblez unterscheidet vier Höhepunkte, die die Diskussion und die Wirksamkeit der „geistigen Landesverteidigung" entfaltet haben: die Eingliederung Österreichs ins Deutsche Reich 1938, ebenfalls 1938 die Botschaft des Bundesrates zur „Kulturwahrung und Kulturwerbung", die Landesausstellung vom Mai 1939 und die militärische Bedrohung im Mai 1940. Interessant ist nun die Unterscheidung in Strategie, Medien und Inhalte der „geistigen Landesverteidigung". Was die Strategie zur Verbreitung und Durchsetzung des Konzepts der „geistigen Landesverteidigung" angeht, unterschied sie sich „nicht grundsätzlich von Propaganda-Apparaturen faschistischer Staaten, ausser dass sie um einiges weniger aggressiv agierte und (aufgrund der verfassungsrechtlich garantierten kantonalen Souveränität in Fragen der Bildung und der Kultur; P. M.) über keine hinreichenden zentralstaatlichen Möglichkeiten (Verwaltungsapparat, Finanzen, Personal) für aggressive Propaganda verfügte" (ebd., S. 28). Es lassen sich eine ganze Reihe von *Multiplikationskanälen* ausmachen, über welche die Botschaft der „geistigen Landesverteidigung" verbreitet wurde: Schule, Kulturpolitik, Auslandschweizer, Bevölkerungs-/Familienpolitik, Zeitungen, Radio und Fernsehen, Feste, Feiern und Ausstellungen sowie Kurse und Veranstaltungen. Wir treten an dieser Stelle zuerst auf die Inhalte der „geistigen Landesverteidigung" ein, um danach zu sehen, wie sie in die Schule aufgenommen worden sind.

Elemente des „nationalpädagogischen" Programms

Im Zusammenhang mit dem „Eigenwert" der schweizerischen Nation wurden in den 30er und 40er Jahren eine Reihe von Elementen genannt, die das Manko einer einheitlichen Rasse und Sprache kompensieren sollten und klar machten, dass sich die Schweiz nur als „Willensnation" verstehen lässt. Die Werte enthielten eine klare Spitze gegen die benachbarten Diktaturen, es handelte sich um „Gegenwerte", die der Abwehr und inneren Stärkung dienten: Demokratie als Rechtsstaat statt Diktatur; Föderalismus statt Zentralstaat; Freiheit im

Sinne von Unabhängigkeit vom Ausland, von den Mächtigen im eigenen Staat und vom Staat; eidgenössischer Humanismus in der Tradition des europäischen Humanismus statt Zwingherrschaft über den Geist; damit verknüpft die Neutralität als Verzicht auf äussere Macht; Geschichte als Einheitsstifterin der Nation, als Mythos der alten Eidgenossen und führenden Gestalten (Tell, von der Flüe, Zwingli, Pestalozzi, Dunant); kulturelle Vielfalt statt kulturelle Einförmigkeit; Tradition des Kleinstaates statt Grossraumpläne der diktatorischen Regimes sowie geistige Wehrbereitschaft im Sinne des entschlossenen Willens zum Widerstand.

Die Problematik dieser Werte und des damit formulierten staatlichen Selbstverständnisses äusserte sich in ihrer Spannung zu den realen, einschränkenden Verhältnissen der Zeit mit Pressezensur, wirtschaftlicher Auslandabhängigkeit, Stärkung zentralstaatlicher Kompetenzen, fehlendem Stimm- und Wahlrecht der Frauen, mit dem inneren Widerspruch, die Einheit des Staates über die kulturelle Vielfalt und föderalistische Ordnung realisieren zu wollen, individuelle Freiheit hochzuschätzen und damit die „totale Mobilisation" und die „nationale Erziehung" des Volkes anzustreben und Wehrbereitschaft ohne Nationalismus zu erzielen. Die Strategie, dem Volk führende Gestalten als Vorbilder hinzustellen und die schweizerische Geschichte als Mythos zu begreifen, stand in Parallele zu den Vorgängen in den diktatorisch regierten Staaten.

Die Schule unter dem Gebot der „nationalen Erziehung"

Die Ideen zu einer „nationalen Erziehung" reichen in der Schweiz bis ins 18. Jahrhundert zurück (Philanthropin in Marschlins). Bestrebungen zur nationalen, staatsbürgerlichen und politischen Bildung finden wir in der Schweiz über das gesamte 19. Jahrhundert. Der Versuch, während des Ersten Weltkriegs den staatsbürgerlichen Unterricht auf Bundesebene obligatorisch zu erklären, scheiterte am Widerstand katholisch-konservativer und föderalistischer Kreise. Ebenso erging es einem entsprechenden Ansinnen des Schweizerischen Lehrervereins, formuliert am Schweizerischen Lehrertag von 1937. (Moser u. a. 1978, 107 ff.) Trotzdem blieben die Forderungen nach staatsbürgerlichem Unterricht nicht ungehört. Sie wurden sogar ausgeweitet zur Forderung nach „nationaler Erziehung" im Sinne der Inhalte der „geistigen Landesverteidigung". Sie sollte durch staatsbürgerlichen Unterricht und durch Gesinnungs- und Gewissensbildung in den Fächern Geschichte, Heimatkunde, Deutsch und Singen realisiert werden. „Nationale Erziehung" wurde gar als Erziehungsprinzip hingestellt, das alle Fächer durchwirken sollte. „Für Mädchen sollte zudem der Hauswirtschaftsunterricht auf die national wichtige Aufgabe der Hausfrau und Mutter vorbereiten. Das Turnen war als körperliche Vorbereitung auf den Militärdienst" (Criblez 1993, 35) gedacht.

> Die nationale Erziehung sollte als geistige Landesverteidigung das leisten, was der Politik der dreissiger Jahre nur unzulänglich gelungen war: wenigstens die Jugend der Nation zu einer Gemeinschaft zu erziehen. An solchem Unterfangen war zumindest dreierlei problematisch: Erstens waren die Ziele so gesetzt, dass sie nie erreicht werden konnten (Wann hat ein Kind/ein Jugendlicher die „richtige" und v. a. genügende nationale Gesinnung?). Zweitens wurde die nationale Erziehung als quasi technisch realisierbar gedacht, obwohl Erziehung über keine Technologien verfügt. Und letztlich wurde als Bezugs- und Zielgrösse immer ‚Gemeinschaft' genannt, was auf romantische Vorstellungen von Staat und Gesellschaft verweist. Kritik blieb trotzdem weitgehend aus. Die politische Notwendigkeit scheint gegeben und die aussenpolitische Entwicklung der dreissiger Jahre sprach Kritikern eines solchen nationalpädagogischen Konzeptes Hohn. Die Gemeinschaft bleibt Leitidee der nationalen Erziehung und negierte die sozialen, kulturellen und sprachlichen Differenzen. (Ebd., S. 35/36)

Der Problematik dieses romantischen Gemeinschaftsbegriffs sind wir bereits im Abschnitt 9.4 begegnet. Hier sei abschliessend kurz auf die *Unterrichtsmedien* hingewiesen, in denen der Bund in Zusammenarbeit mit den Kantonen und dem Schweizerischen Lehrerverein für eine Umsetzung der „nationalen Erziehung" sorgte: die Lehrmittel, das Schulwandbilderwerk und der Schulfunk (s. Criblez 1993; Metz 1990). Sie alle folgten dem inhaltlichen Programm der „geistigen Landesverteidigung" bzw. der „nationalen Erziehung" und dies nachweisbar noch Jahrzehnte über das Ende des Zweiten Weltkriegs hinaus bis in unsere Zeit hinein.

Hinweise zur Vertiefung

Th. W. Adorno: Erziehung nach Auschwitz: In: Ders.: Erziehung zur Mündigkeit. Frankfurt a. M. 1981, S. 88-104.

Kindheit und Jugend Hitlers: „Zielloses Leben" oder „verborgenes Grauen"? – ein Vergleich: Fest 1976, 27-124 und Miller 1980 (1990), S. 169-231.

Hitlers Erziehung zum völkischen Staat: „Mein Kampf": Aus dem Kapitel „Der Staat" in: Hitler 1933, 451-460 und 470-483.

Dokumente zur Pädagogik des Nationalsozialismus: Gamm 1990.

Bildmaterial zur Pädagogik und Schule im Nationalsozialismus: Frank/Asmus 1983; Gamm 1990.

Adolf Hitler über Jugenderziehung: Rauschning, H.: Gespräche mit Hitler. Zürich 1940; zit. nach Hofer 1957, 88.

Textauszüge zu Krieck, Hitler, von Schirach und Reichwein: Vorläufer, Täter und Opfer: Scheuerl 1992, 343-362.

„Geistige Landesverteidigung – ein nationalpädagogisches Programm": Criblez 1993, 9-39.

Bildmaterial: Schulwandbilder des Schweizerischen Schulwandbilderwerks.

„Vom Nationalen des schweizerischen Erziehungsgedankens": Guyer 1934, 74-123.

Historische Quellentexte: Hofer 1957; Hürten (Hrsg.) 1995.

Glossar

Antisemitismus: (griech. *anti,* „gegen" und *Semit,* nach Sem, dem ältesten Sohn Noahs, Angehöriger einer sprachlich und anthropologisch verwandten Gruppe von Völkern Vorderasiens und Nordafrikas), von W. Marr 1879 geprägter Begriff für die Ablehnung und Bekämpfung der Juden aus rassischen, religiösen oder sozialen Motiven. Der politisch-ideologische Begriff Antisemitismus ist insofern irreführend, als sich die antisemitische Bestrebung nur gegen Juden, nicht jedoch gegen andere Semiten (wie z. B. die Araber) richtet.

Faschismus: (vom lat.-it.-fr. *fascio* „Reisigbündel"), i. e. S. das von Benito Mussolini 1922-1945 geführte Herrschaftssystem in Italien; der Begriff wurde von Mussolini geprägt, der mit dem Likorenbündel, dem Symbol der Herrschaft im antiken Rom, an die vergangene Grösse Italiens anknüpfen wollte; i. w. S. eine nach dem Führerprinzip organisierte, nationalistische, antiliberale und anitkommunistische Bewegung.

Frontismus: Eigenbezeichnung der im Ausland, speziell in den deutschsprachigen Gebieten entstandenen Bewegungen, die sich auf die Ideologie des „Nationalsozialismus" beriefen und einen Anschluss an Grossdeutschland forderten. In der Schweiz war der Frontismus in den 1930er Jahren eine einflussreiche Kraft, die es allerdings nie zu derselben Stärke brachte wie in Österreich, wo sie mit Hitlers Hilfe den Anschluss an Deutschland bewerkstelligen konnte.

Metaphysik/Ontologie: s. Glossar Kap. 4.

Nationalismus: (vom lat.-fr. *natio* „Geburt", „Volksstamm"), meist abwertend verwendeter Begriff zur Bezeichnung eines starken, meist intoleranten, übersteigerten Nationalbewusstseins, das Macht und Grösse der eigenen Nation als höchsten Wert erachtet.

Nationalsozialismus: nach dem Ersten Weltkrieg in Deutschland entstandene radikale nationalistische, rechtsextreme Bewegung, die 1933 bis 1945 in Deutschland als totalitäre Diktatur herrschte. Deutsche Variante des Faschismus, die den Rassismus und den Rückgriff auf alte germanische Mythen stark in den Vordergrund rückt. Verbindendes Element zum Faschismus ist das Grossmachtstreben und die autoritäre Herrschaftsform.

Philosophia perennis: (lat.) ewigseiende Philosophie; Bestand der festen philosophischen Lehren; immer gültige philosophische Wahrheiten.

Rassismus: Weltanschauung, die in den verschiedenen menschlichen Rassen nicht nur nach biologisch-physischen Merkmalen unterschiedene Gruppen sieht, sondern auch die Ursache kultureller oder psychischer Unterschiede zwischen den Menschen. Seine extremste Ausformung fand der Rassismus in der Rassenideologie und -politik des Nationalsozialismus.

Totalitarismus: (vom lat. *totum* „das Ganze", „Gesamtbestand"), (nach Duden) die in einem diktatorisch regierten Staat in allen Gesellschaftsbereichen zur Geltung kommende Tendenz, den Menschen mit allem, was er ist und besitzt, voll zu beanspruchen und eine bürokratisch gesicherte Herrschaftsapparatur auch bis zur Vernichtung der den Staat beschränkenden sittlichen Prinzipien zu entwickeln. Der Begriff stammt von B. Mussolini, der damit seinen Anspruch signalisierte, in seinem faschistischen Staat alle Lebensbereiche unter Kontrolle zu halten. Heute: Sammelbezeichnung für autoritäre Ideologien.

Literatur

Adorno, Th. W.: Erziehung nach Auschwitz (1966). In: Ders.: Erziehung zur Mündigkeit. Frankfurt a. M. 1981.

Aeschbacher, U.: Faschismus und Begeisterung. Psychologische Neuvermessung eines Jahrhunderttraumas. Essen 1992.

Berg, Chr.; Ellger-Rüttgardt, S. (Hrsg.): „Du bist nichts, Dein Volk ist alles." Forschungen zum Verhältnis von Pädagogik und Nationalsozialismus. Weinheim 1991.

Claussen, D.: Was heisst Rassismus? Darmstadt 1994.

Criblez, L.: Zwischen Pädagogik und Politik: Bildung und Erziehung in der deutschsprachigen Schweiz zwischen Krise und Krieg (1930-1945). Bern 1993. (Typoskript; erscheint demnächst im Buchhandel)

Dickopp, K.-H.: Nationalsozialistische Pädagogik. In: Speck, J. (Hrsg.): Geschichte der Pädagogik des 20. Jahrhunderts. Bd. 2. Stuttgart 1978, S. 122-150.

Dietrich, Th.: Peter Petersen (1884-1952). In: Glöckel, H. u. a. (Hrsg.): Bedeutende Schulpädagogen. Bad Heilbrunn 1993, S. 223-234.

Fest, J. C.: Hitler. Eine Biographie. Bd. 1: Der Aufstieg; Bd. 1: Der Führer. Frankfurt a. M. 1976.

Flitner, W.; Kudritzki, G. (Hrsg.): Die deutsche Reformpädagogik. Bd. 1. Düsseldorf 1967².

Focke, H.; Reimer, U.: Alltag unterm Hakenkreuz. Wie die Nazis das Leben der Deutschen veränderten. Bd. 1. Reinbek bei Hamburg 1989.

Frank, N.; Asmus, G.: Heil Hitler, Herr Lehrer. Volksschule 1933-1945. Reinbek bei Hamburg 1983.

Gamm, H. J.: Führung und Verführung. Pädagogik des Nationalsozialismus: Eine Quellensammlung. Frankfurt a. M. 1990³.

Geheeb, P.: Briefe. Mensch und Idee in Selbstzeugnissen. Hrsg. von W. Schäfer. Stuttgart 1970.

Geiss, I.: Geschichte des Rassismus. Frankfurt a. M. 1988.

Giesecke, H.: Hitlers Pädagogen. Theorie und Praxis nationalsozialistischer Erziehung. München: 1993.

Grimm, B.: Gau Schweiz? Dokumente über die nationalsozialistischen Umtriebe in der Schweiz. Bern 1939.

Guyer, W.: Unsere schweizerische Schule. Ihr Geist, ihr Standort, ihre nationale Aufgabe. Frauenfeld 1934.

- (Hrsg.): Erziehungsgedanke und Bildungswesen in der Schweiz. Frauenfeld 1936.

Herrmann, U.; Oelkers, J. (Hrsg.): Pädagogik und Nationalsozialismus. Weinheim 1988.

Herrmann, U.; Nassen, U. (Hrsg.): Formative Ästhetik im Nationalsozialismus. Weinheim 1993.

Hillmann, K.-H.: Wörterbuch der Soziologie. Stuttgart 1994⁴.

Hitler, A.: Mein Kampf. Erster Band: Eine Abrechnung; zweiter Band: Die nationalsozialistische Bewegung. München 1933⁴⁰.

Hofer, W. (Hrsg.): Nationalsozialismus. Dokumente 1933 bis 1945. Frankfurt a. M. 1957.

Hürten, H. (Hrsg.): Weimarer Republik und Drittes Reich. 1918-1945. Deutsche Geschichte in Quellen und Darstellung. Bd. 9. Stuttgart 1995.

Kanz, H. (Hrsg.): Der Nationalsozialismus als pädagogisches Problem. Frankfurt a. M. 1990.

Keim, W. (Hrsg.): Pädagogen und Pädagogik im Nationalsozialismus. – Ein unerledigtes Problem der Erziehungswissenschaft. Frankfurt a. M. 1988.

Lang, J. v.: Der Hitler-Junge. Baldur von Schirach: Der Mann, der Deutschlands Jugend erzog. Hamburg 1988.

Metz, P.: Das Schweizerische Schulwandbilderwerk in den 30er und 40er Jahren. In: Bildungsforschung und Bildungspraxis 12 (1990) No. 1, S. 61-73.

Miller, A.: Die Kindheit Adolf Hitlers – vom verborgenen zum manifesten Grauen. In: Dieslb.: Am Anfang war Erziehung. Frankfurt a. M. 1990, S. 169-231 (erw. Fassung von 1980).

Moser, H.; Kost, F.; Holdener, W.: Zur Geschichte der politischen Bildung in der Schweiz. Stuttgart 1978.

Näf, M.: Alternative Schulformen in der Schweiz. Zürich 1988.

Oelkers, J.: Reformpädagogik. Eine kritische Dogmengeschichte. Weinheim 1989.

-: „Pädagogischer Realismus": Peter Petersens erziehungspolitische Publizistik 1930-1950. In: Die Deutsche Schule 4/1992, S. 481-501.

Pestalozzi, H.: Werke in acht Bänden. Gedenkausgabe zu seinem zweihundertsten Geburtstage. Hrsg. von P. Baumgartner. Zürich 1945 ff. (Rotapfel-Ausgabe, zit. als R I-VIII)

Petersen, P.: Der Kleine Jena-Plan. Langensalza 1927. Weinheim 1974[54/55].

-: Führungslehre des Unterrichts. Neuausg. der 10. Aufl. von 1971. Weinheim 1984.

Reble, A.: Geschichte der Pädagogik. Stuttgart 1975[12].

Röhrs, H.: Nationalsozialismus, Krieg, Neubeginn. Frankfurt a. M. 1989.

Scharrelmann, H.: Von der Lernschule über die Arbeitsschule zur Charakterschule. Leipzig 1937.

Scheuerl, H. (Hrsg.): Lust an der Erkenntnis. Die Pädagogik der Moderne. Von Comenius und Rousseau bis in die Gegenwart. München 1992.

Schmidt, P. W. (Hrsg.): Judenfeindschaft und Schule in Deutschland 1933-1945. Weingarten 1988.

Die Schule des Schweizervolkes. 27. Schweizerischer Lehrertag und Pädagogische Woche in Zürich 8.-13. Juli 1939. Reden, Vorträge, Bericht.

Seiler, Ch.; Steigmeier, A.: Geschichte des Aargaus. Aarau 1991.

10. Pluralisierung – Pädagogische Strömungen der Nachkriegszeit
P. Metz

Die zweite Hälfte des 20. Jahrhunderts ist in der westlichen Welt und – seit dem Zusammenbruch der kommunistischen Regimes in Osteuropa – ab 1989 auch in der sog. Zweiten Welt gekennzeichnet durch eine *Pluralisierung* der Gesellschaft. In keinem gesellschaftlichen Bereich finden wir in diesen Ländern eine unbestrittene, dominierende Macht: In der *Politik* der demokratischen Staaten wechselt die Regierungsmacht von einer Partei zur andern oder es werden Koalitionen gebildet, die sich in der Regierungsverantwortung teilen. In den europäischen und nordamerikanischen Ländern ist die staatliche Macht (derzeit) durch keine andere gesellschaftliche Institutionen wie Militär, Kirche oder Wirtschaftsgruppierung ernsthaft in Frage gestellt. Die Staaten und ihre Organe sind dabei in der Ausübung ihrer Macht durch verschiedenste gesellschaftliche Kräfte beeinflusst und kontrolliert: von den Medien und Wissenschaften, von Wirtschaftskreisen, oppositionellen Parteien, Berufsverbänden u. a. m. Eine zentrale kontrollierende, korrigierende und regulierende Einflusszone bildet die *Öffentlichkeit*. Nicht anders ist es innerhalb der genannten Bereiche. In den *Wissenschaften* beispielsweise finden wir nur wenige unbestrittene, allgemein anerkannte, allein herrschende Paradigmen; es herrscht ein Nebeneinander von Paradigmen, eine Paradigmenvielfalt und -konkurrenz vor. Die Auseinandersetzung um die Gültigkeit wissenschaftlicher Theorien erfolgt in einer fachspezifischen Öffentlichkeit, die sich hauptsächlich auf Tagungen, in Fachzeitschriften und Büchern artikuliert.

Grundlegend für den Pluralismus unserer Zeit ist nicht ein allgemeiner Werterelativismus oder die Wertneutralität des Staates, sondern das Nebeneinander z. T. unvereinbarer Wertauffassungen und die Beschränkung des Staates auf den Schutz einiger weniger anerkannter Grundrechte wie die persönliche Freiheit (Recht auf körperliche Integrität und Bewegungsfreiheit sowie Recht auf freie und menschenwürdige Entfaltung der Persönlichkeit und Schutz der Intimsphäre), die Meinungsäusserungsfreiheit, die Pressefreiheit, die Informationsfreiheit, die

Religionsfreiheit, die Eigentumsgarantie und die Handels- und Gewerbefreiheit (Eckstein 1979).

Die Begrenzung der staatlichen Rechte in Weltanschauungsfragen äussert sich deutlich im Artikel 27 Abs. 3 der „Bundesverfassung der Schweizerischen Eidgenossenschaft", der die Schulen in staatlicher Trägerschaft zur Glaubens- und Gewissensfreiheit verpflichtet: „Die öffentlichen Schulen sollen von den Angehörigen aller Bekenntnisse ohne Beeinträchtigung ihrer Glaubens- und Gewissensfreiheit besucht werden können." Sichern und fördern die liberalen Prinzipien des Staates den gesellschaftlichen Pluralismus, so erfahren diese durch die fortschreitende Pluralisierung der Gesellschaft wiederum eine Stärkung, indem eine zunehmend multikulturelle Gesellschaft auf plurale Verhältnisse angewiesen ist. Bedingungen für diesen Zusammenhang sind natürlich, dass eine Mehrheit den sozialen Frieden, Toleranz und Pluralität zu schätzen weiss und dass es gelingt, diese Grundwerte zum Tragen zu bringen. Um es mit Milton Friedman (1976, 116) zu sagen: „Eine stabile demokratische Gesellschaft kann ohne ein Minimum an Bildung und Wissen bei der Mehrheit ihrer Bürger und ohne weitgehend akzeptierte allgemeine Werte nicht existieren."

Die mit den Stichworten *Pluralismus*, *Multikulturalität* und *Paradigmenvielfalt* bezeichneten Verhältnisse erzeugen eine doppelte, in sich widersprüchliche Dynamik. Einerseits begünstigen sie in den gesellschaftlichen Bereichen wie Politik und Wissenschaft den raschen Wandel und Wechsel von Positionen bzw. von wissenschaftlichen Ansätzen – sie begünstigen also Veränderung, Entwicklung, Fortschritt. Andererseits gestatten sie es einzelnen Gruppierungen, ihre traditionsverwurzelten Auffassungen allem Wandel zum Trotz oder gar als Reaktion auf die starken Veränderungen der übrigen Gesellschaft unverändert zu bewahren. Im Überblick führt dies zu einem äusserst heterogenen Nebeneinander, Miteinander und Gegeneinander von Positionen und Richtungen. Dies zeigt sich in der jüngeren Geschichte der Pädagogik bis in die Gegenwart hinein. Die geisteswissenschaftliche Pädagogik (s. Kap. 10.1) büsste ihre Vorrangstellung, die sie bis Ende der 50er Jahre innehatte, zugunsten der analytisch-empirischen Erziehungswissenschaft (10.2) ein; diese selbst erfährt seit Ende der

60er Jahre seitens der kritisch-emanzipatorischen Erziehungswissenschaft (10.3) eine Konkurrenz. Parallel zu dieser entwickelte sich die antiautoritäre Erziehung (10.4), abgelöst und radikalisiert von der Antipädagogik. Mit diesen Bewegungen verwandt, doch in einem eigenen Strang sich entwickelnd, gewann die humanistische Psychologie und Pädagogik (10.5) an Einfluss. In Opposition zu den letzten drei Bewegungen steht die neokonservative Pädagogik. (Was die Postmoderne, eine der jüngsten Tendenzen betrifft, verweisen wir auf Kapitel 3.) Relativ wenig berührt von diesen wissenschaftlich oder politisch motivierten Strömungen entfalteten sich einige der reformpädagogischen Ansätze; sie gewannen aufgrund ihrer Erziehungspraxis eine beachtliche Resonanz in der Öffentlichkeit und starken Zulauf: die Pädagogik Rudolf Steiners, Maria Montessoris und Célestin Freinets (vgl. Kap. 8).

10.1 Geisteswissenschaftliche Pädagogik

Berner bezeichnet die „Zeitspanne von 1945 bis gegen Mitte der sechziger Jahre ... als eine Phase der Restauration und Konservation ... In diesen Jahren dominierte die Suche nach Fixpunkten aus der Vergangenheit: Bewährtes, in den Kriegsjahren Verratenes, war gefragt. In der Pädagogik knüpfte man an die geisteswissenschaftlichen Ansätze aus der Zeit nach dem Ersten Weltkrieg an." (Berner 1993, H. 3, S. 5). Andere Richtungen, denen in der frühen Nachkriegszeit ein bedeutender Einfluss zugekommen ist, müssen wir hier aus Raumgründen übergehen: So etwa den Ansatz des Basler Philosophen Paul Häberlin (1878-1960) oder denjenigen des „pädagogischen Humanismus", der sich hauptsächlich an den Namen Werner Jaegers (1888-1961) knüpft. Im folgenden beschränken wir uns auf die dominierende Richtung der Nachkriegszeit, nämlich die „geisteswissenschaftliche Pädagogik". Wir dürfen uns unter diesem Namen kein geschlossenes pädagogisches System vorstellen. Bei aller Uneinheitlichkeit dieser Richtung lassen sich aber doch einige Gemeinsamkeiten ausmachen, die mit folgenden Begriffen benannt werden können: Geisteswissenschaft, Geschichtlichkeit, Hermeneutik, Kultur und Leben, erzieherisches Verhältnis.

Grundlegend ist die Position *Wilhelm Diltheys (1833-1911)*, der zwischen *Geistes- und Naturwissenschaften* kategorial unterscheidet. „Die Geisteswissenschaft ... wendet sich den historisch gewordenen Lebenswirklichkeiten zu, um sie in ihrer Einzelheit und in ihrer Ganzheit zu verstehen und allgemeine Aussagen über sie zu ermöglichen." (Tschamler 1978, 120) Diese „Lebenswirklichkeiten" – zu ihnen zählen auch Erziehung und Bildung, mit denen sich die Pädagogik befasst – sind *geschichtlich geworden* und kulturell bedingt. Wir können sie nicht im Sinne von Naturgeschehnissen (mit Hilfe von Naturgesetzen und mit Bezug auf situative Bedingungen) „erklären", sondern müssen sie im Lebenszusammenhang „verstehen". Die Methode des Verstehens und Interpretierens, in der geisteswissenschaftlichen Pädagogik *„Hermeneutik"* genannt, versucht das Einzelphänomen im Gesamtzusammenhang und diesen wiederum vom Einzelnen her zu deuten. Dieses wechselweise Klären wird als „hermeneutischer Zirkel" bezeichnet.

Herbarts Versuch, Pädagogik als eigenständige Wissenschaft zwischen Psychologie (deskriptiver Bereich) und Ethik (normativer Bereich) (vgl. Kap. 6) anzusiedeln, wird neu gefasst: Pädagogik soll im Sinne der geisteswissenschaftlichen Richtung die Erziehungswirklichkeit verstehen, indem sie das erzieherische Geschehen beschreibt und die dieses Geschehen bestimmenden Normen der Gesellschaft erfasst. Das *Leben* des Menschen ist historisch bedingt, d. h. notwendig gebunden an seine Zeit, an sein Volk und an seine Gesellschaft. Es bildet sich als subjektiver Geist in Auseinandersetzung mit dem objektiven Geist der *„Kulturgebilde"* wie Staat und Volk sowie mit dem absoluten Geist, dem zu sich selbst kommenden Weltgeist (Hegel). In diesem Sinne ist das „Leben" letztlich nicht erklärbar, es ist irrational und entfaltet sich spontan. Allgemein gültig und invariant ist allein die „Grundtendenz aller Lebewesen", die „in der Erhaltung und Steigerung des Lebens der Gattung" (ebd., S. 123) besteht. Sie äussert sich in zweckgerichteten Handlungen, die dem Leben des einzelnen Menschen ebenso wie der Gesamtgesellschaft *„Sinn"* verleihen.

Diltheys Ansatz wurde von zahlreichen Vertretern weiterentwickelt: so von Theodor Litt (1880-1962) zur dialektisch-hermeneutischen Wissenschaft, von Eduard Spranger (1882-1963) zur Kulturpädagogik, von Otto Friedrich Bollnow (geb. 1903) zur hermeneutisch-existenzphilosophischen Richtung (vgl. Kap. 1). All diese Positionen wurden in der Nachkriegszeit sehr einflussreich.

Eine direkte Weiterführung des Diltheyschen Ansatzes nahm *Herman Nohl (1879-1960)* vor. In deutlichem Rückgriff auf F. E. D. Schleiermacher (1826; 1964, 38), der die Theorie der Erziehung unter anderem auf die „Grundlage des Verhältnisses der älteren zur jüngeren Generation" stellt, und unter dem Einfluss der reformpädagogischen Strömungen stehend, formuliert Nohl in seinem Werk „Die pädagogische Bewegung in Deutschland und ihre Theorie", genauer in einem Kapitel, dem er den kennzeichnenden Titel „Der pädagogische Bezug und die Bildungsgemeinschaft" gibt:

> Die Grundlage der Erziehung ist also das leidenschaftliche Verhältnis eines reifen Menschen zu einem werdenden Menschen, und zwar um seiner selbst willen, dass er zu seinem Leben und seiner Form komme. (Nohl 1935; 1988, 164)

An dieser Formulierung – ergänzt um den Text zur Vertiefung – fällt folgendes auf: a) Pädagogik wird nicht wie bei Schleiermacher als eigenes Kultursystem oder wie bei Herbart als Wissenschaft, sondern als eigene Lebensform im Zusammenhang mit der übrigen Kultur begriffen. b) Die Grundlegung ist stark von der Seite des Edukanden und weniger stark von der Seite der Kultur her akzentuiert. Hier wirkt bei Nohl die „Pädagogik vom Kinde aus" nach (vgl. Kap. 8). c) Das Verhältnis baut auf einer „instinktiven Grundlage" (s. den Text zur Vertiefung) auf und rechtfertigt sich aus dem Gefälle des reiferen zu dem noch werdenden Menschen. d) Das Verhältnis ist geprägt von einer doppelten „Doppelheit": Einerseits von der (mütterlichen) Liebe des Erziehers zum Zögling in seiner Wirklichkeit – sie erfordert Einfühlung und pädagogischen Takt – und andererseits von der (väterlichen) Liebe zum Ideal des Kindes, zu seinem Ziel, zu dem, was es leisten kann und soll. Der erzieherischen Liebe im Sinne von Einfühlung und Veränderungswillen (Autorität) entsprechen auf Seiten des Zöglings „Wachstumswille" und „Hingabe", anders ausgedrückt: Liebe und Gehorsam. e) Das erzieherische Verhältnis strebt – im Unterschied zu anderen menschlichen Verhältnissen – danach, sich aufgrund der Reifung des Zöglings aufzulösen.

Das Konzept des „pädagogischen Bezugs" – und mit ihm die geisteswissenschaftliche Pädagogik insgesamt – hat *vielfache Kritik* erfahren. Menze (1980, 167-168) fasst sie zusammen:

> Die zu abstrakte Konstruktion des Erzieher-Zögling-Verhältnisses, die den unterschiedlichen Ausprägungen des pädagogischen Bezugs in den verschiedenen Kontexten nicht gerecht werde, die Verkennung der Macht der Realfaktoren im politischen, sozialen, ökonomischen Umfeld, die Verkürzung auf eine Zweierbeziehung mit zu starker Orientierung an der Kindheit unter Vernachlässigung der anderen Entwicklungsstufen des jungen Menschen, die Idealisierung eines Verhältnisses, in dem Konflikte keinen Ort hätten, begünstigten, so tadelt man, eine idyllische Form pädagogischer Zuwendung, für die es in der Realität keinen Platz gäbe. Kritisiert wird somit nicht der pädagogische Bezug als ein die Pädagogik fundierendes Grundverhältnis, sondern die zu grosse Vereinfachung, die zu weit greifende Reduktion der Komplexität, die das Verhältnis verfälsche und in eine die Realität verfehlende, verinnerlichte Beziehung umstilisiere.

Nimmt man grosse Klassen, Notensystem, Lehrplanvorschriften, Orientierung an Lehrmitteln und Fachlehrersystem als Kennzeichen der Realität unserer Schulen, dann ist es tatsächlich zweifelhaft, ob dem Konzept des pädagogischen Bezugs die von Nohl unterstellte Bedeutung zukommen kann. Die Kritik richtet sich im weitern gegen das behauptete Gefälle des „reiferen" Menschen gegenüber dem „werdenden" Menschen und damit gegen die Rechtfertigung von Autorität und Gehorsam. Die antiautoritäre Erziehung stellt dagegen die natürliche Autorität des Erwachsenen, der auf autoritären Veränderungswillen verzichtet; und die Antipädagogik fordert noch radikaler die völlige Gleichstellung von Menschen, seien sie erwachsen oder noch Kinder, sie verlangt eine partnerschaftliche Beziehung unter mündigen, selbständigen Menschen. Die im folgenden beschriebenen Richtungen lassen sich so als Kritik an der geisteswissenschaftlichen Pädagogik oder zumindest als Kontraste zu ihr verstehen.

10.2 Analytisch-empirische Erziehungswissenschaft

Berner erklärt den wissenschaftsgeschichtlichen Wechsel vom geisteswissenschaftlichen Paradigma zur Entstehung einer Vielfalt von pädagogischen Ansätzen dreifach: mit den sichtbar gewordenen Schwächen der geisteswissenschaftlichen Richtung, mit einem ausserpädagogischen Ereignis und mit der Präsentation einer ersten attraktiven Alternative:

> Die Ausklammerung des Zusammenhanges von Gesellschaft und Erziehung – die Schule verstanden als pädagogische Insel –, die Konzentration auf emotionale Komponenten sowie die Betonung des Autorität-Gehorsam-Verhältnisses führten ab den sechziger Jahren zu harter Kritik an der Geisteswissenschaftlichen Pädagogik. ... Ein entscheidendes Ereignis geschah am 4. Oktober 1957: An diesem Tag wurde der erste Satellit, der sowjetische Sputnik I, gestartet. Dieser sowjetische Vorsprung löste in der westlichen Welt den „Sputnikschock" aus. ... In dieser Situation war ein pointierter Perspektivenwechsel gefragt. Als überfälliger Schritt in die zeitgemässe Richtung wurde eine 1962 gehaltene Antrittsvorlesung aufgenommen: „Die realistische Wendung in der Pädagogischen Forschung". [Heinrich] Roth forderte, die wissenschaftliche Pädagogik habe eine Wendung zur wissenschaftsmethodischen Forschung ihrer Erfahrungsgrundlagen nachzuvollziehen oder kurz gesagt: Die Wirklichkeit müsse auf Wahrheit befragt werden. (Berner 1993, H. 3, S. 6)

In der Folge wurden zahlreiche Neuansätze mit empirischer Orientierung wie die *Curriculumtheorie* oder der *Programmierte Unterricht* entwickelt und schulische Verbesserungen, etwa die systematische Begründung von Zielsetzungen, die Aktualisierung der Lerninhalte und die Perfektionierung der Lernprozesse angegangen. Die *pädagogische Anthropologie* wandte sich in den sechziger und siebziger Jahren systematisch den empirisch fundierten Grundlagen von Bildung und Erziehung zu (s. Kap. 4). Ebenfalls in der Konsequenz einer Abwendung von der geisteswissenschaftlichen Pädagogik und einer realistischen Wendung steht *Wolfgang Brezinkas* (geb. 1928) Ansatz einer *analytisch-empirischen Erziehungswissenschaft*. Er zielt darauf, durch sprachanalytische Klärung eine wissenschaftliche Begrifflichkeit zu schaffen und durch empirische Überprüfung technologisch verwertbares Wissen bereitzustellen. Im Bereich der Erziehungswissenschaft erfordert dies den Nachweis eines Kausalnexus zwischen erzieherischer Absicht und erzieherischem Erfolg. So definiert Brezinka „Erziehung" wie folgt:

> Unter Erziehung werden Soziale Handlungen verstanden, durch die Menschen versuchen, das Gefüge der psychischen Dispositionen anderer Menschen in irgendeiner Hinsicht dauerhaft zu verbessern oder seine als wertvoll beurteilten Komponenten zu erhalten. (Brezinka 1975, 95)

Kennzeichnend für diese Definition ist die angestrebte Exaktheit der Begrifflichkeit und der Anspruch auf Wissenschaftlichkeit im Sinne des *Kritischen Rationalismus*. Dabei werden Normfragen – die Frage nach den Erziehungszielen und ihrer Rechtfertigung – als wissenschaftlich nicht bearbeitbar einem eigenen Bereich, nämlich der normativen Pädagogik, zugeordnet und vom Bereich der wissenschaftlich sauberen, empirischen Erziehungswissenschaft ausgeklammert.

10.3 Kritisch-emanzipatorische Erziehungswissenschaft

Schüler- und Studentenunruhen, begonnen 1968 in Paris, lösten in ganz Europa – in den USA verstärkt im Zusammenhang mit dem Kampf gegen das Engagement im Vietnam-Krieg – eine massive Kritik an allem Bestehenden aus. Die technizistische Ausrichtung des Rationalismus (10.2) konnte mit seiner angeblichen Wertfreiheit, die im Grunde nur der Herrschaft etablierter Mächte und ihrer Verschleierung diente, einer jungen, politisch interessierten Generation nicht mehr einleuchten. Sie kämpfte gegen die Unterdrückung gesellschaftlicher Gruppen und für ihre Befreiung (*Emanzipation*) aus faktischer Benachteiligung (Gastarbeiter, Afroamerikaner), aus einengenden Rollenfestlegungen (Frauenemanzipation), aus sozio-ökonomischer Übervorteilung (Bauern, Chancengleichheit der Unterschichtsangehörigen im Bildungsbereich) oder im marxistischen Sinne für die Befreiung aus dem Kapitalismus.

Eine philosophische Grundlegung fand diese Bewegung in der *Kritischen (Gesellschafts-)Theorie* der *Frankfurter Schule*, so benannt nach dem in Frankfurt a. M. lokalisierten Institut für Sozialforschung mit ihren Hauptvertretern Max Horkheimer (1895-1973), Theodor Wiesengrund Adorno (1903-1969) und Jürgen Habermas (geb. 1929). Der Kritischen Theorie liegen folgende Leitideen zugrunde (s. auch Kap. 3): Sie versteht jede Wissenschaft als gesellschaftlich bestimmt. Will die „traditionelle Wissenschaft" zeitlose, übergesellschaftliche, wertfreie Allgemeinaussagen machen, was auf einen Dualismus von Denken und Handeln, Denken und Leben sowie Theorie und Praxis hinausläuft, so versteht sich die Kritische Theorie als gesellschaftsbezogen – in einem geschichtlich-gesellschaftlichen Prozess stehend. Mit dem Ziel der Emanzipation, d. h. der Herrschaftsfreiheit in Arbeit, Interaktion und Sprache, will sie zwischen Denken und Handeln, zwischen Gesellschaft und Individuum, zwischen Theorie und Praxis dialektisch vermitteln. (Vgl. Tschamler 1978, 69 ff.)

Die Forderung, den wissenschaftlichen Erkenntnisgewinn im Zusammenhang mit seinen gesellschaftlichen Voraussetzungen zu sehen, führt Adorno zur Reflexion über die *die Erkenntnis leitenden Interessen*. (Vgl. den Text von Habermas unter den Hinweisen zur Vertiefung) Dabei unterscheidet er zwischen dem technologischen Erkenntnisinteresse der empirisch-analytischen Wissenschaft (Kap. 10.2), dem praktischen Interesse der historisch-hermeneutischen Wissenschaft (Kap. 10.1) und dem emanzipatorischen Erkenntnisinteresse der Kritischen Wissenschaftstheorie. Zielt ersteres auf die Verwertbarkeit des Wissens im technologischen Zusammenhang und das zweite auf die intersubjektive, handlungsorientierte Verständigung, befreit sich das Individuum erst durch die Kritische Theorie aus den gesellschaftlichen Beschränkungen, um diese im Sinne der Humanität frei und rational zu gestalten. Grundlegende Bedeutung erhält dabei der „*Diskurs*", eine herrschaftsfreie Kommunikation, die auf gegenseitiger Anerkennung der Subjekte beruht. Die ideale Sprechsituation ist gekennzeichnet durch die Freiheit von äusserem Zwang und die Freiheit von jenen Zwängen, die sich aus der Struktur der Kommunikation selbst ergeben. Die Gesprächsbeteiligten suchen also bewusst einen Konsens über die Normen der Kommunikation zu erlangen und folgen nur jenen Normen, die ihnen gerechtfertigt erscheinen.

Die Auffassung der Kritischen Theorie erlangte in den siebziger Jahren in der Erziehungswissenschaft eine relativ starke Position. Zentrale Themen waren (a) der „herrschaftsfreie Diskurs" mit dem Ziel (b) der Emanzipation im Sinne der Selbst- und Mitbestimmung und (c) der Überwindung aller durch Herrschaftsverhältnisse gegebenen Fremdbestimmungen, (d) Chancengleichheit für die Kinder aus allen Schichten, (e) Widerspruch und Widerstand statt Konformität, (f) gesellschaftliche Veränderung aufgrund von ideologiekritischer Aufklärung und kritischer Rationalität anstelle eines falschen Bewusstseins.

Wolfgang Klafki (geb. 1927) hat in seinem Ansatz einer *„kritisch-konstruktiven Erziehungswissenschaft"* (und Didaktik) versucht, die geisteswissenschaftliche Pädagogik durch Elemente der analytisch-empirischen sowie der kritisch-emanzipatorischen Erziehungswissenschaft eben kritisch und auch konstruktiv weiterzuführen und diese drei Forschungsrichtungen zu integrieren (vgl. Kap. 5). Er betont den Wert des hermeneutischen Verfahrens ebenso wie die Unverzichtbarkeit empirischer Forschung. Zugleich dient die pädagogische Forschung der Praxis, die als gesellschaftliche Praxis „unter der Perspektive eines bestimmten Erkenntnis- und zugleich Gestaltungs- und Veränderungsinteresses (des Handlungsinteresses) [steht]: des Interesses an der Ermöglichung von Selbst- und Mitbestimmung, [an] individueller und gesellschaftlicher Mündigkeit (Emanzipation) für jeden Educandus, damit aber auch an einer entsprechenden, nämlich demokratischen Gestaltung des Erziehungs- und Bildungswesens" (Klafki 1982; zit. nach Berner 1991, 255).

10.4 Antiautoritäre Erziehungsbewegung

Lieferte die Kritische Theorie einer Protestgeneration die theoretischen Konzepte, um sich selbst und den etablierten Mächten gegenüber ihre kritische Sicht der Gesellschaft und ihre Ansprüche auf ein selbstbestimmtes Leben zu begründen, so fand sich in der Person Alexander S. Neills (1883-1973) und in der von ihm 1921 gegründeten englischen Internatsschule Summerhill, in der jeweils vierzig bis fünfzig Schüler nach psychoanalytischen Erkenntnissen repressionsfrei erzogen werden sollten, eine dieser Bewegung entsprechende herrschaftsfreie erzieherische Praxis. 1965, als Neills Hauptwerk erstmals in deutscher Übersetzung unter dem Titel „Erziehung in Summerhill. Das revolutionäre Beispiel einer freien Schule" erschienen war, fand es kaum Beachtung. Vier Jahre später veröffentlichte es ein marktkräftiger deutscher Verlag nochmals, diesmal unter dem Titel „Theorie und Praxis der antiautoritären Erziehung", und setzte innert Jahresfrist mehr als eine halbe Million Exemplare ab. In einer gesellschaftlich veränderten Lage – die junge Generation demonstrierte im gleichen Jahr ihre gesellschaftliche Unabhängigkeit im legendären Konzert und Festival von Woodstock – wies das Buch mit seiner individualistisch-gesellschaftskritischen Stossrichtung der 68er Generation den erzieherischen Weg zur Gesellschaftsveränderung; der programmatische Titel verlieh ihr auch den Namen: „antiautoritäre Erziehungsbewegung".

10.5 Pädagogische Strömungen der Gegenwart

In den siebziger Jahren kam es zu umfassenden Veränderungen – Stichwort „Klimawandel" –, die alle Gebiete des materiellen und geistigen Lebens erfassten. 1973 ging als Jahr des *Ölschocks* mit einer dadurch ausgelösten schwierigeren Wirtschaftslage in die Geschichte ein. In diesen Jahren verwandelten sich die ... Aufwärtsentwicklungen in ihr Gegenteil: Das Schlagwort „Grenzen des Wachstums" (der Bericht des Club of Rome verlangte eine radikale Veränderung von Denkgewohnheiten, Verhaltensweisen und Gesellschaftsstrukturen) bremste das optimistische Zeitgefühl und den unbedingten Glauben an Fortschritt, Wachstum und rationale Weltbeherrschung durch unbegrenzte technische Möglichkeiten. Auf die wirtschaftliche Expansionsphase folgte die Rezession ... (Berner 1993, 8)

Gleichzeitig fand auch die „Bildungshochkonjunktur" ihr Ende; Klagen über Schulstress, über schulischen Leistungs- und Konkurrenzdruck, über curriculare Verplanung und Verfächerung und blosse Wissensvermittlung wurden laut und nahmen zu.

In dieser Situation verschafften sich in der Öffentlichkeit drei unterschiedliche Richtungen Gehör, die sich als pädagogische „Auswege", so Berner in seiner gut lesbaren Serie über „Aktuelle Strömungen in der Pädagogik" (1993, 8), empfahlen: Die humanistische Psychologie und Pädagogik Carl R. Rogers, die neokonservative Pädagogik und die Antipädagogik. Ihnen gemeinsam ist die Herkunft aus den USA und der damit gegebene Entstehungskontext; gemeinsam ist ihnen auch die herausgehobene Stellung des Individuums.

Humanistische Psychologie und Pädagogik

1962 gründete eine Gruppe von Geisteswissenschaftlern in den USA die „Association for Humanistic Psychology", unter ihnen Charlotte Bühler (1893-1974), Abraham Harold Maslow (1908-1970) und Carl Ranson Rogers (1902-1987). Sie strebte in der Psychologie – im Sinne einer „dritten Kraft" – eine Alternative zur Psychoanalyse und zum Behaviorismus an, deren Menschenbild sie als mechanistisch und reduktionistisch einschätzte. Im Gegensatz zu diesen beiden richtete sich ihr Hauptinteresse „auf die spezifisch menschlichen Eigenschaften Kreativität, Wertschätzung, Selbstverwirklichung und die Fähigkeit zu wählen sowie auf die Entwicklung der individuellen menschlichen Kräfte und Fähigkeiten". (Berner 1993, 56) Eine weitere Exponentin der humanistischen Psychologie und Pädagogik ist Ruth Cohn (geb. 1912), die mit einem eigenen Konzept, der „Themenzentrierten Interaktion" bekannt geworden ist. Charlotte Bühler bezeichnete den Kern der humanistischen Psychologie als „die Idee vom Menschen als einem aktiven Gestalter seiner eigenen Existenz" (nach Berner 1993, 56). Bemerkenswert für den humanistischen Ansatz ist das positive Menschenbild: der feste Glaube an die „Kraft des Guten" in jedem einzelnen Menschen.

In Rogers *Gesprächstherapie-Ansatz* wird der Mensch als ein von Natur aus gutes, selbstgesteuertes, rationales Individuum betrachtet. Psychisch erkrankt ein Mensch, wenn sein Selbstbild und seine Erfahrungen zueinander in Widerspruch geraten und dieser Widerspruch Ängste und Störungen auslöst. Die Therapie soll das Selbst von diesen Einschränkungen befreien und es zur ungehinderten Weiterentwicklung anregen. Voraussetzung dafür ist eine nicht-direktive, klienten-, personzentrierte Haltung und Technik des Therapeuten: Echtheit, Empathie (einfühlendes Verständnis) und Wertschätzung (volle Anerkennung des andern in seiner Gleichwertigkeit als Person). Auf die Schule und die Beziehung Lehrer-Schüler übertragen bedeutet Nicht-Direktivität: schülerzentrierter Unterricht, Partnerschaftlichkeit zwischen Lehrer und Schüler, Verzicht auf lenkendes, direktives Verhalten seitens der Lehrperson zugunsten von Eigenverantwortlichkeit und Eigeninitiative der Schüler bei der Organisation des Lernens.

Mit der humanistischen Sichtweise ist auch eine kräftige Schulkritik verknüpft. Kennzeichnend für die bestehenden „Schulsysteme in Amerika und in Deutschland" ist beispielsweise im Urteil Cohns (1976, 152) das „*Rivalitätsprinzip*", das sie „für eine destruktive Grundlage" hält. Und in deutlicher Absetzung zu einer marxistischen und soziologischen Erklärung fügt sie ironisierend an:

> Ich bin geneigt, diese Tatsache (der Geltung des Rivalitätsprinzips; Zufügung P. M.) weniger als Manipulation politischer und ökonomischer Machtbedürfnisse einzelner Gruppen anzusehen, denn als eine generelle (alle Schichten miteinbeziehende) Unfähigkeit, sich von althergebrachten Erziehungsgedanken abzulösen, die, als das öffentliche Schulwesen aufkam, Fortschritt bedeuteten, die aber heute den Antiquariatswert von Übersee-Brieftauben haben. (Cohn 1976, 152)

> Das Rivalitätsprinzip aber bedeutet die Organisation des unverdünnten Egoismus. ... Rivalisieren um Noten, um bevorzugte Stellung, zuerst um die Gunst des Lehrers, dann in Universitäten, Behörden und Stellungen. Nur ich *oder* du können *reüssieren, nicht wir*. ... Das *Übergewicht vom Stofflernen* gegenüber der Möglichkeit zu denken, schöpferisch zu sein (...) und die Vernachlässigung menschlicher Interaktion kennzeichnet die Schulwelt des Rivalitätsprinzips. Rohe Vergleiche von guten und schlechten Schülern in Worten und Zahlen, die sie beschämen, sind unermüdliche Repräsentanten merkantilen Geistes. ... Vergötterung physischer Gewalt ist nur der letzte Ausläufer einer systematischen Erziehung zum Überwältigen des andern. (Ebd., S. 154-155)

Als Alternative zur so beschriebenen Schule entwirft Cohn Therapie- bzw. Unterrichtsgrundsätze, die sie im Begriff „*Themenzentrierte Interaktion/TZI*" zusammenfasst. Ihre Ideen hat sie in vielen Gesprächen, Seminarien, Workshops, zuletzt in der École d'humanité auf dem Hasliberg, entwickelt, erprobt und erläutert. Das Konzept der TZI ist dadurch gekennzeichnet, dass zwischen den Ansprüchen der einzelnen Gruppenbeteiligten (Ich), der Gesamtgruppe (Wir) und des zur Diskussion stehenden Themas (Es) stets unterschieden wird und dass der Gruppenleiter (die Lehrkraft) für eine „Balance" zwischen diesen drei Anforderungen bzw. für die Gleichwertigkeit dieser drei Ansprüche besorgt ist, wobei auf die Eigenständigkeit und Wertschätzung aller an der Interaktion Beteiligten besonders zu achten ist.

Neokonservative Pädagogik

Wenn von „neokonservativer Pädagogik" gesprochen wird, ist darunter nicht ein einheitliches System oder ein von einem einzelnen Pädagogen entwickelter Ansatz zu verstehen. Es handelt sich vielmehr um eine Bewegung, deren Exponenten sich in der Stossrichtung eines „Zurück" zu den traditionellen Werten und in ihrer Gegnerschaft gegen die neueren pädagogischen Bestrebungen – die kritisch-emanzipatorische Erziehungswissenschaft, die antiautoritäre Erziehungsbewegung und die humanistische Pädagogik – einig sind. All diesen Richtungen werfen sie grundlegende „Irrtümer" und ideologische Verführung der Jugend vor (vgl. die Hinweise zur Vertiefung). Zielscheibe der neokonservativen Kritik ist das Ideal der Mündigkeit im Sinne einer Befreiung aus aller Konvention, die Ermunterung zu unerfüllbaren Glücksansprüchen, die Erziehung zur grenzenlosen Kritikfähigkeit, die Forderung der Chancengleichheit, die Absicht, mittels Schule eine Gesellschaftsreform durchzuführen und schliesslich die Verwissenschaftlichung des Unterrichts und die Professionalisierung sowie Institutionalisierung der Erziehung. Die insgesamt neun Irrtümer wurden von den Philosophen Hermann Lübbe (geb. 1926) und Robert Spaemann (geb. 1927), von Hans Bausch, dem Historiker Golo Mann (1902-1994), Kultusminister Wilhelm Hahn und dem Politologen Nikolaus Lobkowicz zuhanden eines 1978 durchgeführten Forums „Mut zur Erziehung" formuliert und ihnen neun „Wahrheiten" gegenübergestellt: Erziehung sei etwas Selbstverständliches, ein Menschenrecht; die Tugenden des Fleisses, der Ordnung und der Disziplin seien trotz ihrer historischen Belastung positiv zu werten; die Erziehung solle die nachwachsende Generation in die bestehende, grundsätzlich positiv einzuschätzende Kultur einführen und sie mit der Überlieferung vertraut machen; die Orientierung an der Lebens- und Alltagspraxis, die vor den Gefährdungen durch verführerische Theorien bewahre. Zu den prominenten Vertretern der neokonservativen Position gehören nebst den genannten Persönlichkeiten die Psychologin Christa Meves (vgl. ihren Titel „Mut zum Erziehen" von 1987) und der Konstanzer Erziehungswissenschaftler Wolfgang Brezinka (vgl. seinen Titel über „Erziehung und Kulturrevolution" von 1974).

Der Einfluss der neokonservativen Bewegung lässt sich nicht leicht fassen, sicher ist er ganz bedeutend. Zum einen finden sich unter ihnen zahlreiche Persönlichkeiten, die sich schon vor ihrem Eintreten für eine konservative „Tendenzwende" im Erziehungs- und Bildungswesen durch ihre Schriften und ihr öffentliches Wirken hohe Anerkennung erworben haben. Zum andern erhielt und erhält diese Richtung bis in die Gegenwart durch politische Entwicklungen eine Bestätigung: In den USA trat 1980 der Republikaner Ronald Reagan die Nachfolge des glücklosen Demokraten Jimmy Carter an. Reagan vertrat der Sowjetunion gegenüber eine Position der militärischen Stärke und der diplomatischen Härte; er begründete diese Haltung mit einem idealistischen Eintreten für die Werte der Freiheit und Demokratie. In der Bundesrepublik Deutschland regieren seit 1982 die CDU/CSU in Koalition mit der FDP. Ähnliches wäre über die politische Entwicklung in anderen Ländern zu sagen. Nach Berners (1993, 55) Einschätzung lässt sich die „grosse Resonanz, die die Forderungen der Bewegung ‚Mut zur Erziehung' in Pädagogenkreisen fanden, ... zu einem guten Teil auf den Sammelbeckencharakter dieser Bewegung" zurückführen. „In dieser zur geistigen Zeit passenden Strömung fanden sich unter anderen Kritiker am bestehenden Schulwesen – seien das nun Kritiker am Organisationsmonstrum Schule, an der schulischen Lerntechnologie oder an der ‚Indoktrination durch Emanzipationsideologen' –, Befürworter von Tugenden wie Anstand, Fleiss, Gehorsam, Tüchtigkeit, Disziplin oder Kreise, die sich für eine Betonung verdrängter patriotischer Werte einsetzen ..." (Ebd., S. 55) Auf die Kontroverse der neokonservativen Pädagogik mit der kritisch-emanzipatorischen Erziehungswissenschaft ist man geneigt, mit Schleiermacher zu antworten:

> Die Erziehung soll so eingerichtet werden, dass beides in möglichster Zusammenstimmung sei, dass die Jugend tüchtig werde einzutreten in das, was sie vorfindet, aber auch tüchtig in die sich darbietenden Verbesserun-

gen mit Kraft einzugehen. Je vollkommener beides geschieht, desto mehr verschwindet der Widerspruch. (Schleiermacher 1826; 1964, 64; Hervorhebungen von P. M. weggelassen)

Antipädagogik

Wie es bereits der Name ihrer Bewegung zum Ausdruck bringt, verstehen sich die Vertreter dieser Richtung nicht als Pädagogen und ihre Auffassung auch nicht als Pädagogik. Ganz im Gegenteil: Ihr Kampf gilt direkt der Pädagogik, denn die (offizielle) Pädagogik legitimiert ein gesellschaftliches Unrecht – ein „Verbrechen", wie sich Ekkehard von Braunmühl ausdrückt –, nämlich Erziehung, was soviel bedeutet wie die Rechtfertigung von Gewaltanwendung gegenüber Kindern. Denn Erziehung basiere auf der Annahme, Kinder seien unselbständige, unmündige Wesen, und sie ziele darauf, die Persönlichkeit der Kinder, ihr Denken, Fühlen und Handeln, zu prägen oder zu verändern. Die Antipädagogen verstehen sich als Angehörige einer *politischen Bewegung*. Sie machen sich die Grundsätze des Kampfs der Bürger-, Menschenrechts- und Kinderrechtsbewegung – in den 60er Jahren in den USA entstanden – zu eigen. Diese beinhalten: Gleiche Rechte für Euro- und Afroamerikaner, für Männer und Frauen, für Erwachsene und Kinder (so zum Beispiel Stimmrechtsalter null!).

Nach Meinung der Antipädagogik ist der Mensch (das Kind) zu keinem Zeitpunkt unselbständig und unmündig. Er ist je nach Alter lediglich verschieden stark und auf unterschiedliche Weise auf Hilfe von Mitmenschen angewiesen. Jederzeit aber weiss er, ob er Hilfe braucht, und ist fähig, dieses Bedürfnis auch auszudrücken. Zu dieser *anthropologisch gegebenen Mündigkeit* – die Antipädagogen verwenden dafür häufig den Begriff Autonomie – gehört auch die Spontaneität und Kreativität; man braucht diese nicht anzuerziehen, sie sind dem Menschen von Natur eigen.

In Anlehnung an die *Psychoanalyse* und mit Bezug zu den Forschungen über *Schwarze Pädagogik* (Rutschky 1977; Miller 1980) deutet die Antipädagogik Erziehung als Rationalisierung der Angst vor dem Kind; eigentlich sei Erziehung eine Unterdrückung des Kindes, deren Motiv Rache am Kind ist für die eigene, als Kind erlebte Unterdrückung. Sehr eindrücklich belegt Alice Miller diese Zusammenhänge u. a. an Hitlers Kindheit und Jugend (s. Kap. 9) mit ihren Folgen für die Erziehungsvorstellungen in „Mein Kampf". Aus diesem Teufelskreis kann das Individuum nur durch Psychotherapie und die Gesellschaft nur durch die Realisierung der antipädagogischen, politischen Postulate hinausfinden.

Sucht man nach *historischen Vorbildern* der Antipädagogik, so ist an die Philosophen Rousseau und Stirner sowie an die reformpädagogische und die antiautoritäre Erziehungsbewegung zu erinnern. Jean-Jacques Rousseaus „éducation négative" ist der theoretische Versuch, das Dilemma zu lösen, wie Emil, der Prototyp eines neuen Menschen, mündig, vernünftig und vorurteilslos werden kann, wenn doch die bestehende Gesellschaft von Abhängigkeitsverhältnissen, Unvernunft und Vorurteilen bestimmt ist. Rousseau postuliert den Verzicht auf Erziehung, eben die „éducation négative"; Emil soll nicht durch die Gesellschaft, sondern von der Natur und in der Natur erzogen werden. (Vgl. Kap. 3 und 4) Da der Genfer Kulturkritiker in seinem Roman doch nicht auf einen versteckten Erzieher verzichtet, ist Rousseaus Konzeption, weil manipulativ, von der Antipädagogik aus betrachtet zu verwerfen.

Zu Max Stirner (1806-1865) nur einige Andeutungen: In den Werken der Junghegelianer Feuerbach, Marx und Stirner sind die Themen „Eigentum" und „Entfremdung" von zentraler Bedeutung. Ist bei Hegel – in Anlehnung an Aristoteles – der Geist die geschichtstreibende Macht, so ist es im dialektischen Materialismus der Klassenkampf. Die Überführung der Produktionsmittel aus der Hand der Kapitalisten in den Gemeinbesitz beseitigt die Entfremdung der Proletarier von ihrer Arbeit. Auch Stirner betrachtet den Geist als ideologischen Überbau zur Aufrechterhaltung der Herrschaft über die Menschen. Aber die Lösung sieht er nicht in der Sozialisierung des Eigentums, sondern in seinem anarchistischen Liberalismus (vgl. Stirners Hauptschrift von 1845). Stirner lehnt Ideologien jeglicher Art – auch Erziehungsnormen – ab. Er entlarvt sie als ideologisches Instrument gesellschaftlicher Herrschaft über das Individuum. Stirner fordert den Staat als „Verein von Egoisten", d. h. einen Verein von eigenständigen Individuen, die nach eigenem Wunsch und Willen leben. Die Unverfügbarkeit, Eigenheit und Autonomie des Individuums ist Stirner ebenso heilig wie den Antipädagogen. Hier liegen u. a. die Berührungspunkte zwischen Stirners Liberalismus und reformpädagogischen Motiven.

Die Position der Antipädagogik lässt sich auf vier Argumente reduzieren (vgl. Oelkers/Lehmann 1990): Das erste bezieht sich auf die *Dimension der Zeit*. Nach Auffassung der Antipädagogik ist es falsch, mittels Erziehung über die Zukunft des Kindes verfügen zu wollen, da die Zukunft für die Erwachsenen ebensowenig absehbar ist wie für die Kinder. Im Zeitalter der Massenmedien verfügen die Erwachsenen nicht über mehr und wertvollere Erfahrungen als die Kinder. Zudem ist die Wirkung der Erziehung negativ: Sie legt die Kinder auf die tradierten Normen fest, statt sie frei zu lassen. Das zweite Argument thematisiert den *Modus der Beziehung:* Erziehung ist in antipädagogischer Sicht grundsätzlich ein Verhältnis von Zwang, von Über- und Unterordnung. Erziehung ist illegitim, weil jeder Mensch, auch das Kind, frei sein soll und weil Erziehung diese Freiheit missachtet. Die Antipädagogik fordert eine neue, von Freiheit geprägte Beziehung zum Kind, einen netten, freundlichen Umgang mit ihnen. Ihr Slogan lautet: „Freundschaft mit Kindern!" Das dritte Argument behauptet die *Unabsehbarkeit der Wirkungen*: Mit dem Hinweis auf die künftigen Effekte wird in der Erziehung alles, auch Gewalt an den Kindern und ihre Unmündigerklärung, gerechtfertigt. Dabei läuft der Erzieher nicht Gefahr, zur Verantwortung gezogen zu werden; Brezinkas Definition von Erziehung (s. oben) stellt nämlich nicht auf die Wirkungen und ihre Legitimation ab, sondern nur auf die Absicht; dies ist im Urteil der Antipädagogen in doppeltem Sinne „verantwortungs-los". Das vierte Argument geht vom *Relativismus der Werte* aus: In der pluralistischen, sich rasch wandelnden Gesellschaft, in der es keine verbindlichen Werte gibt und in der die Werte der nachwachsenden Generation nicht mehr dieselben sein können wie die der erziehenden Generation, ist es sinnlos, (zu Werten) zu erziehen. Zudem: Die Erziehung fixiert die Kinder bloss auf Werte wie Gehorsamkeit, Konkurrenzdenken, die an sich fragwürdig sind.

Die Pädagogen Jürgen Oelkers und Thomas Lehmann nehmen an diesen vier grundlegenden Argumenten der Antipädagogik eine Kritik vor. Diese Kritik richtet sich zugleich gegen die traditionelle Pädagogik, sie nimmt also einzelne antipädagogische Überlegungen positiv auf. (a) Erziehung ist keine kausale Determination; ihr Einfluss ist begrenzt aufgrund der persönlichen Verarbeitung durch das Kind. Die der Erziehung unterstellte negative Macht hat sie gar nicht. Die Zukunft ist nicht völlig unabsehbar. (b) Die Entscheidung darüber, ob der Erwachsene zum Kind ein erzieherisches Verhältnis oder eine „freundschaftliche Beziehung" zu verwirklichen sucht, überlässt der Antipädagoge nicht dem Kind. Dies ist ein prinzipieller Widerspruch. Die Antipädagogik muss weiter die unrealistische Annahme treffen, dass das Selbstsein des Kindes stets zum Guten führt, oder sie muss bereit sein, die negativen Folgen kindlichen Verhaltens zu billigen. (c) Einerseits (prospektiv) bestreitet die Antipädagogik die Möglichkeit, die erzieherischen Wirkungen abzusehen, andererseits (retrospektiv) macht sie die Erziehung für alle möglichen negativen Folgen verantwortlich. Das ist widersprüchlich. Erziehung ist kein einheitlicher, kausaler Faktor, weder im positiven Sinn, wie es die traditionelle Pädagogik annimmt, noch im negativen Sinn, wie es die Antipädagogik behauptet. Man muss zwischen dem „Erziehen" als einem prinzipiengeleiteten sozialen Handeln und dem Gesamtprozess der „Erziehung" unterscheiden. Ein Zusammenhang zwischen den beiden ergibt sich erst durch die verarbeitende Leistung des Edukanden. (d) Auch die Antipädagogik kommt nicht ohne Werte aus, die sie für gültig erklärt: Freundlichkeit, Gleichberechtigung, Autonomie, Schonraum für das Kind, damit diese Werte zum Tragen kommen. Die Forderung eines Schonraums für (Rechte und) Pflichten des Kindes ist eine zutiefst pädagogische. Auch in einer wertrelativen Gesellschaft ist Werterziehung sinnvoll. Sie legt das Kind nicht auf bestimmte Werte fest, sondern vermittelt ihm den „Umgang mit gesellschaftlicher Moral" (Oelkers/Lehmann 1990, 80).

10.6 Ausblick

Die gegenwärtigen Entwicklungen lassen sich selbstredend nicht aus historischer Distanz heraus kategorisieren, interpretieren und in ihrem

Einfluss und Wert einschätzen. Zusätzlich zu den in den vorausstehenden Abschnitten beschriebenen Erziehungsrichtungen, die das Gesicht der Gegenwart deutlich mitprägen, sei abschliessend auf einige Themen hingewiesen, die in den letzten Jahren in den Diskussionen um Erziehungs- und Bildungsfragen verstärkt präsent sind. Zu ihnen zählen insbesondere vier Themen, die wir in unserem Buch „Bilden und Erziehen" in einzelnen Kapiteln historisch verortet, in ihrer Relevanz herausgehoben und mit Quellenhinweisen illustriert haben: (a) die Aktualität des aufklärerischen Erbes und in ihm aufgehoben das Anliegen der Mündigkeit, (b) die Aktualität des 19. Jahrhunderts mit seinen Demokratisierungs- und Professionalisierungsbestrebungen, (c) die Aktualität des reformpädagogischen Erbes, in seinem Kern das Anliegen der Individualisierung und schliesslich (d) die Aktualität des Liberalismus aufgrund des Zusammenbruchs der kommunistischen Staatenwelt und der fortschreitenden Pluralisierung der westlichen Gesellschaften.

Hinweise zur Vertiefung

Herman Nohl: „Der pädagogische Bezug und die Bildungsgemeinschaft": Aus: Nohl, H. 1988, 169-176.

Kritische Theorie der Frankfurter Schule: Textprobe in: Scheuerl 1992, 372-376 und 416-421 sowie 422-429.

Thema Erkenntnis und Interesse: Jürgen Habermas: Erkenntnis und Interesse. In: derselb. 1970, 146-168.

Neun Thesen des Forums „Mut zur Erziehung": Aus: Wissenschaftszentrum in Bonn: Mut zur Erziehung. Stuttgart 1979, 163-165.

Vergleich der Thesen des Forums „Mut zur Erziehung" mit der Tübinger Erklärung: Scheuerl 1992, 430-437.

Hubertus von Schoenebeck: Unterstützen statt erziehen: Aus: Klemm, U. 1992, 111-117.

Ekkehard von Braunmühl: Erziehung – ein Verbrechen: Aus: Braunmühl, E. von: Erziehung – ein Verbrechen. In: Beyer, K.; Knöpfel, E.; Pfennings, A. (Hrsg.): Einführung in pädagogisches Sehen und Denken. Bd. 1. 1984, 51-53.

Glossar

Antipädagogik: s. Glossar zu Kap. 3.

Behaviorismus: (vom engl. *behaviorism* „Verhaltenstheorie") Bezeichnung für eine theoretische Position, die eine möglichst objektive Betrachtungsweise der beobachtbaren Reaktionen von Mensch und Tier anstrebt.

Hermeneutik: „Kunst der Auslegung", des Verstehens und sinnerschliessenden Interpretierens von Texten und geschichtlichen Zeugnissen.

Kritischer Rationalismus: „... auch Logischer Empirismus; eine einflussreiche Strömung innerhalb der Gegenwartsphil., die sich vor allem als Wissenschaftstheorie u. als System der Erkenntnisgewinnung und -vermehrung versteht. Nach K. Popper (...) müssen wissenschaftliche, d. h. im Sinne des K. R. intersubjektiv nachprüfbare Aussagen der Falsifizierbarkeit genügen und dem Prinzip der ‚Wertfreiheit' entsprechen. Nach Auffassung des K. R. kann die Wiss. nur Probleme lösen, die durch Fragen ‚Warum ist etwas so?' oder ‚Wie kann ich etwas erreichen?' charakterisiert sind, nicht jedoch Probleme der Form ‚Was soll sein?' oder ‚Was ist richtig?'" (W. Böhm: Wörterbuch der Pädagogik 1988, 350)

Liberalismus: (vom lat. *liber*, frei) Mit „Liberalismus" bezeichnet man „eine Staats-, Wirtschafts- und Gesellschaftsauffassung, die die Freiheit des Individuums als grundlegende, naturgemässe Norm menschlichen Zusammenlebens ansieht und den Fortschritt in Kultur, Recht, Wirtschaft und Sozialordnung als den Inhalt geschichtlicher Entwicklung ansieht". (Brockhaus, Bd. 13, 1990, 349) Grundforderungen sind: Errichtung und Ausbau eines Verfassungs- und Rechtsstaates, Gewaltenteilung, Gewährleistung von Grundrechten, Prinzip der Volkssouveränität, direkte oder repräsentative Demokratie.

Paradigma: (vom griech. *paradeigma*, Beispiel, Muster) Mit „Paradigmata" bezeichnet Thomas S. Kuhn in seinem Buch „The Structure of Scientific Revolutions" von 1962 „allgemein anerkannte wissenschaftliche Leistungen, die für eine gewisse Zeit einer Gemeinschaft von Fachleuten massgebende Probleme und Lösungen liefern" (Kuhn 1976, 10).

Pluralismus: (vom lat. *plus* „mehr") meint die Vielgestaltigkeit weltanschaulicher, politischer oder gesellschaftlicher Phänomene. Als „pluralistisch" wird eine Gesellschaft bezeichnet, die in ihren Strukturen (Institutionen, Rechtssetzung) der Vielfalt der gesellschaftlichen Gruppen und Wertsystemen Rechnung trägt.

„Realistische Wendung": Von Heinrich Roth (1906-1983) 1962 anlässlich seiner Antrittsvorlesung in Göttingen geprägter Begriff. Der Erziehungswissenschaftler begründet damit die programmatische Forderung, in allen „Grund- und Hilfswissenschaften der Pädagogik" und „in ihrem Bereich" selbst „erfahrungswissenschaftliche Methoden" und Ergebnisse einzubauen. (Roth 1967, 115)

Literatur

Adorno, Th. W.: Erziehung nach Auschwitz (1966). In: Ders.: Erziehung zur Mündigkeit. Frankfurt a. M. 1981.

Antipädagogik. Schwerpunktthema. In: Westermanns Pädagogische Beiträge 35 (Nov. 1983) H. 11.

Berner, H.: Aktuelle Strömungen in der Pädagogik und ihre Bedeutung für den Erziehungsauftrag der Schule. Diss. phil. I. Universität Zürich. Zürich 1991.

-: Aktuelle Strömungen in der Pädagogik. In: die neue schulpraxis 63 (1993) H. 2-6 u. 9-11.

Braunmühl, E. von: Antipädagogik. Studien zur Abschaffung der Erziehung. Weinheim 1975^1; 1989^6.

Brezinka, W.: Von der Pädagogik zur Erziehungswissenschaft. Eine Einführung in die Metatheorie der Erziehung. Weinheim 1972^2.

-: Grundbegriffe der Erziehungswissenschaft. München 1975.

-: Erziehung und Kulturrevolution. Die Pädagogik der Neuen Linken. München 1974.

Cohn, R.: Von der Psychoanalyse zur themenzentrierten Interaktion. Von der Behandlung einzelner zu einer Pädagogik für alle. Stuttgart 1976^2.

Dilthey, W.: Über die Möglichkeit einer allgemeingültigen pädagogischen Wissenschaft. 1888.

Eckstein, K.: Schulrecht, Elternrecht, Schülerrecht. Zug 1979.

Fleiner-Gerster, Th.: Die Rechte der Eltern gegenüber der Schule. Rechtsgutachten für das Schulforum Waidberg, Zürich. In: ZKLV Mitteilungsblatt Nr. 8. Juli 1993, S. 301-317.

Flitner, A.: Konrad, sprach die Frau Mama ... Über Erziehung und Nicht-Erziehung. München 1989^4.

-: „Antipädagogik" und vernünftige Erziehung. In: NZZ 204 (12./13.2.1983) Nr. 36, S. 35.

-: Reform der Erziehung. Impulse des 20. Jahrhunderts. München 1992.

Friedman, M.: Kapitalismus und Freiheit. München 1976.

Gorden, Th.: Lehrer-Schüler-Konferenz. Wie man Konflikte in der Schule löst. Hamburg 1977.

Gudjons, H.: Serie Pädagogisches Grundwissen. In: Pädagogik. 9/1992 - 9/1993.

Häberlin, P.: Allgemeine Pädagogik in Kürze. Frauenfeld 1953.

Habermas, J.: Technik und Wissenschaft als „Ideologie". Frankfurt a. M. 1968; 1970^4.

Helbling, H.: 1968 - Erinnerung und Wiedererwägung. In: NZZ 214 (22./23.5.1993) Nr. 116, S. 23.

Hoffmann, E.: Pädagogischer Humanismus. Zürich 1955.

Jaeger, W.: Paideia. Die Formung des griechischen Menschen. Berlin. Bd. 1 1933^1, 1959^4; Bd. 2 1944^1, 1959^3, Bd. 3 1947^2, 1959^3.

Kamm, P.: Paul Häberlin. Leben und Werk. Zürich 1977 (Bd. 1), 1981 (Bd. 2).

„Kinderrechte". 20 Jahre Antipädagogik in Deutschland. In: unterwegs auf neuen Lern- & Erziehungswegen. Juni 1995, Nr. 5.

Kitsaras, J. L.: Zur Wiedergeburt der griechischen Paideia. 1957.

Klafki, W.: Aspekte kritisch-konstruktiver Erziehungswissenschaft. Weinheim 1976.

Klemm, U. (Hrsg. u. Bearb.): Quellen und Dokumente der Antipädagogik. Frankfurt a. M. 1992.

Kuhn, Th. S.: Die Struktur wissenschaftlicher Revolutionen. Frankfurt a. M. 1976.

Menze, C.: Kritik und Metakritik des pädagogischen Bezugs. In: ders.: Bildung und Bildungswesen. Hildesheim 1980.

Meves, Chr.: Mut zum Erziehen. Freiburg 1987.

Miller, A.: Am Anfang war Erziehung. Frankfurt a. M. 1990 (erw. Fassung von 1980).

Neill, A. S.: Selbstverwaltung in der Schule. Zürich 1950.

-: Erziehung in Summerhill. Das revolutionäre Beispiel einer freien Schule. München: Szczesny 1965.

-: Theorie und Praxis der antiautoritären Erziehung. Reinbek bei Hamburg: Rowohlt 1969.

Neill, A. S. et al.: Die Befreiung des Kindes. Zürich 1973.

Nohl, H.: Die pädagogische Bewegung in Deutschland und ihre Theorie. Frankfurt a. M. 1935; 1988^{10}.

Oelkers, J.; Lehmann, Th.: Antipädagogik. Herausforderung und Kritik. Braunschweig 1983^1; Weinheim 1990^2.

Pädagogik und Pluralismus. Deutsche und niederländische Erfahrungen im Umgang mit Pluralität in Erziehung und Erziehungswissenschaft. Hrsg. von F. Heyting u. H.-E. Tenorth. Weinheim 1994.

Rogers, C. R.: Lernen in Freiheit. Zur Bildungsreform in Schule und Universität. München 1974.

-: Entwicklung der Persönlichkeit. Stuttgart 1985^5.

-: Freiheit und Engagement. Personenzentriertes Lehren und Lernen. Frankfurt a. M. 1989.

Roth, H.: Erziehungswissenschaft, Erziehungsfeld und Lehrerbildung. Gesammelte Abhandlungen 1957-1967. Hrsg. von H. Thiersch u. H. Tütken. Hannover 1967.

Rousseau, J.-J.: Emil oder Über die Erziehung. 1762; Paderborn 1978^4.

Rutschky, K. (Hrsg.): Schwarze Pädagogik. Berlin 1977.

Scheuerl, H. (Hrsg.): Lust an der Erkenntnis. Die Pädagogik der Moderne. Von Comenius und Rousseau bis in die Gegenwart. Ein Lesebuch. München 1992.

Schleiermacher, F. E. D.: Vorlesungen aus dem Jahre 1826. In: ders.: Ausgewählte Schriften. Besorgt von E. Lichtenstein. Paderborn 1964².

Schmid, J. R.: Antiautoritäre, autoritäre oder autoritative Erziehung? Eine grundsätzliche Abklärung. Bern 1971; 1975².

Schoenebeck, H. v.: Jenseits der Erziehung. Grundlagen und Praxisfragen der erziehungsfreien Lebensführung. In: Freundschaft mit Kindern. Münster 1992, H. 6.

Speck, J.: Geschichte der Pädagogik des 20. Jh. Bd. II. Stuttgart 1978.

Stirner, M.: Der Einzige und sein Eigentum. 1845; Stuttgart 1972.

-: Das unwahre Prinzip unserer Erziehung oder Der Humanismus und Realismus. Wuppertal 1956.

Tschamler, H.: Wissenschaftstheorie. Eine Einführung für Pädagogen. Bad Heilbrunn 1978.

Wissenschaftszentrum in Bonn: Mut zur Erziehung. Beiträge zu einem Forum am 9./10. Januar 1978 im Wissenschaftszentrum Bonn-Bad Godesberg. Stuttgart 1979.

Weisskopf, T.: Der pädagogische Bezug. Vorlesung zur „Systematischen Pädagogik III". Bern 1978.

Personenregister

(Das Personenregister führt jene Personen auf, deren Ideen und Werke für die Darstellung in „Bilden und Erziehen" grundlegend sind.)

Adler, A. 81, 215f., 218, 238
Adorno, Th. W. 227ff., 247, 259
Alker, E. 118, 168f., 191, 196f., 199ff., 221
Aristoteles 47, 92, 267

Ballauf, T. 18, 20
Basedow, J. B. 145
Berner, H. 253, 257, 261f.
Blankertz, H. 18, 20
Bloch, E. 128, 136
Bollnow, O. F. 38, 41, 91, 255
Brezinka, W. 257f., 265, 268
Buber, M. 41, 130f., 136, 217
Bubner, R. 76, 89
Bucher, T. 37, 41
Bühler, Ch. 215, 262ff.

Calvin, J. 45, 52
Cohn, R. 262
Comenius 43-60, 67, 64, 77f.
Criblez, L. 11, 20, 241-247

Dahrendorf, R. 130f., 136
Diesterweg, A. 178
Dilthey, W. 15, 131, 215, 254f.

EDK 79, 89, 185, 191
Enzensberger, H. M. 128f., 136
Etter, Ph. 243f.

Fellenberg, P. E. v. 125
Fertig, L. 78f., 89, 221
Fest, J. C. 230f.
Fetscher, I. 82, 89
Feyerabend, P. K. 85, 89
Flitner, A. 217, 221
Francke, A. H. 51
Freinet, C. 213, 253
Freud, S. 80ff., 89, 153, 215
Frey, A. 171, 191
Friedman, M. 252

Frisch, M. 65f., 89
Fuchs, M. 129f., 136

Gamm, H.-J. 164f., 191
Gaudig, H. 143f.
Geheeb, P. und E. 213, 218, 240f.
Girard, G. 173
Glaser, H. 197f., 221
Gläss, T. 204f., 221
Goethe, J. W. v. 124f., 130, 136
Gotthelf, J. 51, 119, 169, 174, 178f.
Guyer, W. 171f. 191, 247

Habermas, J. 82, 259
Hager, F.-P. 100-104
Hegel, G. W. F. 150f., 267
Heiland, H. 212, 221
Hentig, H. v. 77, 89, 188, 191
Herbart, J. F. 110, 139-159, 254f.
Herder J. G. 121
Herrmann, U. 232
Hierdeis, H. 186
Hitler, A. 226-235, 240, 247f., 267
Hobbes, Th. 100, 129
Hofer, C. 11, 79, 89, 212, 222
Horkheimer, M. 82, 259
Hügli, A. 126, 136

Itard, J. 93f.

Jaspers, K. 12, 20, 22, 41
Jenzer, C. und S. 180, 191
Jesus von Nazareth, Christus 54f., 59f., 109
Jucker, E. 176f., 191

Kaltenbrunner, G.-K. 85, 90
Kant, I. 7, 17, 63f., 66, 69, 85f., 90, 149, 157
Kerschensteiner, G. 153, 209, 212, 221
Key, E. 208, 212

Klafki, W. 83, 126, 132f., 136, 260
Koslowski, P. 85, 90
Krieck, E. 234ff., 247

Landmann, M. 91
Langbehn, J. 209
Lehmann, Th. 268f.
Leibniz, G. W. 94, 111
LEMO 185, 192
Lichtwark, A. 204
Litt, T. 122f., 136, 217, 254
Locke, J. 71f., 74, 90, 97
Luther, M. 52

Mantovani Vögeli, L. 79, 90
Marcuse, H. 82
Marx, K. 258
Maslow, A. H. 262
Menze, C. 256
Meumann, E. 95
Miller, A. 229ff., 267
Mittelstrass, J. 66f., 90
Montessori, M. 212, 218, 253
Morus, Th. 127
Mühlmann, W. E. 91

Neill, A. S. 260f.
Nietzsche, F. 79, 170, 195
Nohl, H. 255f., 270

Oelkers, J. 130, 136, 188, 203f., 216, 222, 232, 237ff., 268f.
Ortega y Gasset, J. 126, 136
Osterwalder, F. 109

Paulus 109
Pestalozzi, J. H. 15, 75, 91, 95, 98-112, 125, 130, 142ff., 157, 223f., 245
Petersen, P. 210, 236-240
Piaget, J. 110, 153
Platon 15, 21ff., 25ff., 31ff., 36, 41, 47, 77, 127, 223f.
Platter, Th. 43
Popper, K. R. 84, 128, 136, 271

Rauschenberger, H. 22f., 41

Rauschning, H. 233, 235
Reble, A. 18, 20, 68, 121, 136, 210, 233ff.
Rein, W. 152, 155, 236
Rogers, C. R. 262
Roth, H. 95, 257, 271
Rousseau, J.-J. 72ff., 76f., 90, 95-104, 206, 267

Schaller, K. 18
Scharrelmann, H. 236, 239
Scheibe, W. 209f., 214, 222
Schelling, F. W. 151
Scheuerl, H. 18, 20, 206f., 208, 222
Schiller, F. v. 118
Schirach, B. von 240, 247
Schleiermacher, F. D. E. 51, 139, 255, 265f.
Schmid, P. 125, 137
Schmitz, K. 174f., 192
Schopenhauer, A. 169f.
Sokrates 15, 21-35, 37f., 63
Sölle, D. 128, 137
Sorg, E. 130, 137
Sperber, M. 129, 137
Spranger, E. 153, 254f.
Stapfer, P. A. 75, 190
Steiger, Familie von 143
Steiner, R. 212, 218, 253
Stirner, M. 267
Stoy, K. V. 151-158

Thomas von Aquin 47
Tillich, P. 129, 137
Trapp, E. Chr. 139
Truffaut, F. 93
Tuggener, H. 178f., 192

Virey, J.-J. 96
Vogt, Th. 155
Voltaire, F. M. 93

Weimer, H. und H. 18, 20
Wiget, Th. H. 155
Winkel, R. 18, 20
Wolgast, H. J. 203f.

Woodtli, O. 122, 197
Wuchterl, K. 24, 41
Wyss, H. 185, 192

Zetkin, C. 78
Ziller, T. 151-158
Zschokke, H. 75f., 190
Zwingli, H. 45, 245

Sachregister

(Das Sachregister enthält wichtige Stichwörter und Begriffe aus dem Text und den Glossaren.)

Absolutismus, aufgeklärter 52, 67f., 86
Analytisch-empirische Erziehungswissenschaft 252, 257f., 260
Anschauung 106ff., 111f.
Anthropologie 17, 91-112, 168f., 196f., 199ff.
Antiautoritäre Erziehung 253, 260f., 264f., 267
Antinomien, pädagogische 118, 123, 129ff., 134, 163, 207f., 217
Antipädagogik 17, 22, 74, 84, 87, 187, 229, 266-269
Antisemitismus 226, 231, 233, 247
Aporie 30, 39, 77
Apperzeption 147, 160
Arbeitsschule 153, 156, 160, 206, 209f., 211, 212f., 214f.
Aufklärung 23, 36, 63-87, 117, 120f., 163, 165, 171, 205, 209, 270
Autoritäre Erziehung 227-231
Autorität 256f.

Barock 52, 67f., 75
Berufsbildung 17, 175ff., 184ff.
Bildsamkeit 94, 139
Bildung: ubique
Bildungsroman 73, 124, 131

Curriculum 50, 61, 256, 261

Deismus 98, 113

Demokratie, Demokratisierung 163ff., 168, 171, 174f., 181f., 187ff., 244, 251, 260, 270
Dialektik 76, 82, 132
Dialog 15, 21ff., 27ff., 32ff., 36ff., 217
Didaktik 56f., 83, 106, 131, 133, 173, 177, 185, 206, 217, 260
Diskurs 36f., 39, 82, 259f.

Elementarerziehung 106-110
Emanzipation 17, 52, 63-87, 163, 175, 184, 258ff., 264ff., 270
Empirie, Empirismus 53, 257, 260, 271
Enzyklopädismus 59, 158, 160
Erziehender Unterricht 141, 145
Erzieherisches Verhältnis 37f., 131, 253, 255f., 268
Erziehung: ubique
Erziehungsfähigkeit, -bedürftigkeit 16, 26, 117
Erziehungsroman, s. Bildungsroman
Ethik, s. auch Sittlichkeit 21, 24, 65, 129, 139ff., 147, 254
Existenzphilosophie 255
Expressionismus 169, 198ff., 219

Faschismus 225ff., 247
Formalstufen 144-147, 154-158, 160

Fortschrittsoptimismus, -glaube 69ff., 83, 155, 194, 203
Frankfurter Schule 258ff., 270
Französische Revolution 69, 120, 164
Frauenbewegung, Frauenbildung 78f., 177, 183, 189, 217, 258
Fronten, Frontismus 242, 247

Ganzheitlichkeit 49-51, 60, 236
Gegenaufklärung 66, 72, 76f., 79
Geisteswissenschaftliche Pädagogik 131ff., 215, 252-257, 260
Geistige Landesverteidigung 242-247
Gemeinschaft, Gemeinschaftsbildung, -erziehung 17, 64f., 73f., 77f., 81, 83, 117, 121, 187, 197, 204, 207f., 210ff., 217, 236-239, 246, 255f.
Gesamtunterricht 219
Gespräch, s. auch Dialog 15, 21f., 30, 32ff., 82
Gleichstellung, s. auch Koedukation, Mädchenbildung 77ff., 174f., 186, 191, 207, 217, 258, 264

Helvetik 173, 189
Herbartianismus 151-160
Hermeneutik 253ff., 259, 271
Humanismus, humanistisch 31, 69, 120, 123, 131, 135, 164
Humanistische Pädagogik und Psychologie 253, 262ff.
Humanität, human 26, 60, 70, 75, 117f., 121ff., 128, 133, 182, 186, 188, 245

Ideal, Idealisieren 83, 117ff., 124, 126f., 131, 133, 135, 168f., 193, 206f.
Idealismus 117, 165
Impressionismus 196f., 202, 219

Individualisieren 17, 121, 132, 193, 198, 203f., 207ff., 217, 220, 270
Individualität, Individuum 14f., 17, 26, 30, 47-51, 60, 64f., 68f., 72ff., 83, 117f., 121f., 124, 132f., 167, 169f., 193, 198, 201, 203, 206ff., 239, 267
Individuallage 106, 110f.
Individualpsychologie 81, 215f., 220
Industrialisierung 122, 163ff., 168, 170f., 175f., 190, 194ff., 225f.
Ironie 30, 39

Jena-Plan 237-239
Juden, Judentum 87, 226-231, 238
Jugendbewegung 206, 213, 214, 240, 242
Jugendbünde, -verbände 234, 240

Katholizismus 46f., 52, 242f.
Kirche, Kloster 44-46, 52, 251
Klassik 117ff., 121ff., 131, 135, 164, 167f.
Koedukation, s. auch Gleichstellung 78f., 241
Konzentration des Unterrichts 50, 61, 155
Kopf-Herz-Hand 104, 109f.
Kritik, kritisch 18, 23, 35, 65, 68, 73, 80, 82ff., 87, 131, 169f., 187, 195f., 205ff.
Kritisch-emanzipatorische Erziehungswissenschaft 83, 85f., 253, 258ff., 264f.
Kritisch-konstruktive Erziehungswissenschaft 260
Kritische Theorie 258ff.
Kritischer Rationalismus 84f., 258, 271
Kultur 26, 73, 80f., 84, 93-97, 101-104, 124, 132f., 217, 244, 253f.
Kulturkritik 80f., 168, 170, 196f., 202f.
Kulturpädagogik 153, 254f.

Kulturstufentheorie 155, 160
Kunst, Kunsterziehung 70, 72, 79, 83ff., 117, 121, 123, 125, 156, 160, 202ff., 209, 213f., 236

Laisierung, Laizismus 43, 45, 61
Landerziehungsheimbewegung 210f., 214
Legitimierung 21, 40, 82
Lehrerinnen-, Lehrerbildung 11ff., 17, 131, 133, 154-159, 173ff., 177-188, 205, 215
Lehrplan, s. Curriculum
Liberalismus, liberal 45, 70, 105, 163, 167, 176, 190, 241ff., 252, 267, 270
Logos 24, 27, 35, 40

Mädchenbildung, s. auch Frauenbildung, Koedukation 26, 77ff., 174f., 177, 183, 215, 217, 235, 240, 246
Mäeutik 24, 28, 34, 40
Massenmedien 244, 251
Metaphysik 43, 93, 113, 149f., 152, 237
Methode, Methodik 106-110, 173, 182f., 203, 205, 209, 212, 214
Modernisierung 59f., 226, 243
Monade, Monadenlehre 111, 113
Multikulturalität 252
Mündigkeit, s. Emanzipation
Mut zur Erziehung 264f., 270
Mythos 23f., 27, 36, 40, 84f., 105, 129, 245

Nation, national 167f., 194, 197f., 210f., 214
Nationale Erziehung 241-246
Nationalismus 167, 226, 228-231, 248
Nationalsozialismus 15, 79, 183, 195, 198, 216, 223-241, 247f.
Natur, Naturwissenschaft 58f., 67f., 70, 72f., 74, 76, 82, 92-95, 100-104, 107f., 110, 119, 125, 166, 203f., 211f., 214, 219, 254, 267
Naturalismus 167f., 196f., 220
Neokonservative Pädagogik 253, 262, 264ff.
Neuhumanismus 76, 117, 119, 121, 123, 131, 135, 164
Neukantianismus 105, 113, 238
Normierung 163, 175, 186f., 193

Pädagogik 11-18, 21f., 33, 37f., 40, 47-51, 63, 83f., 129ff., 139ff., 147ff., 164, 181ff., 193, 202, 206, 212, 215ff., 232-241
Pädagogik vom Kinde aus 193, 206, 208f., 211f., 217, 255
Pädagogische Provinz 124f.
Pädagogischer Bezug, s. erzieherisches Verhältnis
Pädagogischer Takt 38, 143f., 147ff.
Paradigma 251f., 257, 271
Person, Persönlichkeit, s. Individualität, Individuum
Phänomenologie 113
Philanthropismus 74f., 88, 139, 145, 160, 165, 245
Philosophie 16, 21ff., 31, 33f., 36ff., 40, 83, 117, 121, 123, 126, 128, 131, 164, 167ff., 209, 238, 248
Pluralismus, pluralistisch 18, 84, 187, 251-253, 268, 270f.
Postmoderne 83f., 88, 128, 253
Profession, Professionalisierung 158, 163f., 171, 173, 175-188, 190, 270
Protestantismus 45f., 48, 242
Psychoanalyse 80f., 215f., 220f., 261, 266
Psychologie 11, 81, 139ff., 147, 149, 154, 164, 181f., 184f., 215, 228-131, 254

Ratio, Rationalität 67f., 76, 80, 82f., 117, 175
Rationalismus, s. auch Kritischer Rationalismus 66, 68, 84, 88, 258, 260
Realismus 118, 167ff.,
Realistische Wendung 11, 257, 271
Reformation, Gegenreformation 44-46, 52, 59, 67
Reformpädagogik 78ff., 153-156, 160, 182, 193, 198, 202ff., 211, 214, 216ff., 235, 267
Religion, religiös 25, 68, 75, 85, 101, 129, 174, 242
Renaissance 67, 69
Restauration 120, 166, 190
Romantik 76, 167f., 209

Säkularisierung 16, 43-51, 61, 129, 173, 175, 179, 182
Scholastik 37, 40
Schwarze Pädagogik 266
Sittlichkeit, sittlich, s. auch Tugend, Ethik 32f., 34f., 71f., 75, 104, 140f., 145
Solipsismus 111, 114
Sophistik 24, 40, 77
Systematisierung 53, 59, 139-151

Themenzentrierte Interaktion 263f.
Theologie 16, 37, 43-60, 101, 129, 164

Theorie und Praxis, s. auch Professionalisierung 14, 34ff., 38, 46-49, 79, 84, 147ff., 207ff., 215
Tiefenpsychologie 80f., 215f., 221
Topik 37, 40
Totalitarismus, totalitär 17, 183, 223-241, 248
Tugend 28ff., 32ff., 119

Unbewusstes 80f., 153, 220f.
Unterricht: ubique
Utilitarismus, utilitaristisch 80, 88, 170, 203
Utopie 17, 31, 66, 81, 83f., 117f., 121, 124, 126ff., 135, 223

Verantwortung 22, 24, 38, 64, 209
Vernunft 24, 63ff., 68, 70f., 76f., 80-86, 88, 121, 213
Volksschule 74ff., 78f., 80, 117, 163, 171ff., 177, 180, 182ff., 203, 215
Vollkommenheit, Streben nach 64, 69ff., 72f., 117f., 118f., 121ff., 127f.
Vorstellung, Vorstellungspsychologie 145ff., 153, 161

Wandervogel 214, 240
Wiener Kongress 120, 165f.
Wilde, wilde Kinder, Wolfskinder 93-97